本书是国家自然科学基金青年项目"协同创新对......
政府干预的调节效应：基于多源匹配数据的实证研究"（批准号：71904085）的
研究成果之一

协同创新
促进产业技术升级的
路径研究

黄菁菁　谢荣辉◎著

企业管理出版社
ENTERPRISE MANAGEMENT PUBLISHING HOUSE

图书在版编目（CIP）数据

协同创新促进产业技术升级的路径研究 / 黄菁菁，谢荣辉著 . — 北京 : 企业管理出版社，2022.8

ISBN 978-7-5164-2666-1

Ⅰ.①协…　Ⅱ.①黄…②谢…　Ⅲ.①制造工业 – 产业结构升级 – 研究 – 中国　Ⅳ.① F426.4

中国版本图书馆 CIP 数据核字（2022）第 127830 号

书　　名：	协同创新促进产业技术升级的路径研究
书　　号：	ISBN 978-7-5164-2666-1
作　　者：	黄菁菁　谢荣辉
策划编辑：	赵喜勤
责任编辑：	赵喜勤
出版发行：	企业管理出版社
经　　销：	新华书店
地　　址：	北京市海淀区紫竹院南路 17 号　邮编：100048
网　　址：	http://www.emph.cn　　电子信箱：zhaoxq13@163.com
电　　话：	编辑部（010）68420309　　发行部（010）68701816
印　　刷：	北京虎彩文化传播有限公司
版　　次：	2022 年 9 月第 1 版
印　　次：	2022 年 9 月第 1 次印刷
开　　本：	710mm×1000mm　　1/16
印　　张：	15.75 印张
字　　数：	223 千字
定　　价：	78.00 元

版权所有　　翻印必究・印装有误　　负责调换

推荐序

国家创新战略中多次强调，创新是引领发展的第一动力。建立以企业为主体、市场为导向、产学研深度融合的技术创新体系，加快建设跨学科、大协作、高强度的协同创新基础平台，是我国提升国家创新能力、增强竞争优势的战略选择。

当今世界正经历百年未有之大变局，全球经济结构正在重塑，新一轮科技革命和产业革命带来的新陈代谢和激烈竞争前所未有，单边主义、保护主义抬头，逆全球化趋势加剧，新冠肺炎疫情全球大流行更是加速百年未有之大变局的演变。在这样的背景下，我国亟须通过技术创新实现产业转型升级和经济高质量发展，从依靠铺摊子、上项目的要素消耗向依靠技术创新和提高劳动力素质转变，从依靠要素驱动向创新驱动转变，从技术路径依赖和锁定效应中脱离，寻求提升自主创新能力的开放式创新路径。协同创新是以大学、研究机构、企业为核心要素，以政府、金融机构、中介机构、创新平台、非营利性组织等为辅助要素的多元主体协同互动的网络创新模式，能够通过知识创造主体和技术创新主体间的深入合作和资源整合，产生系统叠加的非线性效用，是促进产业技术升级的必要国家创新战略。

对于如何加快构建以企业为主体、市场为导向的协同创新体系，提升协同创新在产业技术升级中的作用，有很多问题值得深入研究。本书对产业技术升级的传统路径、现实背景及协同创新促进技术升级的相关研究进行了梳理，对协同创新的内涵特征、核心要义进行了系统解读，从技术创新和技术扩散等方面对协同创新促进产业技术升级的路径进行了多维度分析和阐释，并在梳理国内外相关产业政策的基础上，提出了协同创新促进产业技术升级的政策着力点及政策创新措施。

本书至少在两个方面丰富了现有研究：一方面，从技术创新和技术扩散两个维度探索了不同协同创新模式促进产业技术升级的具体路径和机制，并在此基础上结合理论模型和实证分析，探索了协同创新促进产业技术升级的多重路径，丰富了合作研发机制下技术升级的相关研究；另一方面，通过对国内外相关产业政策的梳理和对比，针对我国现有政策的不足，提出了三大政策着力点和四大政策创新，为政府部门推进协同创新在产业技术升级中的作用提供了科学依据。因此，这是一项具有较强理论意义和现实意义的研究成果。

于津平

2022年8月于南京大学商学院

前 言

产业升级的关键在于产业技术升级,在自主创新和国外技术引进都面临困境的情况下,协同创新作为国家重要的开放式创新战略,为中国实现产业技术升级提供了新思路。本书从分析协同创新、技术创新、技术扩散与产业技术升级的关系出发,有效运用文献分析、模型构建、实证分析等方法,探讨协同创新如何实现技术创新和技术扩散以促进产业技术升级。全书共包括八个章节,研究内容主要集中在以下五个方面:

第一,本书分析了产业升级和技术升级的内涵,在此基础上探讨了中国产业技术升级的传统路径、现实背景,以及协同创新促进技术升级的必要性,并对协同创新中技术创新和技术扩散的相关理论和国内外研究进行了梳理,进而总结出协同创新促进产业技术升级的四个关键问题。

第二,本书对协同创新与技术创新的关系进行了系统分析。在分析协同创新的内涵、特点,以及技术创新的主体、动因和知识类型的基础上,重点分析了以下内容:协同创新中的知识创新过程,包括知识和资源的学习交流、共同创造和创新成果的商业化;协同创新对不同类型企业创新绩效的影响,包括是否参与协同创新与协同创新的强度对企业激进式创新和渐进式创新的影响;协同创新对企业创新的影响机理;经济全球化过程中协同创新内生创新路径与FDI技术溢出外生创新路径的互补机制。

第三,本书对不同协同创新模式影响技术扩散的具体路径进行了分析。创新主体的分工和地位是当前协同创新模式分类的常见标准,再与中国当前实际结合,学者们往往根据此标准将协同创新分为企业主导型协同创新、学研主导型协同创新和政府引导型协同创新三种。本书亦采用这种分类方式，对三种协同创新模式的技术扩散路径分别进行了分析，并构建了系统动力学模型进行模拟，以探究不同协同创新模式技术扩散的特点和规律，以及在各个模式的相互作用下整体技术扩散的效果和变动趋势。

第四，本书结合协同创新中的技术创新和技术扩散理论，分析了协同创新促进技术升级的多重路径。在技术创新和技术扩散的作用下，协同创新促进技术升级的路径呈现出多重性、复合性的特点。本书结合协同效应，对协同创新促进技术升级的直接路径和间接路径进行分析，构建了不同协同创新模式下技术升级多重路径的理论模型，并采用PLS-SEM模型进行实证分析。

第五，本书对协同创新促进产业技术升级的相关政策进行了梳理，提出了协同创新促进产业技术升级的政策着力点，以及有助于开展协同创新的政策创新思路，强调提高技术创新能力、重视人才培养及鼓励应用技术研发等策略有利于加快中国产业结构优化与技术升级的进程。

本书的研究在以下三个方面进行了创新性探索：

第一，基于协同创新模式的产业技术升级路径探索。本书以协同创新模式为切入点，试图将微观层面的协同创新和宏观层面的技术升级放入一个框架进行分析。本书从企业主导型协同创新、学研主导型协同创新和政府引导型协同创新三种协同创新主要模式入手，在对协同创新的内涵、特点和主体进行详细分析的基础上，解析了协同创新的技术创新和技术扩散路径，构建了协同创新促进技术升级的多重路径理论模型，以打开协同创新促进技术升级的"黑箱"，弥补当前研究大多只重视国际技术扩散外生路径的不足，以及协同创新技术升级路径研究方面的空白。

第二，从微观层面研究协同创新技术扩散的系统动力学模型和路径演化规律。协同创新技术扩散涉及的因素、变量众多，具有复杂性、动态性和抽象性，数据难以获得，且不同协同创新模式在技术扩散中各具特点却又相互联系，以往的研究也较少对此进行实证分析。本书侧重从微观层面，基于不同协同创新模式技术扩散的理论分析，构建了协同创新模式下技术扩散路径的系统动力学模型，并且通过模拟仿真发现了不同协同创新模式技术扩散路径的特点、差异和影响因素，以及不同协同创新模式相互影响和作用下整体技术扩散的特点、效果和变动趋势，丰富和拓展了相关研究。

第三，构建了协同创新技术升级的PLS-SEM多重路径模型。传统的结构方程模型并不适用于宏观数据分析，本书创新性地将市场研究领域广泛使用的PLS-SEM模型运用到协同创新技术升级的路径研究中，构建了协同创新模式下技术升级的PLS-SEM多重路径模型，并采用省际面板数据进行实证分析，验证了不同协同创新模式存在通过多重协同效应实现技术升级的间接路径的假设，得到了中国实现产业技术升级的启示性结论。研究发现不仅为当前协同创新在区域创新和技术扩散中的"失灵"现象提供了一种合理解释，还为我国制定提高区域协同创新水平、加速实现技术升级的政策提供了参考依据。

本书第一章至第七章主要由黄菁菁撰写完成，第八章主要由谢荣辉撰写完成，感谢谢荣辉对第五章和第七章提出的建设性意见。

目 录

1 绪论 …………………………………………………………… 1
  1.1 中国产业技术升级的必要性 ………………………… 1
  1.2 协同创新与产业技术升级 …………………………… 5
  1.3 协同创新中的技术创新和技术扩散 ………………… 7
  1.4 协同创新促进产业技术升级的关键问题 …………… 21

2 协同创新促进产业技术升级的理论基础 …………………… 25
  2.1 协同创新的内涵和特点 ……………………………… 25
  2.2 协同创新促进技术升级的主体 ……………………… 34
  2.3 协同创新促进技术升级的动因 ……………………… 39
  2.4 协同创新的知识类型 ………………………………… 43

3 协同创新的技术创新路径 …………………………………… 47
  3.1 协同创新的过程 ……………………………………… 47
  3.2 协同创新与企业创新绩效 …………………………… 51
  3.3 协同创新对企业创新的影响路径 …………………… 61
  3.4 经济全球化中协同创新与FDI的互补创新路径 …… 63

4 协同创新的技术扩散路径 …………………………………… 68
  4.1 协同创新的技术扩散系统 …………………………… 68
  4.2 企业主导型协同创新的技术扩散路径 ……………… 74

  4.3 学研主导型协同创新的技术扩散路径 …………………… 89
  4.4 政府引导型协同创新的技术扩散路径 …………………… 103
  4.5 协同创新技术扩散的理论模型构建 ……………………… 113

5 协同创新技术扩散路径的模拟与仿真 ………………………… 115
  5.1 协同创新技术扩散的系统动力学模型构建基础 ………… 115
  5.2 协同创新技术扩散的系统动力学模型构建 ……………… 119
  5.3 协同创新模式下技术扩散路径的系统动力学仿真 ……… 127

6 协同创新促进产业技术升级的多重路径分析 ……………… 141
  6.1 协同创新模式下技术升级的直接路径 …………………… 141
  6.2 协同创新模式下技术升级的间接路径 …………………… 144
  6.3 协同创新模式下技术升级环境要素的影响 ……………… 156
  6.4 基于协同创新模式的技术升级路径理论模型构建 ……… 160

7 基于 PLS-SEM 模型的协同创新技术升级路径检验 ……… 162
  7.1 PLS-SEM 方法与协同创新技术升级路径模型 …………… 162
  7.2 数据来源与变量处理 ……………………………………… 165
  7.3 协同创新模式下技术升级路径实证结果分析 …………… 171

8 协同创新促进产业技术升级的政策创新 …………………… 186
  8.1 国内产业技术升级相关政策的梳理 ……………………… 186
  8.2 经济发达国家的相关政策 ………………………………… 198
  8.3 推动产业技术升级的政策着力点 ………………………… 209
  8.4 开展协同创新的政策创新 ………………………………… 218

参考文献 ………………………………………………………………… 228

1 绪 论

1.1 中国产业技术升级的必要性

1.1.1 产业技术升级的内涵

传统生产要素曾为中国经济高速增长做出巨大贡献，但经过几十年的发展，资本积累带来的资本边际生产率递减在所难免，以劳动为代表的生产要素再配置效应也越来越难以显现。可见，中国要实现可持续发展和产业转型升级，技术升级是关键。

什么是产业技术升级？要理解产业技术升级的内涵，首先要对产业升级的概念进行界定。然而，目前学术界对于产业升级的概念并没有形成统一的界定和认识，主流观点主要有以下三种：

第一种主流观点基于比较优势理论来解释产业升级，即认为国家应该根据比较优势进行专业化分工和生产，推动要素禀赋结构实现内生转化，从而带动国家生产技术结构的升级和调整。由于经典的比较优势理论主要分析要素禀赋如何影响国家间的产业分工，因此也被称为要素禀赋理论，如朱卫平和陈林（2011）运用要素禀赋动态转化理论来解释产业升级，认为产业升级是在产业发展需求的刺激下，资源比较优势从低端要素发展到高端要素，促使新兴主导产业不断涌现，迫使旧主导产业通过技术、组织形式、产品升级延缓产业衰退的过程。

不过，这种观点目前受到很多质疑和挑战，例如"里昂惕夫之谜"

（Leontief，1953）、"中等收入陷阱"（World Bank，2007；Griffith，2011）等，都说明仅依据自然资源和劳动力等比较优势，难以实现产业升级和经济结构转型，因为现实中影响产业分工的因素要比要素禀赋的差异复杂得多。

第二种观点将产业升级主要分为结构升级和创新升级两类，前者指在产业层级中从低附加值产业向高附加值产业的移动，而后者则是基于产业关联和产业内竞争的产业素质提升。

这种概念中的第一类产业结构升级经常与"产业结构调整"通用，实际上是"产业结构高级化"概念的延伸，例如，李钢、廖建辉和向奕霓（2011）在研究中国产业升级的方向和路径时，从发达国家三次产业效率、供给与需要、国际贸易等方面进行了分析，并提出：发达国家第三产业比例不断提高，并非反映了第三产业是产业升级的方向；发达国家第三产业比例不断提高的同时，最终消费中第二产业提供的商品比例并没有大幅下降；发达国家第三产业比例不断提高，是以发达的国际贸易为基础，以发展中国家第二产业的快速发展为前提，以发达国家的第三产业与第二产业价格扭曲为基础。

第二类产业创新升级的概念侧重产业整体自主创新能力对产业效率提升和价值增值的贡献的动态过程。具体指通过产品创新实现产业从低附加值和低技术含量向高附加值和高技术含量转变的企业自主创新能力提升过程。从这个定义来看，产业技术升级的内涵应该更接近这一类产业升级。

第三种观点基于全球价值链的视角，认为产业升级是微观经济行为主体在全球价值链中沿着价值阶梯向上攀升的过程，依次表现为流程升级、产品升级、功能升级、产业链条（跨产业）升级，实质是产业内部或产业之间高附加值环节对低附加值环节的替代（刘仕国、吴海英和马涛，2015；Park 和 Albert，2013；Gereffi，2002；张辉等，2007）。

显然，在全球分工背景下，产业升级不能被简单界定为产业结构升级，因为产业升级不是简单的跨行业调整，技术密集型产业中会存在低技能的价值环节，传统产业中也会存在高技能的价值环节；而且，产业升级是基于微观企业行为上的宏观现象表现，宏观层面的产业结构变动并不能解释微观层面的厂商行为与技术变迁中的产业融合。因此，张国胜和胡建军（2012）认为，产业升级是一种价值增值，其动力源于微观企业对价值增值的追逐，是产品市场需求和企业技术能力在相互依赖和互惠共生的过程中被微观企业推动实现的过程。

通过对现有观点的梳理，我们认为，产业升级实质上是技术升级，但目前理论界对技术升级尚没有一个完整和公认的定义。王发明和毛荐其（2010）认为，不同的创新类型会带来不同的生产率增长速率，技术升级则是由渐进性技术创新、根本性技术创新及根本性创新引致的技术链跃迁所带来的链内升级、链间升级和链间跨越。李宇和郭庆磊等（2014）认为，产业技术升级是基于产业关联和产业内竞争的产业素质的提升，其根本在于实现技术进步。还有学者认为，技术升级就是企业创新绩效的提升和竞争力的增强。可见，技术升级主要表现为产业素质的提升、技术水平的进步和生产率的提高，其根本依托在于企业自主创新能力的提升。

1.1.2 技术升级路径的理论探索

为加速实现产业技术升级，学者们一直在不断探索。从现有文献来看，一般认为技术升级的实现路径主要有三条：

一是自主创新。中国产业和技术相对落后的关键原因在于技术创新能力不足，一些学者指出，只有加大自主创新才能在某些领域占领制高点，自主创新是赶超技术前沿的主要方式和必要路径（刘志彪，2011；Raustiala 和 Sprigman，2012），刘小鲁（2011）的研究也指出，自主研发比重的提高将正向推动技术进步。

二是技术引进。以林毅夫和张鹏飞（2006）为代表的新结构经济学派认为，对发展中国家而言，模仿和技术引进在成本上更具有优势，且能通过技术引进过程中的外溢效应缩短技术升级的时间。Hu 等（2005）和吴延兵（2008）的研究支持了此观点。

三是参与全球价值链。全球价值链理论认为，某地区的产业可以在参与全球生产网络的过程中，沿着全球价值链由低端依次向中低端、中高端和高端升级。在全球价值链理论指导下，不少学者从产品内国际分工、进出口和国际外包等角度分析了技术升级的实现路径，如 Amiti 和 Wei（2009）研究了美国制造业服务外包对生产率增长的贡献；张会清和唐海燕（2011）从进出口两方面综合考察产品内国际分工的技术升级效应。

总的来说，产业技术升级路径的相关研究仍然以西方理论为基础，把侧重点放在自主创新和国际技术扩散路径的探索上。

1.1.3 技术升级路径选择的现实背景

1.1.3.1 技术知识是提升企业和国家竞争力的关键性资源

核心技术知识缺乏正制约着中国的经济发展和竞争力提升。由于缺乏核心技术知识，中国不得不支付高额专利使用费给国外专利持有方，这一费用高达国产手机售价的20%，国产电脑售价的30%。可见，21世纪是知识经济时代，资源依赖型、要素消耗型的发展模式难以为继，国家和企业必须转变发展思维，从要素驱动转为创新驱动，提升创新能力，获取核心技术知识，才能在国际竞争中保持优势。

1.1.3.2 获取技术知识的外来路径难以持续

受各种客观条件限制，过去国家提倡"以市场换技术"。这使得长期以来中国技术知识的获取高度依赖国外，高档数控系统、芯片、高档液压件、密封件和发动机大都依赖进口。但是，真正的核心技术是买不来的，一些发达国家和跨国企业一直觊觎和防范中国，为了保持自身优势和获取超额利润，通过制定各种战略隔绝机制打击标准秩序中的竞争者，甚至不惜损害公共利益，如美国对中国三番五次的知识产权保护政策调查、中兴通讯遭遇"无芯之痛"和中美贸易摩擦等事件，无一不在提醒我们，从国外获取技术知识的外来路径是不可持续的。

1.1.3.3 协同创新已成为提升创新能力、获取技术知识的有效途径

近几年来，中国协同创新程度进一步提高，合作内容不断拓展，强度不断增加。2005年，研究机构研发中企业投入金额为17.6亿元，高校研发中企业投入金额为88.9亿元；到了2020年，上述金额分别为135.1亿元和666.0亿元，均增加了6倍多。同时，协同创新也为中国带来了丰富的创新成果，2005—2020年，我国专利申请数增加了12.09倍，专利授权数增加了19.52倍[①]。可见，协同创新已经成为提升国家创新能力和获取技术知识的有效途径。

1.1.3.4 协同创新促进技术升级的路径仍需不断摸索

中国通过协同创新促进技术升级仍然存在诸多问题，突出体现为科研成果转化率低，仅为10%左右，而发达国家的这一数据则高达40%。其中的原因之一就在于，协同创新主体之间及协同创新结合体与外界之间没有建立畅通的技术创新和技术扩散路径，缺乏有效的技术传播、推广和应用机制，没有对协同创新技术扩散的不同路径进行合理选择。当前的协同创新主要有企业主导型、学研主导型和政府引导型三种模式，不同模式的技术扩散路径也有差异，因此，对于不同模式的协同创新技术升级路径的探索很有必要。

1.2 协同创新与产业技术升级

当传统生产要素带来的边际生产率逐渐降低时，技术升级成为中国经济可持续发展和产业转型升级的关键。长期以来，自主创新和技术引进被普遍认为是实现技术升级的两条主要路径。然而，自主创新的道路十分漫长且艰

---

① 数据来源于《中国科技统计年鉴2021》。

难，因此在改革开放后的很长一段时间里，中国主要采用技术引进的办法，期望"以市场换技术"。但是技术引进难以达到预期效果，而且事实证明从国外获取技术知识的外生路径是不可持续的。在此情况下，中国亟须找到一条适合、高效的技术升级内生路径。

协同创新作为一种开放性的创新方式，为中国实现技术升级提供了新思路：通过创新系统内部的企业、高校、科研机构、政府和金融中介等各个创新主体之间的协同和互动，快速获取互补性资源，及时应对市场变化，提高区域创新能力，推动技术升级。在一定产业环境下，通过协同创新，企业与区域内其他创新主体互相交换互补性资源、获取信息和知识，并结合区域特征和自身特点，逐渐专注于核心技术的提升和新技术的应用，由此可带来企业竞争力的提升，进而吸引区域内其他企业参与协同创新，纷纷跟进和模仿，并借助区域协同创新网络的频繁交流和知识溢出，最终实现区域整体生产要素的优化组合、技术水平和产业素质的提高，以及生产率的进步。

在越来越开放和动态的产业中，协同创新具有的优势使其成为一种必需的创新战略。《中华人民共和国国民经济和社会发展第十三个五年规划纲要》中明确提出，要构建政产学研用一体的创新网络和产业技术创新联盟，推动跨领域行业协同创新。《中国制造2025》中指出，要通过"开展政产学研用协同创新"，提高国家制造业的创新能力。党的十九大报告中强调，创新是建设现代化经济体系的战略支撑，加快建设创新型国家，要"深化科技体制改革，建立以企业为主体、市场为导向、产学研深度融合的技术创新体系"。《中华人民共和国国民经济和社会发展第十四个五年规划和2035年远景目标纲要》中明确提出，要"强化企业创新主体地位，促进各类创新要素向企业集聚，形成以企业为主体、市场为导向、产学研用深度融合的技术创新体系"。

近几年来，中国协同创新程度进一步加深，投入强度不断加大，并取得了丰富的创新成果。但与此同时，协同创新在实践中也显露出很多问题，如科技成果转换效率低、诚信问题、知识产权和核心技术流失风险、内部管理问题和利益分配冲突等，尤其是仅为10%左右的科技成果转化率（发达国家高达40%）被广为诟病，使得一些学者质疑协同创新是否能显著促进区域知识溢出、提升技术效率。面对协同创新的优势、潜力和实践中的弊端，有必要对协同创新对技术升级的影响路径和机理进行系统分析和研究。

1.3 协同创新中的技术创新和技术扩散

1.3.1 协同创新的相关研究

1.3.1.1 协同创新的内涵

协同创新是在开放创新基础上发展起来的前沿创新模式，是对合作创新的丰富与发展。目前，很多学者加入对协同创新的讨论中，对协同创新的研究已经成为一种趋势。国内外学者讨论得最多的问题之一就是协同创新的内涵问题，学者们分别从不同角度给出了自己的解释。Wang和Hu（2017）认为协同创新是创新点子的联结，是信息和知识优化分配、加速促进新产品获得的过程。陈劲和阳银娟（2012）从知识增值的角度强调协同创新的内涵和本质，认为协同创新是企业、政府、知识生产主体、中介机构和客户等为了实现重大科技创新而进行的跨主体、跨领域的创新整合新范式，其效率取决于知识增值的效率和运行模式。涂振洲和顾新（2013）认为，协同创新的过程本质上离不开知识的流动，协同创新是创新主体之间通过知识获取、知识转移、知识运用与反馈，从而实现知识共享和创造，发挥知识的"外部性"和"溢出效应"，最终得到知识优势的过程。刘丹和闫长乐（2013）认为，协同创新从本质上来看是在信息技术的网络环境中，创新生态系统为了提升系统协同创新绩效和增强创新生态系统协同创新能力，通过系统内成员的密切合作及发挥众多创新要素的协同效应，完成创新生态系统内部技术或者产品从创新产生到技术扩散的整个过程。Feranita和Kotlar等（2017）通过对现有研究的总结，认为当前研究主要用三种理论去解释协同创新：一是战略理论，将对协同创新的理解建立在资源基础和竞争优势上，强调企业如何从协同创新中获取和整合外部知识；二是交易理论，将对协同创新的理解建立在交易成本和博弈论上，强调协同创新的过程研究；三是关联理论，将对协同创新的理解建立在社会网络理论上，强调如何有效建立协同创新网络。

1.3.1.2 协同创新的动因

对于协同创新的动因，国内外学者们从不同角度进行了分析。例如 Gao 和 Xie 等（2015）认为，获取外部知识是企业创新的重要知识源头，而参与协同创新网络则是得到多样性外部技术知识的重要渠道。侯二秀和石晶（2015）在对前人研究进行总结的基础上，以企业为边界，将协同创新的动力要素分为企业内部动力和企业外部动力，企业内部动力因素包括获取超额利润、企业家精神、创新管理能力、员工自我效能感、组织结构、组织激励、企业创新文化和员工协同等；企业外部动力包括商业环境、技术推动、政府引导、现代信息网络、市场需求、市场竞争和资金支持等。然而总体来看，尽管分析角度不尽相同，但现有研究对协同创新动因的解释多基于以下四大理论：交易成本理论、资源依赖理论、战略行为理论和系统理论。

（1）交易成本理论。持该理论的学者认为，协同创新有利于专有资源的长期积累，能够降低信息搜寻成本、谈判成本和监督成本，从而减少交易成本。例如 Lawson 和 Krause 等（2015）研究认为，参与协同创新是丰田汽车新产品缩短研发周期和节省研发成本的关键原因之一。

（2）资源依赖理论。Zheng 和 Li 等（2013）研究指出，协同创新可以加速增加企业的资源和知识，让企业有能力实现知识的提升。Burg 和 Berends 等（2014）研究认为，通过协同创新可以获得新知识，使企业长期获利。Yan 和 Dooley（2014）认为，协同创新网络增加了企业获得互补性资源的机会，便于企业交流和交换显性知识及隐性知识，降低了研发的风险；Najafi-Tavani 等（2018）也有类似观点。

（3）战略行为理论。持这种理论的学者认为，获取核心竞争能力是企业参与协同创新的主要原因。如 Alexiev 和 Volberda 等（2016）、Heirati 和 O'Cass（2016）等认为，协同创新是企业推动新产品发展的重要战略需要，可以有效解决新产品发展中面临的高风险问题。Kang 和 Park（2012）对中小企业的研究发现，参与国际或者国内协同创新的企业要比没有参与协同创新的同类企业更有创新能力和竞争力，意味着协同创新有利于企业的战略发展。李阳和原长宏等（2016）认为政产学研用协同创新能够有效提升企业竞争力，并且采用自组织理论的核心观点，通过研究同方威视的案例分析了协同创新对企业竞争力提升的动态演化过程和实现机制。

（4）系统理论。Elmuti 和 Abebe 等（2005）认为，协同创新是不同创新主体与外部环境共同构成的复杂系统，协同创新的形成一方面是企业、高校和科研机构等创新主体实现自身目标的协同，另一方面是为了应对来自外部环境的压力，因此协同创新的成败也与创新主体的环境适应能力相关。Reuer 和 Lahiri（2014）发现协同创新与社会资本之间存在正相关关系，企业之前与工业网络的联系越多，其参与协同创新的可能性越大。Fernhaber 和 Li（2013）研究发现，参与国际性的协同创新网络可以增加企业国际化的机会。

1.3.1.3 协同创新的模式

根据不同的分类标准可以将协同创新划分为不同模式。根据合作关系的正式程度，可以将协同创新划分为正式协同创新模式和非正式协同创新模式，前者包括共同研发、M&A、联盟、风险投资和特别许可等，后者包括协同创新伙伴之间的知识交流、设备共享等（Santoro 和 Ferraris 等，2018；Santoro 和 Bresciani 等，2020）。根据知识互动的正式化程度、隐性知识的转移、人员接触方式等，可以将协同创新划分为专利许可、联合研发、共同参与会议、学术创业、非正式研讨、通过项目培训学生、人员互流等 16 种模式（Schartinger 和 Rammer 等，2002）。根据资源基础观、交易成本理论、系统理论、知识基础观等不同理论，可以将协同创新模式划分为战略联盟模式、专利合作模式、研发外包模式和要素转移模式等类型（解学梅和刘丝语，2015；解学梅和方良秀，2015）。不过，在国内研究中，最常见的还是以创新主体差异和地位为标准进行划分，例如颜军梅（2014）根据创新主体的地位将协同创新模式分为政府推动型、高校主导型、科研院所主导型、企业主导型、联建型和共建型等；陈立泰和叶长华（2009）对协同创新模式的划分与此类似。

协同创新模式的选择在整合创新资源和实现创新绩效中有着重要影响，因此国内外学者都对如何选择协同创新模式及相关影响因素进行了研究。如Poyago-Theotoky 和 Beath 等（2002）研究认为，随着经济的快速发展，咨询服务和合作办学等非正式协同创新模式会越来越普遍。何郁冰和张迎春（2015）从以关系强度为代表的关系嵌入和以网络密度为代表的结构嵌入两个角度，对网络嵌入性与产学研协同创新模式的关系进行了分析。赵东霞和郭书男等（2016）对国外大学科技园"官产学"三种典型的协同创新模式（大学主导型、产业推动型和政府引导型）进行了研究，发现理想的创新应该是三种协同创新模式的统一，形成不同协同创新模式的优势互补。

1.3.1.4 协同创新中的知识共享与转移

协同创新发生在不同创新主体之间，异质性、互补性资源的整合和共享是协同创新得以建立的基础，因此，对协同创新的研究必然离不开对知识共享与知识转移的讨论。实际上，已经有很多学者的研究表明了知识共享与知识转移在协同创新中的重要地位。例如 Husted 和 Michailova（2010）指出，知识共享是企业向其他协同创新伙伴释放的一种有效信号，以告诉其他协同创新伙伴自身具有的有利于伙伴的潜在价值，而这种信号的释放将增加该企业在协同创新中的吸引力（Ritala 和 Olander 等，2015）。Wang 和 Hu（2017）研究认为，知识整合和知识共享是影响协同创新绩效的重要因素，并且应用针对中国 236 家企业的调查数据进行了实证研究，发现协同创新活动、知识共享、协同创新能力和企业创新绩效之间存在显著的正向关系。常西银和孙遇春（2018）研究发现，企业的协同创新能力与企业间知识扩散共享的关系密切。

在意识到知识共享和知识转移在协同创新中的重要影响后，学者们又继续对此加深了研究，以探索如何更有效地在协同创新中实现知识共享和转移。例如 Cruz-González 和 López-Sáez 等（2015）采用西班牙 248 家工业高技术企业的数据，对吸收能力在知识共享与协同创新绩效（包括新产品发展性和新产品新颖性）中的影响机制进行了研究，发现与不同的协同创新伙伴进行合作，吸收能力对知识共享效应的影响机制不同。张华（2016）的研究基于有限理性的假设，通过知识共享及知识溢出效应分析了企业、高校和科研机构进行协同创新的演化博弈过程，研究了协同创新行为的发生机制，认为知识溢出的增加有利于提高协同创新的效率和稳定性，而知识溢出的增加离不开政府的政策引导和中介组织的发展。Cheung 和 Gong 等（2016）研究了知识多样性如何对协同创新产生影响，以及这种影响作用什么时候会发生，研究认为当伙伴之间信任程度低时，知识多样性将通过知识共享对协同创新产生间接的负面影响，而伙伴之间信任程度的增加会减弱这种负面作用。Xie 和 Fang 等（2016）探索了协同创新网络与知识转移之间的关系，并运用中国高技术企业的调查数据进行了实证分析，研究发现协同创新网络规模、网络联结程度和网络中心度决定了知识转移的程度，但协同创新网络异质性对知识转移没有显著影响。罗琳和魏奇峰等（2017）构建了产学研协同创新知识协同影响因素的理论模型，分析了协同意愿、知识异质性和组织能力等因素对协同创新知识共享的影响。

此外，还有学者对协同创新中知识共享和转移的阻碍因素进行了分析。例如 Mirjam 和 Deniz 等（2011）认为协同创新知识共享和转移的障碍包括知识链不完整、知识链关联性弱等；Skippari 和 Laukkanen 等（2017）分析了认知障碍可能会对供应链协同创新产生的负面影响，发现供应链之间的关系和管理者的主观意识都会对协同创新的顺利进行产生很大影响；杜维和马阿双（2018）对联盟企业失败知识协同创新决策问题进行了研究，得出了联盟企业失败知识协同创新的帕累托最优成立条件。

1.3.2 协同创新中的技术创新

1.3.2.1 技术创新的内涵

1912年,熊彼特在《经济发展理论》中首次将"创新"的概念引入经济发展中,他指出,创新是建立一种新的生产函数或者供应函数,是将过去未被人们使用过的生产要素的条件进行重组后加入生产体系中,是新技术、新发明首次被运用在商业中。熊彼特还认为,创新的表现有多重形式,它可以是新产品或者产品的一个新方面、新生产方法、新市场、新供应来源或者工业新组织。熊彼特的研究为后续技术创新的相关研究奠定了基础(熊彼特,1990)。

对于技术创新的内涵,学者们存在比较广泛的讨论。20世纪60年代,比较主流的观点认为技术创新包括新产品理念的提出—产品研发—产品生产—产品销售这一完整过程,该过程具有线性化的特点(Marquis,1969;Enos,1962;Mansfield,1961)。但这一观点之后被提出质疑,例如Nelson和Winter(1982)提出技术创新不是研发技术扩散的简单线性化过程,而是各阶段循环交叉的过程。Lynn等(1996)则强调,技术创新是科研成果或者新产品第一次完成商业化的过程,Stoneman和Diederen(1994)也有类似观点。2005年,Eurostat和OECD也对创新进行了定义,他们的定义强调的是新想法或新理念应被实施或者商业化,他们认为创新是一种新产品、新工艺的创造、改进或者组合,这些产品和工艺与以往大不相同,并且已经投入使用。这个定义得到了很多学者的肯定,例如Crossan和Apaydin(2010)基于此定义,认为经济和社会生活中的技术创新就是能够产生价值的生产或者使用、同化和利用的行为,它不仅包括产品、服务和市场更新、拓展,还包括新生产方法的发展和新管理系统的使用,它既是过程,同时也是产出。

总的来说,技术创新涉及新思想的产生、研究开发、技术管理与组织、技术商品化转化、销售扩散等一系列活动，本质上是一个科技、经济一体化的过程，是技术进步和应用创新共同催化的产物。从企业层面来说，技术创新是企业整合自身内部知识和在开放式创新生态系统中获取的外部知识，进行知识创造并且将知识成果商业化、市场化的动态过程。从区域层面来说，技术创新是区域内的技术创新主体用现有知识创新技术并应用，进而产生商业价值的复杂的多阶段过程。无论是企业层面还是区域层面，技术创新的完成都以产品的成功市场化为标志，该过程可以由企业单独完成，也可以由高校、科研院所和企业协同完成。

1.3.2.2 协同创新在技术创新中的作用

20世纪60年代以来，美国硅谷的成功为美国及世界各国科技园区的发展带来了强大动力，这使学术界越来越关注协同创新在技术创新中的重要作用。早期的研究多集中在产学研协同创新对微观层面企业创新的影响上，学者们认为产学研协同创新主要从3个方面提升了企业创新绩效：①协同创新能帮助企业获取互补性外部资源。获取外部资源是保持企业活力的关键（Conner 和 Prahalad，1996），协同创新能够让企业从外部关系中获得技术、设备、专业知识、资本和商业网络等"新资源"，从而加速创新步伐（Schwartz 和 Peglow 等，2012；Fu 和 Zhou 等，2013）。②协同创新分散了创新成本，降低了创新风险和不确定性。创新风险极大地阻碍了技术创新，而协同创新增强了企业在技术、产品和市场中的发展能力，从而提升了企业的风险应对能力和研发生产力（Volberda，1996；Okamuro 和 Kato 等，2011）。③协同创新使企业从学习共享机制和知识溢出中获益。企业通过参与协同创新，可学习到其他合作伙伴的知识，尤其是其中的隐性知识，并通过知识传递、分享和集成等多维互动过程，提升技术创新能力，促使企业获取创新利润（解学梅和方良秀，2015）。

随着研究的不断深入，不少学者开始从宏观层面研究协同创新在区域创新中的作用。大部分研究认为，在发展中国家，由于企业难以成为创新的绝对主导者，高校和科研机构是区域创新不可缺少的参与者，因此协同创新是区域创新成果迅速实现转化的有效途径，对区域创新能力的提高和区域创新绩效的增加有显著的积极作用（陈伟和张永超等，2012）。余泳泽和刘大勇（2013）、Buesa和Heijs等（2010）的研究也表明协同创新是区域创新效率提升的重要环节，其可从知识创新、科研创新和产品创新等方面提升区域创新的整体效率。但也有部分研究认为协同创新对区域创新的促进作用有限，主要原因有：创新主体之间没有形成良好的联结关系；无法就共同目标、利益分配形成有效契约；缺乏健全的机制和完善的平台支撑；由于涉及商业机密，成果没能很好体现等（王鹏和张剑波，2013；李柏洲和朱晓霞，2007；卞元超和白俊红等，2015）。

协同创新建立在企业和学研机构两类异质性知识组织之间的知识流动的基础上，因此知识的转移和扩散是协同创新顺利进行的关键环节之一。通过知识获取、转移与扩散，知识的"外部性"和"溢出效应"才能在不同创新主体之间得到发挥，从而为创新主体带来知识优势，提高协同创新的效率并促进稳定合作关系的形成（涂振洲和顾新，2013；张华，2016）。而且，作为国家创新系统的重要组成部分和创新外溢的主要方式，协同创新的知识转移和扩散不仅局限于创新主体之间，还会发生在协同创新体之外的其他企业和区域，进一步提升区域创新水平和促进技术进步。随着空间计量经济学的发展，不少学者还认为协同创新存在空间溢出效应，例如白俊红和蒋伏心（2015）运用空间计量分析技术进行实证研究，发现协同创新过程中，企业与高校、企业与科研机构的联结对区域创新绩效有积极影响，区域间创新要素流动有利于知识的空间溢出；魏国江（2018）的研究发现区域协同创新具有良好的空间效应，但不同主体的空间扩散能力存在差异。

由于协同创新在企业创新和区域创新中具有重要作用，部分学者逐渐关注到协同创新对技术升级带来的直接影响。张其仔（2014）研究指出，实现产业升级要建立囊括科学家、工程技术专家、社会科学家和企业等的跨界创新机制和跨产业的企业合作平台，促进多部门的跨界合作和协同创新。邹华和孙建等（2014）从科技创新与技术升级耦合发展的视角，研究了多元协同创新发展对装备制造业转型升级的影响，并建议完善资源共享和协同创新机制，加强产学研协同创新。黄永春和郑江淮等（2014）认为，推进新兴产业的技术突破应促进官产学研结合、强化企业间协同创新，加大与跨国企业的互动式创新。孙大明和原毅军（2018）则认为，由于成果转化率低等原因，产学研合作仅对技术进步有正向效应，不能显著促进全要素生产率和技术效率的提高，对制造业升级的影响效应不明显。

1.3.3 协同创新中的技术扩散

1.3.3.1 技术扩散的内涵

目前，对于技术扩散的内涵，学者们主要通过以下理论进行理解与分析。

模仿论。作为创新理论的鼻祖，熊彼特认为技术扩散可以看成是技术创新广泛面积和规模的模仿，他指出，模仿是技术扩散的实质，当少数企业率先采用了一项新技术进而实现生产效率的大幅度提高和生产成本的明显下降时，别的众多企业在这一示范作用影响下，为了追求超额利益，会成为先采用新技术企业的模仿者。广泛规模的模仿行为会带来产业的进步和经济的繁荣，而当模仿走向尾声时，创新扩散会趋于饱和，经济发展则逐渐平稳，甚至开始呈现下降趋势（熊彼特，1990）。

传播论。持该种观点的学者认为，技术创新在一定的时间内，借助某种渠道在社会系统成员中广泛被接受和应用的过程即技术扩散，这个过程的完成离不开新技术、时间、扩散渠道和社会系统（Rogers，1983）。傅家骥（2001）的观点与此类似，认为技术扩散是创新在潜在使用者之间通过一定渠道进行推广、采用和最终淘汰的过程。舒尔茨（1990）则指出，技术扩散对技术创新有重要的经济影响，当创新借助市场渠道或者非市场渠道进行传播时，技术扩散才得以发生。

学习论。Mansfield（1961）认为技术扩散的本质是学习。美国经济学家 Stoneman 认为技术扩散是"一项新技术"的"广泛应用和推广",具体来说,技术扩散过程是一种学习的过程,它区别于一切照搬的模仿。Stoneman(1981)也指出,一项技术创新成果是否被运用取决于使用该项新技术成果的成本和期望收益,只有当期望收益大于使用新技术的成本时,企业才会采用新的技术创新成果,技术扩散才会真正发生,不然企业还是处于积累经验、等待观望的阶段。

选择论。Metcalfe(1981)认为技术扩散是一个做选择的过程,一方面是企业对所采用的不同层次的技术进行选择,其结果是企业偏好选择那些生产高效、成本节约的新技术;另一方面也是顾客对企业进行选择的过程,其结果是率先采用新技术而生产出物美价廉的产品的企业更能获得市场,而拒绝新技术的企业将逐渐走向灭亡。正是这样的选择过程,使得技术创新成果在市场中被不断扩散。

上述理论分别从某一个角度或层面对技术扩散的内涵进行了分析,各具合理性,但总的来看,技术扩散的内涵可以分为广义和狭义两个方面。广义上来说,技术扩散是人类的知识资源从扩散的源头通过各种渠道进行的传播和多次再创新的过程;狭义上来说,技术扩散是由于技术势差的存在,使得技术创新通过中介渠道从供给者向需求者进行的有意识或无意识的传播过程,且在此过程中还伴随着需求者的不断吸收和再创新,直到技术势差消失,需求者变为技术的供给者。技术扩散的实质其实就是创新技术与特定的经济系统相融合,并在融合中逐步增大创新技术影响的过程。这一过程会受到多种因素的影响,技术溢出、技术转移和技术转让都属于技术扩散的范围。

1.3.3.2 技术扩散的路径

在技术扩散的路径研究中,学者们主要关注两个方面:一是技术扩散的模式,即研究技术扩散如何发生、通过什么方式或借助什么载体传播;二是技术扩散的周期,即研究技术扩散有什么阶段性特征,以及技术生命周期对技术扩散有何阶段性影响。有学者将前者总结为技术扩散的静态路径，后者总结为技术扩散的动态路径（林兰，2010）。

较有代表性的技术扩散模式有10种：外国独资企业、合资企业、国外多数股权安排、股权递减协议、许可、专卖、管理契约、交钥匙工程、契约合资和国际转包（分包）。Dunning（2008）认为，除了上述10种技术扩散方式外，还存在其他技术扩散路径，例如商业访问、培训、产品销售、售后服务、逆向工程或示范效应等。Glachant和Dussaux等（2013）则认为技术扩散主要有半成品国际交易（或设备出口）、外商直接投资（包括合资企业）和交易许可3种模式。国内学者对技术扩散路径的研究还比较少，且大多沿袭西方理论来进行分析。例如别朝霞（2011）将国际技术扩散的途径总结为进口贸易、出口贸易和FDI流入3种，并通过梳理现有文献发现，通过国际贸易实现的技术扩散能够提高几乎所有国家的生产效率，但是与FDI流入相联系的技术扩散溢出效应却在发达国家和发展中国家之间呈现出显著的差异。张化尧和王赐玉（2012）认为进口贸易、出口贸易、外商直接投资（FDI）和对外直接投资（OFDI）是国际技术扩散的主要渠道，并且通过实证研究分析了不同渠道的技术扩散效应。李晓娣和陈家婷（2014）强调了FDI在区域创新驱动和技术扩散路径中的重要作用。可以看出，这部分的研究仍然以宏观视角为主。

对于技术扩散的动态路径，学者们大多从技术创新周期的角度展开研究。根据技术创新周期，熊彼特将技术变化的全部过程分为3个阶段，即发明、创新和传播（熊彼特，1990）。进一步的，Rogers（1983）在传统阶段模型的基础上，将技术扩散分为5个阶段，即基础研究、应用研究、开发、商业化和营销。Mansfield（1983）则对发明、创新和标准化这3个阶段分别进行了详细分析，包括各个阶段的产业特点、信息类别、技术紧密度和市场特质等。此外，技术生命周期划分法（Burgesmani和Wheelwright等，2004）和产品生命周期划分法也很有代表性，其中，产品生命周期理论为国际间技术扩散的过程提供了很好的理论解释，并且指出了国际技术扩散在新兴工业化国家和地区中起到的突出作用,对于加快发展中国家的技术扩散具有重要的借鉴意义。

1.3.3.3　技术扩散路径的影响因素

技术扩散过程的复杂性决定了其影响因素的多样性,相关的研究众多,但研究角度和说法各有不同。通过文献梳理,我发现技术扩散路径的影响因素可以归纳为以下三类。

创新的技术特性及创新主体行为。创新技术自身的特征是影响技术扩散路径的重要因素,例如陈劲和魏诗洋等(2008)认为,具备相对优势和可试性,且相容性高、复杂性低的创新技术更容易实现技术扩散;Dutta和Puvvala等(2017)对安卓手机和iOS手机的特点进行了分析,通过构建系统动力学模型对IT技术的扩散机理、扩散模式进行探索。创新主体是创新的制造者,创新主体的市场目标和选择(鲜于波和梅琳,2009)、金融和债务情况(Majumdar,2016)、规模和地理位置(Bodo,2016)、传播渠道优势(Delre和Jager等,2007)等因素都会影响技术扩散的效率。

技术扩散采用者特征。不同采用者的特征、性质和社会网络不同,对技术扩散路径的影响也不同。Ceccagnoli和Forman等(2012)研究指出,消费者和采用者的价值主张对技术的应用和传播速度至关重要;孙德忠和周荣等(2014)研究发现,高校上市公司和非高校上市公司在专利技术扩散网络上有所差异,受到的内外部影响也不同;林建浩和赵子乐(2017)研究发现,采用者在方言上的文化差异会阻碍技术扩散;韩元建和陈强(2017)从技术供给者和接受者的角度分析了共性技术扩散的影响因素;Beretta和Fontana等(2018)的研究通过对五个具有不同社会背景、不同种族的埃塞俄比亚村落的技术传播过程进行模拟,发现采用者的异质性和同配性程度对技术扩散决策有重要影响。

扩散环境。环境因素在技术扩散路径中起着重要的作用,扩散环境具体包括经济环境、市场环境、政策环境和文化环境等方面。李再扬和吴名花等

（2013）分析了经济发展水平、城市化比率、人口密度、固定电话普及率和移动电话普及率对移动通信技术扩散的影响；Papagiannidis 和 Gebka（2015）研究认为，网络技术的扩散与地区环境和产业结构有关；Hübler（2016）采用泰国、越南、老挝和柬埔寨的数据进行研究，检验了国内和国际人口流动等因素对技术扩散的影响；Beretta 和 Fontana 等（2018）指出，社会环境和文化环境对技术的扩散和传播提供了更好的解释，采用者的决策受到个体特征的影响，而社会组织在其中起到了信息流动的中介作用。此外，Dechezleprêtre 和 Glachant（2014）、De Coninck 和 Sagar（2015）以及 Vega 和 Mandel（2018）的研究都强调了政策环境对技术扩散的重要影响。

1.3.3.4 协同创新与技术扩散

随着围绕协同创新与技术创新的关系的研究不断展开，一些学者也开始将目光投向协同创新与技术扩散的关系研究上，但早期的研究多将重点放在高校与企业合作创新的技术扩散效应上。例如 Pineda 和 Zapata（2007）研究了大学技术扩散的影响变量，并对大学与企业的合作效率进行了研究，他认为内部知识和外部知识的结合是企业实现创新发展的必要条件，而大学已经基本适应了同时担任知识创新者和技术扩散方的双重角色；Anatan（2015）对产学研联盟中高校向企业进行技术、知识扩散的概念性问题进行了总结，用交易成本理论、资源依赖理论和知识依赖理论分析了协同创新技术转移的动因与好处；李应博和吕春燕等（2007）系统研究了大学的技术转移模式，认为其有以下几种：以技术合同为主的商业技术转移、大学内生化的技术转移（包括创办衍生企业、大学科技园和高校技术转移中心等）、大学合作型技术转移（共建研发机构）和外包等。

近年来，随着协同创新在国内的研究热度越来越高，学者们对协同创新与技术扩散的关系也越来越关注。例如刘丹和闫长乐（2013）认为，协同创新网络具有复杂性、动态性、系统性、开放性、中心性和协同性等特点，通过协同创新可以实现主体间的资源共享、知识传递和技术扩散，实现知识、技术增值和创新产生；解学梅（2013）研究认为，协同创新效应的产生取决于创新要素的耦合和创新主体之间的外溢效率，依赖于技术扩散和知识溢出等因素；Şanlı和Hobikoğlu（2015）研究认为，提高科学技术效率、保持产学研协同创新和支持技术发展的教育政策是实现技术扩散的重要保障；方茜和郑建国（2015）将技术扩散列为区域协同创新体系的要素之一，并将其归为创新能力功能模块；雷怀英和王童等（2017）采用引文网络路径法对协同创新领域的知识扩散过程和路径进行了研究，认为协同创新知识扩散的路径有要素间的协同创新与绩效研究、主体间的协同创新研究、模式及管理研究、网络及其风险研究和测度评价研究。随着研究的不断深入，现有的研究主要涉及以下三个方面。

第一，协同创新中技术扩散的特点和模式。刘小斌和罗建强等（2008）从技术供给者技术成熟度和技术需求者需求期望的角度，将产学研协同创新的技术扩散模式分为预研型合作模式、契约型合作模式、衍生型企业模式和协同一体化模式四种。孙耀吾和卫英平（2011a）基于NW小世界网络的视角，构建了高技术企业联盟的知识扩散模型，并对联盟的知识扩散特性和规律进行分析，研究发现高技术企业联盟网络具有小世界特性，网络技术扩散效果在吸收知识量、特征路径长度和知识交流频率上存在一定规律。耿康顺和廖涵（2014）研究了在协同创新和非协同创新模式下，集群内技术扩散的过程和条件。Zavale和Macamo（2016）研究分析了协同创新中高校向企业进行技术扩散的种类、渠道、动因和障碍，发现莫桑比克的协同创新技术扩散大多可体现知识的传播，如会议、学生雇用和学术咨询中得到的知识，而不是体现知识，如专利和技术原型等。雷怀英和王童等（2017）认为，协同创新中的知识扩散可以通过科学文献之间的相关引用关系体现出来，以累计发表的协同创新相关论文的累计比例为指标，绘制协同创新的扩散曲线，可以发现中国的协同创新知识扩散过程正处于成熟阶段的初期。Chang（2017）的研究旨在对产学研协同创新的关键技术领域进行分析，建立了技术网络模型、运用专利面板数据，对产学研协同创新技术扩散的趋势进行探索，发现当前产学研协同创新的技术扩散以化学、测量等基础科学为主。

第二，协同创新中技术扩散的效应与效果。司尚奇和冯峰（2009）基于共生网络理论，从特征距离长度、集聚度和共生能量等角度对我国不同经济区域的技术转移服务联盟效果进行了分析；李书全、王悦卉和彭永芳（2015）通过博弈方法分析了"平台式"战略网络、"供应链式"战略网络和"联盟式"战略网络在技术扩散博弈中的收益与成本权衡的问题，认为企业技术扩散的效应与合作意愿、技术保护成本和谈判成本等因素息息相关；孙耀吾和卫英平（2011b）认为，企业通过联盟可以获得互补性资源，但联盟企业之间的知识扩散具有特定的效应与规律，为此，他们构建了知识波扩散模型，检验知识吸收的衰减效应、知识波扩散的多普勒效应和知识波叠加的惠更斯—菲涅尔效应；Rajalo 和 Vadi（2017）等构建了三种协同创新模式的概念模型，其中，每种协同创新模式中合作成员的协同创新动机和吸收能力均存在差异，借此分析了不同协同创新结合体效果天差地别的原因。

第三，协同创新中技术扩散的影响因素。学者们从不同角度研究了众多影响因素对技术扩散的影响，这些影响因素包括技术标准、基础知识的关联性、专业知识的差异性、发送方的知识转移能力、接收方的知识吸收能力、协同创新企业间的承诺、创新主体间的信息对称性、知识识别能力、技术距离、政府规制和中介机构的作用等（吴文华和张琰飞，2006；Todo 和 Matous 等，2016；张红兵和张素平，2013；刘志迎和单洁含，2013；Rajalo 和 Vadi，2017；Villani 和 Rasmussen 等，2017；游达明和宋姿庆，2018）。

1.4 协同创新促进产业技术升级的关键问题

通过对现有国内外研究的梳理可以发现，目前，国内有关协同创新的研究成果颇多，但是大部分研究将创新个体间的协同创新与区域协同创新分别分析，在不同框架下讨论它们对技术创新或技术扩散的影响，未能将微观层面和宏观层面的研究结合起来。实际上，由于研究层面的不同，微观层面的协同创新和宏观层面的协同创新在对创新或技术扩散的影响上各具特点，但又存在着一定的联系，因此在对协同创新的影响效应进行讨论时，应该尽量从两个层面进行考虑，以便得到更为全面的结论。有关协同创新模式的研究，仍然是以描述性和政策建议类的研究为主，基本理论研究比较零散，缺乏对不同模式的对比分析和以数据为支撑的实证分析，研究有待进一步系统化。

对于技术升级路径的研究，国内学者往往以西方理论为基础，把侧重点放在国际技术引进和技术扩散等外生路径的探索上，从外商直接投资、对外直接投资和国际贸易等方面分析技术升级机制，而对宏观层面和微观层面的技术升级机理及路径研究关注不足，缺乏理论上的详细阐释和严格的定量分析。从中国当前的实际来看，即便外生获取技术创新和技术扩散的效率有所提升，但想依赖国际技术引进长期获得知识、技术优势仍是不可能的，单凭自主创新实现国家创新能力提升也比较困难，因此，中国亟须找到适合自身发展的创新方式和技术扩散内生路径。

协同创新作为实现创新主体间资源共享、知识传递和技术扩散的有效方式，是快速提升国家创新能力的根本力量，但鲜有研究从协同创新的角度对技术升级的内生路径进行深入分析。尤其对于不同模式的协同创新，协同创新促进技术升级的特点、机理、路径和影响效应也会存在很大差异，加上中国幅员辽阔，地区之间在经济、资源、政策和文化环境上各不相同，这些都会对协同创新促进技术升级的路径产生影响。

因此，为了研究中国情境下协同创新如何促进产业技术升级，对协同创新促进技术升级的机理和路径进行系统的理论分析和提供实证支持，为中国协同创新的发展和技术升级的实现提供可供借鉴的经验和结论，需要解决以下四个关键问题。

1.4.1　协同创新如何促进企业技术创新和区域技术创新

宏观层面的因果关系均存在对应的微观作用机制。技术升级需要从宏观层面去考虑和整体规划，但落脚点仍在微观层面的协同创新主体身上。因此，将微观层面和宏观层面的问题进行关联和对接，才能更好地探索协同创新对技术升级的内在作用机理。在分析协同创新如何影响技术创新时也应该同时从微观层面和宏观层面着手，不仅要分析协同创新如何影响微观企业的创新绩效，也要从宏观层面分析协同创新如何促进区域创新绩效。另外，虽然外生创新路径不是可持续的技术创新路径，但其仍然是中国快速提升创新能力的重要路径，因此，如何将内生协同创新路径和外生创新路径很好地结合起来，也是一个必须关注的重要问题。

1.4.2　协同创新促进技术扩散的微观机制是什么

从微观视角分析协同创新促进技术扩散的机制，能更好地探索协同创新对技术升级的内在作用机理。创新主体分工和地位的差异是当前协同创新模式分类的常见标准，再与中国当前实际结合，学者们往往根据此标准将协同创新分为企业主导型协同创新、学研主导型协同创新和政府引导型协同创新三种。这种分类标准不仅体现出不同模式的协同创新在主体要素、地位和功能上的不同，还反映出不同模式的协同创新在运行机理、利益分配机制和风险分担等机制上的差异。那么，不同协同创新模式如何在微观层面上进行技术扩散？不同协同创新模式的技术扩散路径有何特点和差异？在多种协同创新主体、多种协同创新模式和多种复杂因素交互出现的情况下，如何分析和模拟协同创新的技术扩散效果和变动趋势？这都是亟待解决的问题。

1.4.3　协同创新如何通过多重路径促进产业技术升级

协同创新促进技术升级的路径不是单一的，而是综合的、多重的。协同创新的作用不仅体现在促进技术创新和技术扩散上，还能通过协同效应产生的连锁反应激活创新企业、提升创新主体间的交互联系和刺激创新生成，产生单独要素无法实现的整体效应，最终促进产业技术水平升级。那么，以下问题就需要进一步去思考：不同协同创新模式促进产业技术升级的直接路径是什么；协同效应主要体现在哪些方面；协同效应影响下的间接技术升级路径是什么；直接路径和间接路径同时存在的情况下，如何对此进行理论分析和实证检验；等等。

1.4.4　如何通过政策创新增强协同创新在技术升级中的作用

政府干预作为外部宏观环境中的重要部分，对于协同创新影响技术升级的影响不能忽略。在目前中国产业技术创新推动力不足的情况下，通过政策创新激励和推动协同创新在产业技术升级中的作用显得尤为重要。在这种情况下，有必要对中国相关的产业政策进行梳理，并分析和借鉴经济发达国家的政策与手段，在此基础上，找到推动产业技术升级的政策着力点，进一步开展协同创新的政策创新，以完善我国相关政策的制定，加速实现产业升级。

2 协同创新促进产业技术升级的理论基础

2.1 协同创新的内涵和特点

2.1.1 协同创新的界定

协同，是指一个复杂系统中的各个子系统通过相互配合、互相作用，产生出超过子系统单独作用总和的效用，从而对整个系统带来整合作用。在英文中，cooperation、coordination 和 collaboration 等单词都可以用来表示协同，可见协同与合作的意思相近，但实际上，两者的内涵却不完全相同。合作指各方在自身利益的基础上进行活动，而协同不仅建立在各方利益基础上，还强调各方的互动协作以相互信任、风险共担和利益共享为原则。

协同创新是创新过程与协同思想的结合，是中国在深入贯彻科学发展观，努力提高自主创新能力，建设创新型国家的过程中的重要探索。协同创新，具体是指企业、高校、科研机构等创新主体，和政府、中介机构、金融机构和其他服务组织等辅助主体，在创新过程中进行资源整合和深度合作，实现系统效用的非线性叠加和知识、价值的创造。协同创新是一种大跨度的复杂创新组织模式，它强调创新系统各要素的整体性和动态性，即在协同创新组织模式中，创新主体各要素在资源、目标和功能方面是个有机结合的整体，而不是要素的简单相加，而且这个整体总是处于动态变化之中。协同创新并不是一个自发的过程，由于不同创新主体在目标和利益追求上的差异，如果协同创新脱离了国家意志的引导和机制安排，那个体理性很可能带来群体的非理性，协同创新将难以取得理想结果。因此，协同创新是在国家引导和机制安排下，实现不同创新主体优势互补，资源共享，加速提升创新能力，推进技术成果转化的创新范式。协同创新进一步推动了产学研的深度合作，通过知识、人才、资源和管理等要素上的进一步整合、协调和配置，提升了"1+1+1>3"的协同效应。因此，协同创新也被认为是产学研合作的升级。

2.1.2 企业主导型协同创新及其特点

企业主导型协同创新，是指一家或者多家有雄厚实力的企业，以市场为导向，主动与高校联合，在政府、中介机构的配合下，整合创新资源，进行协调、互动和创新的协同创新模式。从参与主体来看，企业主导型协同创新的主体主要有主导企业、参与企业、高校、科研机构、政府和中介机构等。处于主导地位的企业要同时扮演科技创新的创造者和科技转化的生产者（承担起资金供给、项目选择和利益分配等任务），以及创新风险的主要承担者。参与协同创新的企业与高校、科研机构主要是为协同创新提供互补性资源，参与企业的互补性资源主要包括专业技术、相关信息资源和设备等，高校和科研机构的互补性资源主要是知识资源和人才资源等。政府在其中主要扮演引导者和监督者的角色。中介机构、金融机构及其他组织主要为协同创新的开展提供服务，如交易担保、风险投资等。图2-1对企业主导型协同创新进行了描述。

企业主导型协同创新必须坚持以市场为导向。我国的协同创新存在一个比较典型且严重的问题，即协同创新得到的创新成果与市场需求不能有效对接，科技成果转化效率较低。根据相关数据，中国每年拥有的较为重大的科技创新研究成果超过2万个，重大专利超过5千项，而其中最终能够成功转化为实际产品的成果不超过5%；而在国外发达国家，这一比值能达到45%，

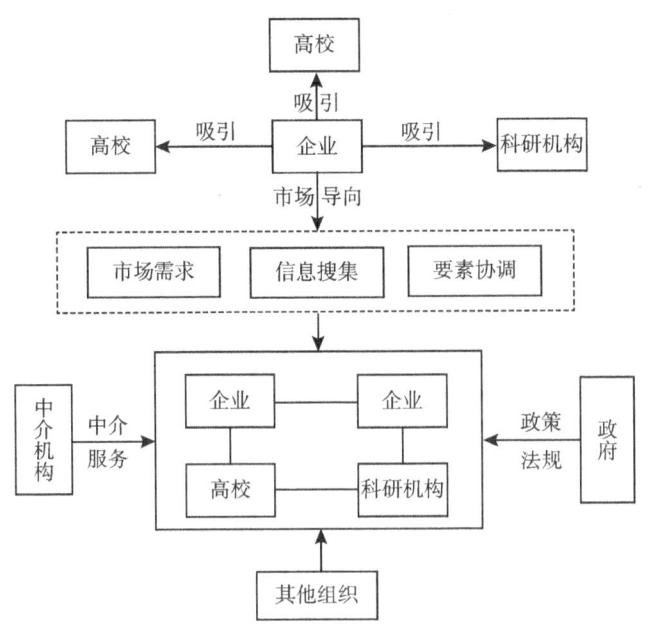

2 协同创新促进产业技术升级的理论基础

图 2-1 企业主导型协同创新

甚至更高。要解决这一问题,就必须在协同创新中坚持以市场为导向。市场导向最初是营销理论中的研究重点,在营销管理学界和企业界被广为重视,还被认为是最具有效果和效率的为客户创造超额价值行为的组织文化。其内涵可以概括为企业致力于通过了解顾客需求、获悉当前和潜在竞争对手信息,使这些市场信息能够在整个组织内有效传播和扩散,在此基础上协调各个部门单位进行沟通合作,为顾客创造超额价值的行为过程。企业主导型协同创新以市场为导向,即协同创新各个环节必须先对当前和潜在顾客需求,以及竞争对手的相关信息进行搜集和分析,在对市场信息进行系统分析后,再协调各个参与要素分别确定各自的创新目标和重点,让协同创新中的各方都积极与市场互动。

在企业主导型协同创新中,企业应真正成为协同创新的核心和落脚点。企业自身的性质决定了企业的经营目标是利益最大化,而利益最大化只能在竞争的市场环境中实现,因此在协同创新中坚持以企业为核心,不仅有利于在协同创新中引入市场机制,实现市场导向,还能保证创新的持续进行。而且，由于企业具备接近市场、了解顾客需求等方面的优势，能够及时对市场当前需求和潜在需求进行把握和预测，从而提供更符合市场前景的产品和服务。因此，企业是科技与生产结合的最佳载体，企业主导型协同创新必须坚持企业的主体地位，围绕企业进行研发创新，才能够找到协同创新的正确方向，进而有效整合各方资源，提高协同创新的效率。

企业主导型协同创新的特点可以概括为以下三条：

第一，市场导向性。这是企业主导型协同创新的首要要求，也是最大的特点。协同创新的进行必须建立在企业对当前和潜在顾客需求、竞争者信息等相关市场信息进行调查分析的基础上，市场导向决定了协同创新参与者的创新任务，也决定了未来协同创新成果的产出方向。

第二，目的明确性。在企业主导型协同创新中，企业不仅了解自身的技术情况和技术需求，也经过调研掌握了大量的相关市场信息，因此企业很清楚自己对协同创新伙伴的期望，在协同创新中能够目的明确地提出自己的技术需求和合作要求。

第三，地位主导性。企业在企业主导型协同创新中处于主导地位，这意味着企业不仅在协同创新的项目选择、伙伴选择、创新实践和技术转移等方面起到支配者和领导者的作用，而且在资金、创新风险承担上也处于主体地位。同时，企业还应协调各方创新资源，整合各方科研力量，为提高协同创新效率，增大市场收益而努力。

2.1.3 学研主导型协同创新及其特点

学研主导型协同创新模式主要可以分为两种：学研主导的人才培养型协同创新和学研主导的科学研究型协同创新。学研主导的人才培养型协同创新是指，高校或科研机构为了实现提高学生实践操作能力、职业能力和毕业生就业率的目标，利用企业的社会资源，将教学工作与生产实践相结合进行人才培养的协同创新模式。学研主导的科学研究型协同创新是指，高校或科研机构凭借自身在科技信息、人才、技术和社会资源上的优势，主动寻求与产

2 协同创新促进产业技术升级的理论基础

业界的合作,以实现科研资源的获取,以及科学技术成果的产品化、商品化和产业化的协同创新模式。

学研主导型协同创新的实质在于,高校或科研机构依托其知识、信息和人才等方面的优势,利用和整合社会各项资源,并通过专利出售、技术转让,以及建立大学科技园、技术孵化器和高新技术创业基地等形式,实现技术的对接和产业化,进一步带动区域创新和产业技术升级。在这种协同创新模式下,高校或科研机构不仅在推进协同创新的进程中起到主导作用,还应承担起协调协同创新伙伴关系的责任,以及在协同创新的目标、内容、利益分配和风险分担等方面拥有绝对的话语权。因此,这种模式往往要求高校或科研机构具备较强的科研实力,同时在应用研究、开发研究、产品设计和工艺设计等方面具备一定的技术能力,在协调科研生产、营销等方面具有一定的组织、控制实力。在学研主导型协同创新中,企业是高校实现市场化目标的载体和实践场地,政府起到的仍然是引导者的作用。图2-2对学研主导型协同创新进行了描述。

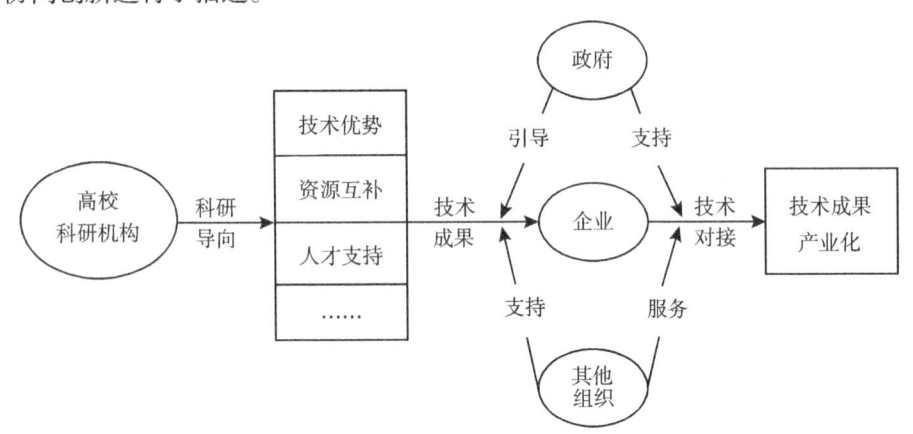

图 2-2 学研主导型协同创新

随着科学技术与经济结合的密切性逐步提高,作为社会教育主体部门的高校和科研机构,其职能不再仅局限于培养人才和单纯的学术研究,而是将技术创新等活动纳入自身的活动领域,形成了高校的"第三职能"。学研主导型协同创新的优势和特点主要有三点:

第一，有利于形成较强的科研创新和产业研发实力。满足企业重大技术需求是协同创新的主要目标，这一目标要求协同创新主体具备较强的研发能力。而作为学术资源聚集地的高校和科研机构，不仅拥有前沿的科学知识、高素质的科技人才和先进的实验设备，而且在科学信息搜集、知识共享等方面具有天然优势，例如高校与高校、高校与科研机构之间频繁的学术联系、人才交流等。在学研主导型协同创新模式下，高校、科研机构和企业能够从基础研究着手，逐步延伸到技术研究与产品开发环节，加深创新链条的融合。这一优势在一些具有行业特色的研究型高校中会体现得更明显。具有行业特色的研究型高校能够凭借其在专业关键实验装备、重大创新平台和学科广度、人才积累上的突出优势，面向特定的产品链条核心技术和关键环节进行深层次的协同创新。而且高校的公益属性，也能够使高校在协同创新的过程中更加专注于科研成果的获得，从而提高技术突破的成功率。

第二，促进协同创新人才的互动交流。人才的合作与共享是协同创新成功的关键，而在学研主导型协同创新中更容易实现人才互动和交流。首先，高校在科学研究和技术研发方面都拥有强有力的人才队伍，这能够为学研主导型协同创新提供强大的人才支撑和坚强的智力支持。其次，高校具有人才培养的基本职能，高校每年培养的具有扎实专业知识和专业技术的毕业生，大部分会进入特定行业工作，尤其是与高校有密切协同创新关系的企业，长此以往，无疑为学研主导型协同创新积累了丰富的人力资本。最后，高校极广的包容性和延伸性还能为人才交流提供合适的平台，这不仅能进一步吸引企业人才来校进行学习和深造，还能通过组织形式多样的创新活动，促进不同领域、不同行业的人才进行交流沟通。

第三，强化了知识提供方对企业的支持作用。学研主导型协同创新的一个重要目的是，通过充分发挥高校在人才、技术等方面的优势，帮助企业提升创新能力。在学研主导型协同创新模式下，高校在协同创新目标、协同创新方向、资源配置和利益分配等方面均起到主导作用，在担当主导者的过程中，高校将对企业需求有更深的理解和认识，从而能更好地为企业提供服务和支持。一方面，高校能够帮助企业在技术选择、研发方向等方面做出更科学的决策。在学研主导型协同创新中，由于在知识、技术、信息和人才等方面具有天然的优势，高校对未来的科学技术发展趋势和技术目标前景有着更准确的认识，从而能够在战略转型、产品升级和技术研发等方面为企业提供更科学的建议，帮助企业做出更适宜的决策。另一方面，学研主导型协同创新模式对企业自主创新能力提升有较大的促进作用。这是因为当高校成为协同创新中的主导者时，其在知识、技术输出和扩散过程中将更积极，对企业面临的人才和技术问题更重视，从而会促进企业自主创新能力的提升。此外，学研主导型协同创新还具备"人才储备中心"和"技术支持中心"的作用。前者体现为，高校可以根据市场需求不断调整和优化对学生的培养方式，从而培养出更符合社会发展需要的高素质人才，还能为企业提供技术、管理等方面的培训；后者体现为，高校通过协同创新活动将获得一些科技创新成果，而与高校进行协同创新的企业将会有获取成果的优先权。

2.1.4 政府引导型协同创新及其特点

政府引导型协同创新模式是指，各级政府基于经济运行和社会发展对技术创新的实际需求，通过针对性的项目规划，进行科技立项和成立课题，然后引导和组织企业、高校和科研机构共同参与的协同创新模式。

在介入协同创新之初，政府是以主导者的身份出现的，即政府主导型协同创新模式。这种协同创新模式是在中国经济体制改革（1978年）之前的特殊历史背景下产生的。当时政府为了迅速发展国防工业体系、加快工业发展的步伐，尤其是加强国防科技领域的建设，通过制定相关政策，计划性地安排一些企业、高校和科研机构进行合作，共同解决一些重大科技问题，攻克国防科技尖端技术。政府制定具体的合作内容，决定合作生产的收益分配方式，制定创新绩效的评定法则，并且承担风险。在这种协同创新模式中，企业、高校和科研机构完全没有生产和科研的自主权，他们在协同创新中只扮演执行者的角色，而政府才是协同创新的真正主体。政府主导型协同创新在当时特定的市场环境和社会环境中取得了明显的效果，为国家获得了不少重要的科技创新成果，促进了工业经济的发展。但是，随着计划经济体制逐渐向市场经济体制转型，政府主导型协同创新模式的弊端不断突显，有效激励机制和运行机制的缺失使得政府主导型协同创新效率越来越低，难以适应社会发展的要求。

当经济体制完全转变为市场经济后，政府开始弱化其在协同创新中的作用，取消了对企业、高校和科研机构协同创新的计划性干预，不再指定协同创新的具体内容，也不再规定协同创新的具体参与单位，由企业、高校和科研机构自行选择伙伴进行合作。政府的角色逐渐由主导者向引导者和服务者转变，从而形成政府引导型协同创新模式。在政府引导型协同创新模式中，政府不再干预协同创新组建运行、资源配置和利益分配等具体事宜，而是将重点放在政策支持、协同创新环境创造和维护等宏观方面，通过制定激励机制等促进协同创新顺利开展和深入进行。例如，政府通过增强基础设施建设和营造浓厚的技术创新氛围，为协同创新提供一个高质量的环境；通过出台相关优惠政策，吸引企业、高校和科研机构积极参与；通过制定和完善相关法律法规，保障创新参与者的合法权益和协同创新活动的顺利开展，等等。但是，实践经验表明，如果想要实现国家创新能力的提升和科学技术的进步，仅依靠企业、高校和科研机构是不够的，政府的引导、支持和保障必不可少。由于企业创新的目的在于实现利润最大化，因此部分投入高、风险大但关系国民经济发展的共性技术和基础研究没有企业愿意承担，此时政府必须通过积极有效的政策进行引导，通过财政出资、引资等多渠道的支持，促使企业、高校和科研机构在这些领域展开研究（周源，2018）。

在政府引导型协同创新中，政府、企业、高校和科研机构在协同创新的过程中关系相对紧密，政府在其中起到协调管理、评估监督和提供信息交流服务等作用，高校和科研机构凭借其突出的科研实力成为协同创新的核心力量，企业凭借其在生产设施、市场信息和营销管理方面的优势在协同创新的

2 协同创新促进产业技术升级的理论基础

成果产业化阶段发挥主要作用,如图 2-3 所示。同时,政府的有关部门也为协同创新提供相关中介服务。

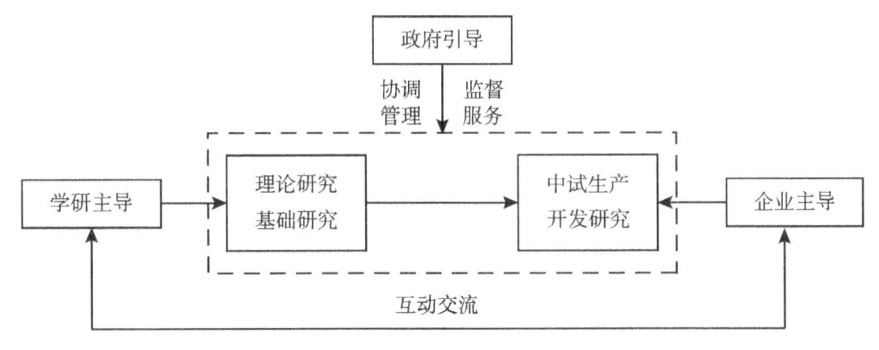

图 2-3 政府引导型协同创新

在现实中,政府引导型协同创新被广泛运用,已成为中国创新体系的重要组成部分,并且取得了显著的成效。例如,中国政府引导实施的"863 计划",鼓励企业和高校、科研院所积极进行技术创新和参与研究活动,10 多年间,该计划在民口 6 个领域 200 多个专项研究中实施,取得了丰富的成果,获得国内外专利超过 2000 项,发表相关论文超过 50000 篇,累计创造的直接经济效益高达 560 亿元,而间接经济效益超过了 2000 亿元。还有"星火计划""火炬计划"等政府规划和国家经济贸易委员会、国家科学技术委员会、中国科学院联合实施的"产学研联合开发工程"等,都是对政府引导型协同创新的积极尝试。但仍然需要注意的是,在政府引导型协同创新模式中,政府要时刻意识到自己是协同创新的参与者和引导者,不是协同创新的主导者和领导者,在为企业、高校和科研机构协同创新提供鼓励和支持的同时,要充分尊重市场规律在资源配置等方面起的基础性作用,不干预协同创新的具体事务。

综上,政府引导型协同创新是政府通过项目、资金和政策等方面的引导,为了区域的经济发展和社会进步,吸引和鼓励企业、高校和科研机构组织协同创新、促进技术转移和成果转化的创新组织模式。

政府引导性协同创新的特点可以概括为两个方面:①其是由政府搭台,

财政出资、引资，经过多渠道筹集资金，以设立科技开发基金的方式对协同创新进行投资的协同创新模式；②其主要针对产业发展中的高风险、高投入和高收益的共性技术和基础研究，这类技术创新和研发活动将对区域经济运行和社会长期发展产生重要的影响。

2.2 协同创新促进技术升级的主体

2.2.1 协同创新中的技术创新主体

目前，学术界对协同创新本质的认识还在不断深化，对于协同创新中的技术创新主体这一问题，学术界主要存在三种观点。

2.2.1.1 企业主体论

大部分学者认同企业是技术创新的主体这一观点。企业位于市场的最前沿，具有灵敏的感知能力，很多科技成果由企业负责开发、完成，基础研究的创新成果也最终需要通过企业转换为产品。因此，企业应该是技术创新主体，并在协同创新中起到市场导向性和渠道性的作用。

在国家层面，企业已经多次被明确列为国家创新体系中的主体，"十四五"规划进一步指出，要完善技术创新市场导向机制，强化企业创新主体地位，促进各类创新要素向企业集聚，形成以企业为主体、市场为导向、产学研用深度融合的技术创新体系。在国家战略引导下，企业在技术创新决策、研发投入和成果转化方面都越来越发挥出关键作用。例如，根据2022年2月科技部在科技创新有关进展会议上的数据，2021年国家重点研发计划立项860余项，其中企业牵头或者参与的高达680余项，占比79%；我国全社会研发投入中企业投入占比高达76%。这表明，在技术创新，尤其是应用研究和技术开发方面，企业更是发挥了主体作用。企业成为技术创新中的主体，是破解"科技与经济两张皮"难题的关键。

2.2.1.2 高等院校和科研机构主体论

一些学者认为，不能笼统地将企业看作技术创新的主体，从中国的现实考量，高等院校和科研机构仍然是技术创新的主体，如果企业已经是技术创新主体，我国及其他一些发展中国家就无须再采取激烈措施促使技术创新主体向企业转换了。高校和科研机构具有丰富的人才资源，尤其是高校学术资源丰富、齐全，学科门类丰富，易于形成学科交叉，是进行基础研究、推动科技创新的主力。2020年上海市科技奖励中心的数据也表明，在上海科技奖843个获奖项目完成单位中，虽然企业的数量与高校、科研院所相当，但从第一完成单位看，高校仍是创新主力，在全部获奖项目中占比39.4%，在特等奖和一等奖中占比达44.7%。这说明，企业仍未真正成为技术创新主体，而是处于高校、科研院所的创新辅助和对接地位。

2.2.1.3 混合主体论

这种观点从广义的技术创新出发，认为技术创新的主体不是唯一的，而是由关联企业、高校、科研院所、政府机构、市场和金融机构等组织联合组成的。虽然在协同创新过程中，企业和高校在客观上形成了协同创新主体和协同创新客体的关系，主体要把握协同创新的方向、选择协同创新的内容和方法、实施组织、推动实际进程，客体则通过参与协同创新的程度决定协同创新的运行机制、方式、层次和实施效果，但在现实中，协同创新的主体和客体关系并不是绝对的，而是相互影响、相互作用的，协同创新的主体和客体在一定条件下可以互相转化。

2.2.2 协同创新中的技术扩散主体

协同创新中的技术扩散可以简化成知识输入、吸收、创造到再输出的一个市场过程。在这个过程中，首先由知识的创造者提供新知识，再由新知识的采用者创造、输出进一步的创新成果，而且在知识成果的供给者和采用者之间存在着一定的传播路径或者媒介。因此，有研究认为协同创新中技术扩散的主体应该包括供给主体（扩散者）、需求主体（接收者）、扩散媒介（中介者）和辅助主体。

2.2.2.1 供给主体

在协同创新中，技术扩散的供给主体既可以是企业，也可以是高校和科研机构。由于在利益诉求、自身属性和约束条件上的差异，不同的供给主体会体现出不同的供给特性。在企业与高校或科研机构组织的协同创新中，高校和科研机构一般充当技术供给主体的角色，这是由高校和科研机构的天然优势和社会职能决定的。高校和科研机构具备雄厚的科学研发基础、丰富的科研人才资源、先进的研究发展设备，以及前沿的科学理论知识和科技信息，并且承担着人才培养和科学研究的社会职能。高校和科研机构可以将科技力量和人才优势相结合，在相关领域积极寻求突破，再将创造的知识成果向外部扩散，构建多领域面向社会的知识创新发源地。因此，在企业与高校、科研机构的协同创新中，高校和科研机构成了企业的知识源头和持续创新的基础，通过与高校、科研机构的学习交流，企业可以获得人才资源和先进的知识、技术支持，加速实现科研成果的产业化。

在企业间协同创新的技术扩散中，由于企业是协同创新的主体，此时的技术扩散供给主体也只能由企业充当。除了部分专门出售、有偿转让新技术的企业，大多数企业在进行技术扩散时，不会将新技术的转让利润当成协同创新的主要目的，一般会将自身利用新技术可能产生的收益与转让新技术所得的收益进行比较，如果自身利用新技术可能产生的收益较大时，企业将不愿意进行技术扩散。在获得新技术的初期，企业往往不会进行技术扩散，原因有两方面：①为了获取比较优势和更高的综合效益，不管是企业自主开发的新技术还是在协同创新中得到的新技术，企业不会随意将具备一定优势或者市场开发潜力的新技术转让，否则很可能会因此丧失竞争优势，或失去获得比较优势的机会；②谋求技术垄断，通过技术垄断阻止竞争者进入，实现独家经营，获取超额利润，是不少企业所希望的。当企业成功从协同创新中获得新技术，往往意味着他在相关领域得到了一定的垄断力量。但是从长期来看，技术扩散是不可避免的，因为替代技术会紧接着出现，政府也不会允许技术垄断的长期发生。因此，一些掌握新技术的企业会根据外部环境和自身能力等情况来选择技术转让的时机，使企业在技术扩散后不仅仍然能够健康发展，而且还能继续分享技术扩散带来的利润。

2.2.2.2 需求主体

需求主体是新技术、新成果的接收方，主要是指对新技术、新成果有需求的、技术比较落后且与技术扩散方达成技术接收或技术转让协议的企业。从技术扩散的整个过程来看，需求主体按性质可分为两种：一种是最终用户类型的需求主体，即技术成果的需求主体只是对该新成果加以运用，而不会再向其他需求主体进行扩散；另一种是中介用户型的需求主体，即技术成果的需求主体在运用该成果得到效益的同时，也会向其他需求主体传递技术，从而再获取部分利益。中介用户型的需求主体使得技术扩散发展成为一个多级传递的扩散链。在协同创新中，企业不仅是多种综合技术的融合者，同时也是高校和科研机构新技术、新成果的接收者。由于企业的目标是追求经济效益的最大化，对技术研发能力往往没有特别的追求意愿，因此大部分企业的研究开发能力并不太高，但是在当前激烈的市场竞争环境中，不具备强大的科研能力和相当的科研投入，很容易制约企业的发展，甚至会使企业被市场所淘汰。而科研能力的培养并不是一朝一夕的事，因此企业愿意参与协同创新，作为需求主体从学研方身上获得新知识、新技术，同时提升自己的创新能力，并将技术成果进行产业化，获得最大的经济效益。在协同创新中，技术扩散的速度和效果会受到需求主体相关因素的影响，例如需求主体自身的技术基础、人才素质、企业规模和经营状况等。

此外，在协同创新中，需求主体可以是企业，也可以是除企业之外的其他单位，包括政府机关、事业单位、高校和科研机构等。例如，企业与高校有着不同的知识结构，企业拥有丰富的市场经验、营销管理知识和相关的生产知识，这正是高校所缺乏的，因此在协同创新中，高校也可以作为知识接收方，吸收关于这方面的知识。

2.2.2.3 扩散媒介

扩散媒介也称为中介主体，指的是利用知识、经验和信息为技术扩散供给主体和需求主体提供介绍、联系，以帮助技术合同顺利订立或履行的单位或部门。扩散媒介的存在就是为了促使技术扩散顺利发生，其对技术扩散的积极作用主要体现在：迅速准确地传递创新信息，促进创新信息的传播；提供各种服务，为技术扩散提供良好的软环境等。协同创新中常见的扩散媒介包括技术中介服务机构、技术市场、公共传播渠道及政府设立的相关非营利中介机构等。扩散媒介在协同创新技术扩散中的作用日益凸显，他们一方面将企业的技术需求提供给高校和科研机构，一方面为有需求的企业介绍相关高校的研究成果与开发情况，同时还会根据政府制定的产业发展规划，为企业和高校牵线搭桥，促成协同创新，尤其是各地成立的技术转移中心、产业孵化器和产业加速器等，都为协同创新中的技术扩散起到了良好的桥梁作用。在协同创新中，扩散媒介作为中介人、协调者，往往比政府更加了解企业、高校和科研机构在技术创新中的需求，又比企业、高校和科研机构更加熟悉相关的政策和法律法规，同时又对相关行业内外的创新现状和趋势有比较全面的认识，因此成了企业和高校、科研机构进行技术扩散的重要纽带。

2.2.2.4 辅助主体

除了技术的扩散方、接收方和中介方，在协同创新的技术扩散中，政府和相关金融机构的支持也必不可少，我们称之为辅助主体。协同创新技术扩散的顺利进行需要政府的辅助和推动，例如在高校创新成果扩散成为企业应用性技术的初期，政府在其中起到推动作用，帮助企业、高校和科研院所进行沟通，避免出现"拉郎配"的现象；在高校和企业协同创新出现问题的时候，政府在其中进行协调和监督，帮助解决问题，保证协同创新持续进行。金融机构包括银行、保险公司和信托投资公司等，其作用是为协同创新提供投资融资，拓宽协同创新的资金来源渠道。虽然金融机构并不直接参与到企业、高校和科研机构的协同创新技术扩散中，但金融机构为协同创新顺利进行提供资金保障，能够弥补创新主体筹集资金的能力与财政支持不足的空档，解决协同创新资金短缺的问题。因此，金融机构也是协同创新技术扩散的辅助主体之一。

2.3 协同创新促进技术升级的动因

协同创新的动因可以分为外部动因和内部动因两种。外部动因是指存在于协同创新主体之外的，能够推动协同创新进行和促进技术升级的外部因素。不仅如此，这些外部因素还能够通过多种渠道诱导、驱动或者转化为协同创新促进技术升级的内在动因，以推动和维持技术升级在协同创新中不断进行。内部动因是指协同创新系统内部各主体对创新的顺利进行和扩散产生驱动力的重要因素。内部动因建立在协同创新主体的自身特点上，是协同创新形成的基础。图2-4展示了协同创新内外动因对技术升级的作用机制。

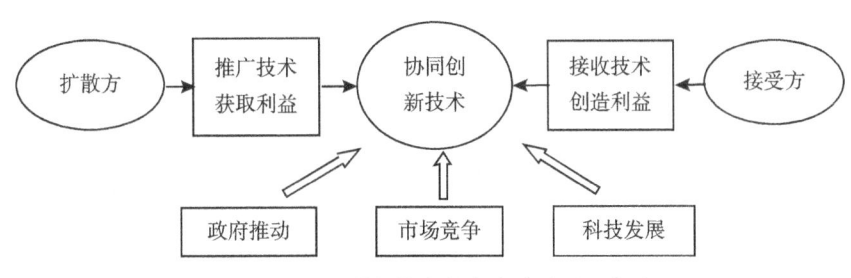

图2-4 协同创新技术扩散内外动因示意图

2.3.1 外部动因

2.3.1.1 市场因素

市场因素是协同创新促进技术升级最主要的外部动因。企业技术创新的基本出发点和目标就是满足市场需求，其参与协同创新也是以此为主要动力。因为只有新成果、新产品在市场销售中获得商业价值，企业的技术创新才算圆满实现。从这个角度来说，企业参与协同创新、促进技术升级，其目的就是形成技术优势，占据更多的市场份额，获得新的市场价值；协同创新促进技术升级的实质就是要将技术成果转化为经济效益。因此，市场需求不仅能为企业创新指明方向和提供机会，还能激活企业参与协同创新、进行技术升级的动力。

市场因素对技术升级的拉动作用还体现在激烈的市场竞争上。市场竞争促使协同创新主体之间进行信息、技术交流，为技术成果的顺利转化做好准备。而市场检验也表明，在白热化的竞争环境下，协同创新、"抱团"合作能取得不错的效果。因此，当市场压力让企业的技术创新需求不断增强时，市场的外部因素就会转化为企业寻求协同创新的内在动因，从而使企业积极参与到协同创新技术升级中。

2.3.1.2 政府推动

为了满足国家稳定和经济发展的需要，政府会通过制定相关的政策法规、组织体系和行为体系来推动协同创新的发展，解决协同创新中面临的"市场失灵"问题。政府在协同创新的开展及效果上有着重要的影响，很多国家都很重视政府在协同创新中的作用，例如美国政府建立了以总统为首的科技领导机构，重视技术孵化器的运用，建立了具有包容性、鼓励自由思考和独立创新的社会环境系统；日本政府提出了官产学研四位一体的概念，强调政府在企业和高校协同创新中的推动作用。当前，中国政府也采取了一系列政策举措来促进国家创新体系的完善，鼓励企业、高校和科研机构进行全面合作。例如，政府先后出台的以《科技进步法》《促进科技成果转化法》为代表的政策法规，为协同创新和技术扩散营造了良好的政策环境，保障了创新主体的合法权益；政府通过深化改革，增强了对科技创新资源和其他资源的整合能力，提高了全方位的服务功能，完善了综合服务体系。国内外的实践经验表明，创新发展和技术扩散需要政府的多方面支持，政府的协助有助于激发创新主体的协同创新热情，促进技术升级。

2.3.1.3　科技发展因素

当前是以智力资源、知识创新为第一要素的知识经济时代，科技和教育在这个时代处于重要位置，并且越来越成为市场竞争的关键和衡量一个国家经济发展水平及综合国力的重要指标。在知识经济时代，科技创新活动的综合性和交叉性越来越明显，生产、科研和技术之间的依赖性逐渐增加，生产、科研和技术的独立进行已经难以满足社会发展和科技进步的要求，这使得不同领域的创新主体间必须通过各种方式进行合作，共享、扩散和融合技术、知识，进行协同创新，以此适应时代的发展要求，满足新时代的市场需求，并从中获得更强大的生命力和可持续的发展能力。

2.3.2　内部动因

2.3.2.1　利益驱动

追求自身利益是协同创新主体进行技术创新活动的主要内在驱动因素。创新主体所追求的利益并不局限于经济利益，还包括一系列可能产生市场价值的非物质利益，比如科技专利、成果归属权和荣誉等。利益不仅是协同创新能够顺利进行的关键，也是技术升级得以实现的保证。在协同创新中，各个创新主体之间也会不断衡量和比较研发投入、协调成本和市场交易成本的大小，并选择能够获得利益的方式。从企业的角度来说，积极与知识密集的高校和科研机构协同创新，能够得到宝贵的人力资源和丰富的知识、技术及信息资源，不仅能够提高自身产品的质量，还能加速新工艺、新产品的获得，从而实现短期和长期经济利益的持续性和最大化。从高校和科研机构的角度来说，与企业合作不仅能够获得足够的市场信息和解决资金问题，提高科研成果的实用性和转化效率，还能获得无形的社会效益，包括培养更多符合社会需求的人才等。在协同创新的过程中，创新主体面对的潜在利益越大，那么他们进行技术创新、技术扩散和知识共享的积极性也就越强，至于以什么样的方式进行技术创新和扩散，技术创新和扩散的程度是多少，创新主体们最终的标准都是自身利益的最大化。

2.3.2.2 获取外部资源

由于企业与高校、科研机构之间存在知识、技术上的势差，因此在协同创新中进行技术扩散能够让双方获取外部资源，丰富各自的知识，提高技术存量。高校与科研机构的专门性科学技术知识雄厚，这方面的知识可向企业扩散；企业的生产和经营管理知识丰富，这方面的知识可向高校、科研机构扩散。不同属性和性质的技术知识在协同创新中通过扩散形成创新主体之间的良性互动，产生知识溢出，有利于"合作剩余"的获得。

2.3.2.3 自我发展需要

追求进步、寻求自身发展是协同创新主体的内在动力之一。有研究通过对浙江省11个地级市的350家企业和93家高校进行问卷调查发现，在市场需求、市场竞争、政策机理和科技发展等因素中，发展需要是企业和高校进行创新合作的首要动因，企业选择此项的比例为93.1%，高校选择此项的比例为100%（吕海萍和袭建立等，2004）。企业核心竞争能力提升往往受到自身技术人员水平和创新资源的制约，只能从产品层面（而不是理论层面）去进行创新，改造产品路线和发展规律；而高校和科研机构在科研实力提升的过程中往往面临资金不足、脱离实际的问题。因此，通过协同创新促进企业技术升级，企业可以为自身发展获得必要的支持，不断提升自身的创新能力，降低生产成本和运营风险，在加速产品更新、满足市场需要中开拓更广阔的市场，从而实现企业规模的扩张和发展。高校和科研机构能够更有效率地将科研成果商品化，为组织和社会创造福利，进而实现学科基础建设的优化和科研实力的提升，为国家和社会培养出更符合需要的综合应用型创新人才。

2.4 协同创新的知识类型

从本质上来说，技术是掌握某种方法所需知识和理解该方法所需知识的组合体，并且只有在其他外部因素的支持和其他无形资产的影响下，才能获得这种知识组合体。技术的定义里包括两种思想：①技术不仅包括资本组合、技术和工艺等，还包括组织、程序和经验等；②技术不仅涉及生产过程，还涉及劳动过程，生产的社会组织和劳动过程的变化，其实是技术变化的一种形式。对于技术内容的分类，学者们往往采用的是对知识的分类方法。因此，协同创新中技术升级涉及的内容也可以用知识分类法进行分类，将技术内容分为显性技术知识和隐性技术知识、公共技术知识和私有技术知识等。

2.4.1 显性技术知识和隐性技术知识

根据 Polanyi 对知识显现程度的划分方法，可以将技术知识划分为显性技术知识和隐性技术知识。显性技术知识是指可以通过书面文字、数字、图片、表格和数学公式等形式表达出来的，可以通过各种载体、媒介进行传播和扩散的知识，常见的载体和媒介有文档、书籍、软件程序、计算机数据库、产品说明书和影像光盘等。隐性技术知识是指难以通过常规手段进行编码，深藏于人的实践中，只能通过个体交流、相互影响和亲力亲为传播和扩散的知识，也可以定义为是那些即使是专家也难以说清楚，只能通过个人长期的接触学习和他人的言传身教进行扩散的知识，比如无形的经验、直觉、信仰、思维模式和判断等。具体来说，隐性技术知识具有三个特点：①其难以进行沟通和共享，不容易被编码和表达；②非正式的、非结构化的学习过程是获取隐性技术知识的主要途径，因此其传播和扩散比较困难；③其建立在个人经验的基础之上，难以清晰地阐述和表达，亦难以进行逻辑分析和定量评价。表2-1对显性技术知识和隐性技术知识的差异进行了对比。

表2-1 显性技术知识和隐性技术知识的差异

类型	显性技术知识	隐性技术知识
定义	可以通过文字、数字、图表等方式表达，以及被各种载体、媒介进行传播和扩散的知识	难以通过常规手段进行表达和编码，只能通过交流、接触才能传播和扩散的知识
特征	易于传递、扩散和模仿，具有一定的可视性	非结构化、非系统化，难以传递、扩散和模仿，不可视性
所有关系	可以转让和买卖，得到法律保护	该类技术知识属于拥有者本身
形成过程	通过对信息的阅读、分析和推理	通过实践、亲力亲为和沟通交流
学习方式	在设定目标的引导下，从失败中进行总结	在信任基础上，通过与别人的经验交流、共享
扩散方式	相关文件、规章、邮件	面对面的交流、闲聊、信任关系
重要运用	能够有效完成结构化的工作	预测和解决问题、创新
举例	文档、编码、公式、软件程序、数据库和图片等	经验、直觉、作业过程、思维模式和观点等

2.4.2 公共技术知识和私有技术知识

协同创新的形成建立在互相学习和获取利益的基础上，但是在协同创新的过程中，技术升级会同时带来共有利益和私有利益。这两种利益差别很大。共有利益是指所有协同创新伙伴共同拥有和使用的完全共享性的利益，而私有利益即指协同创新中的成员将从协同创新中学习得到的知识应用到自身以及协同创新外部所获得的利益。类似的，对于协同创新中的知识，也可以分为公共技术知识和私有技术知识。公共技术知识指显性化程度高、包含在协同创新契约中的知识，私有技术知识指隐性化程度较高、不包含在协同创新契约中的知识。通常来说，共有利益多是由公共知识创造的，私有利益多是由私有知识创造的。

在协同创新中，合作伙伴之间肯定会发生技术扩散，但并不是自身拥有的全部知识协同创新成员都愿意积极扩散。对于能够进行资源池化，能够与协同创新伙伴完全共享，并且对协同创新效果有直接促进作用的公共知识，协同创新成员将积极地进行知识共享和技术扩散，这部分知识可能在正式契约中有具体比例的要求，也可能是协同创新成员根据自身情况自愿扩散的超出契约要求比例的知识。影响协同创新成员扩散公共知识的因素有很多，在员工层面，这些因素可能包括员工素质、员工声誉、员工间的关系、技巧互补性和知识距离等；在企业层面，这些因素可能包括企业的吸收能力、企业合作意愿、企业间的关系、企业的努力程度和合作经验等。而对于与协同创新成员独有的、与其核心竞争力相关的，不能够与其他协同创新伙伴分享的私有知识，协同创新成员则很可能不愿意进行知识共享和技术扩散，这部分知识不包括在正式契约规定范围内，因此这些知识多为隐性的、核心的知识。这些知识不仅能够在协同创新中发挥作用，还具有较大的战略潜能，并且在协同创新结束后也能长期发挥作用。影响协同创新成员私有知识扩散的因素主要是资源特性因素和关系特征因素。资源特性因素包括知识的核心程度、隐性程度和协同创新伙伴的学习意愿等；关系特性因素包括伙伴之间的信任程度、文化相似度、合作时间和合作经验等。在协同创新中，即使合作企业不愿意私有知识被扩散，这也难以避免。因此，协同创新中的成员企业会付出知识保护的成本，提防核心知识被其他企业获取。

2.4.3 个人技术知识和组织技术知识

根据技术知识所在主体的不同可以将技术知识分为个人技术知识和组织技术知识。个人技术知识是指个人在长期实践和理论学习中形成的专属于个人的智慧和认识，包括专业知识、技能诀窍、个人经验、专利发明，甚至思想和价值观等，这种知识可以用于独立解决问题和完成任务，并且会随着个体的变动发生扩散。个人技术知识是复杂的、难以扩散和共享的，并且具有流动性和动态性，其会随着时间的不断推移和个人实践经验、学习努力程度的增加而增长。组织技术知识是包含在组织内部、由全体成员共同拥有的、组织部门或单位创造的积累性知识，包括储存在组织内的程序、规则、惯例、共同行为准则和组织文化等。组织技术知识能够为组织创造价值，容易进行分享，并且不会随着人员的流动被带走。个体技术知识是组织技术知识的源泉，部分个体技术知识可以在组织的成长和发展中通过共享和扩散转变为组织技术知识。在协同创新中，不同创新主体之间通过相互联系和相互作用，不仅可以在员工之间进行个体技术知识的创新和扩散，在企业之间实现组织技术知识的创新和扩散，还能实现个体技术知识和组织技术知识的创新和扩散。

2.4.4 其他分类

根据经济合作与发展组织（OECD）的分类，知识有四大类：事实知识、原理知识、技术诀窍知识和人力知识。事实知识是关于事实描述方面的知识，即知道是什么；原理知识是关于科学原理和客观规律方法的知识，即知道为什么；技术诀窍知识是关于技巧和能力的知识，对于个人而言就是个人长期总结的经验、技能和技巧等，即知道怎么做；人力知识是关于能够寻找到知识拥有者的信息和知识，即谁有知识。事实知识和原理知识都是能够表达出来的显性知识，而技术诀窍知识和人力知识都是难以描述的隐性知识。

还有学者从目的和利用角度将知识分为描述性知识、程序性知识、因果性知识、情景性知识和关系性知识五类。描述性知识是关于事情的定义、组成和构成方面的知识；程序性知识是关于事情的执行过程、步骤和方法的知识；因果性知识是关于事情发生的原因、结果和相关关系的知识；情景性知识是关于事情背景和不同事情之间关系的知识；关系性知识是关于事情背景的知识。

3 协同创新的技术创新路径

3.1 协同创新的过程

协同创新中的知识创造不是一蹴而就的，它是不同主体在战略、知识和组织上协同互动的过程。本书认为协同创新的过程至少包括以下三个方面：知识和资源的学习交流、知识的共同创造、知识成果的商业化。

3.1.1 知识和资源的学习交流

协同创新是企业、高校和科研机构等不同创新主体之间进行知识和资源高速互动、共享与融合的过程，这个过程形成的基础是知识和资源的互补。高校和科研机构拥有较强的基础研究能力、专业的科研人力资本、充足的科研仪器设备、前沿的知识技术信息以及丰富的研究方法和经验等，但缺乏资金资源，且科学技术成果常常脱离市场需求；企业拥有充足的研发资金、生产试验设备和场所、丰富的市场信息和营销经验，但缺乏专业的研究团队和源源不断的创新成果。正是高校、科研机构和企业在知识和资源上的差异和互补，才使得协同创新应运而生，也只有当这些有不同优势的知识和资源进行碰撞和交流时，协同创新才能真正开始起作用。

知识和资源的学习交流是协同创新的第一个阶段。在这个阶段，协同创新中的各个主体需要通过对知识的学习、交流和转移来实现各主体间的知识互补及扩散。知识和资源的学习、交流是一个双向的过程：高校和科研机构向企业提供专业的科学技术知识；企业向高校、科研机构提供丰富的技术开发知识、管理知识和工程化知识。在知识和资源的学习交流过程中，高校、科研机构和企业还需要重新调整自己的行为，培养相关的学习能力，并且还要付出一些时间和精力来消化和吸收从对方处获得的新资源和新知识。值得注意的是，高校、科研机构和企业互相学习交流的知识不仅限于显性知识，更重要的是隐性知识。显性知识指的是能够通过书面文字、数字、图像、表格和数学公式等方式表达出来的知识，文件资料、数据库系统、产品说明书和软件等都可以承载显性知识；而隐性知识指难以通过表达或者常规方式获得的知识。在协同创新中，企业可以通过学研方提供的文献、专利和专家的培训来学习学研方的显性知识，高校、科研机构可以通过企业提供的产品说明、信息库和数据库等来学习企业的显性知识，但是隐性知识的学习必须通过企业和学研方之间的相互作用、交流和沟通才能获得。高校、科研机构和企业只有经过对对方的显性知识、隐性知识和资源的学习、交流和吸收，才算是完成了协同创新的第一个阶段。协同创新各个主体之间持续发生知识学习、交流和吸收的过程，将彼此的知识、经验和资源进行最大范围的传播，使各自的优势资源和知识得到最大程度的分享，为之后的知识共同创造打下良好的基础。

可见，知识和资源的学习交流是企业和大学、科研机构共同进行知识创造的基础和依托，如果知识和资源学习交流的过程不能顺利地完成，将直接影响下一阶段的协同创新，降低协同创新的效率。

3.1.2 知识的共同创造

知识的共同创造是高校、科研机构和企业经过资源和知识的学习交流后，进行的知识和资源的价值转化和新知识的形成。Perkmann 和 Walsh（2007）认为，知识的共同创造是企业、大学和科研机构通过知识、资源的学习交流，把各自拥有的隐性知识转化为显性知识并进行一定程度的提升。Koschatzky（2002）也指出，协同创新是知识在合作各方之间的转移、吸收、消化、共享、整合、使用和再创造的过程。可见，在知识的共同创造阶段，在共同创新价值观和利益的驱动下，高校、科研机构和企业等各个创新主体将在各自内部和彼此之间不断进行显性知识和隐性知识的转化。

协同创新是一种跨组织的协同创新体系。与单一主体的组织相比，协同创新的进行需要有效扩大各个主体的知识层面和深化知识共享程度。进一步说，就是在知识的共同创造阶段，一方面，协同创新的各个主体通过协同创新的知识平台不断挖掘彼此的隐性知识，然后经过学习和吸收后通过总结归纳，将隐性知识转变为可以表述的显性知识，比如概念、理论、模型和隐喻等，再将显性知识与原有的知识相融合，在融合重组后再创造出新的显性知识，新的显性知识再次经过各个创新主体的学习、吸收、加工形成新的隐性知识，最后将新增的隐性知识转化为新技术；另一方面，经历了在高校、科研机构和企业之间由隐性化到显性化、再由显性化到隐性化的过程，知识在协同创新的创新主体之间不断穿越，但这一过程也是知识不断完善、提升的过程，原来非共性的、单方面的知识不断升级为共性的、完整的知识，在主体之间传递的知识已经不是之前原始的知识了，而是原来知识的创造和革新，现有产品的改进、工艺的提高、新技术和新工艺就是由此而来的。而且，随着知识的传递和升级，协同创新中各个主体的职能也不再单一，企业和大学、科研机构的研发无须再独自进行基础型或应用型创新，而是变成交互式创新模式：大学、研究机构和企业共同进行基础型创新和应用型创新的研究。因此，知识的共同创造阶段关系着协同创新的成败，是协同创新效率测评的重要过程。

3.1.3 知识成果的商业化

熊彼特认为，发明不是创新，创新是新工具或新方法的应用，其最重要的含义是能够创造新的价值（产生经济作用）（熊彼特，1990）。因此，一个完整的创新过程既应该包括前期的研发，也应该包括后期创新成果的经济转化。经过知识和资源的学习交流和知识的共同创造，企业和大学、科研机构获得了初步的知识成果，随后便是通过产学研合作机制推动知识成果的产业化，在市场中实现其价值，这是协同创新的重要目标。创新成果的成功产业化，不仅能使企业获得经济效益，在迅速变化的市场中生存下来；还能使大学、科研机构获得持续的资金、信息、人才培养支持，使各创新主体间形成良性互动。所以，创新成果商业化成功与否，能否为产学研合作各方带来显著的经济效益，是评价协同创新效率高低的重要内容，也是目前学者对协同创新效率评价中关注得最多的部分。

知识成果商业化的过程包括新发明和新技术的形成、实施、应用和产业化等一系列活动。企业作为市场经济中的主体，在知识成果商业化的过程中应该起到主要作用。在协同创新中，对于研发能力比较薄弱的中小企业，其职责是尽力将知识成果进行产业化和推向市场；对于具备一定科研实力和技术能力的大中型企业，其职责不但包括将新的技术成果推向市场，完成新产品的生产和销售，还包括对企业自身研发人才的培养和对自身研究发展能力的提升。

知识成果商业化的过程会面临很多风险，由于协同创新的最终技术成果需要由市场来检验，因此，协同创新知识成果商业化的最大风险就是市场风险。从协同创新的微观层面来看，企业对新知识、新技术的吸收和消化能力是知识成果商业化成功的关键；从协同创新的宏观层面看，宏观经济环境、社会环境、产业发展情况和消费者偏好等因素都给协同创新的知识成果产业化带来了市场风险。

在现实生活中，知识的学习交流和知识的共同创造是难以分割的，它们在产学研协同创新过程中相互制约、相互影响，共同发挥作用。在对这两个阶段效率的量化评价中，两者的投入变量和产出变量有诸多重合，难以分清。因此，实证研究中通常把这两个过程合为一体，把协同创新过程划分为知识协同开发和知识成果转化两个阶段，以便得到更为符合实际的结果。图3-1描述了基于上述内容讨论的协同创新过程。

3 协同创新的技术创新路径

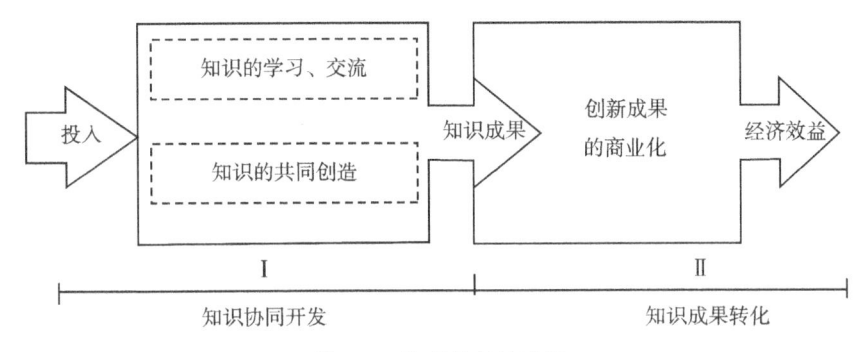

图 3-1 协同创新的过程

3.2 协同创新与企业创新绩效

在中国实施创新驱动发展战略的过程中，随着企业这一创新主体的作用日益凸显，其自主创新能力的提高也变得越来越迫切，协同创新则被认为是整合多方优势资源、加速企业自主创新能力提高的重要手段。然而，协同创新是否发挥了应有的作用？其对企业创新的影响途径又是什么？这仍是理论界和实务界十分关注且亟待回答的问题。

针对这些问题，目前学者主要从三个方面展开研究：一是研究协同创新对企业内部研发的影响，主要是以 Cassiman 和 Veugelers（2002）的研究为代表的"互补说"，即认为协同创新可以提高企业的创新能力，和以 Love 和 Roperd（2001）的研究为代表的"替代说"，即认为协同创新会"挤出"企业内部自主研发，从而影响企业创新绩效。二是研究在某种因素作用下，协同创新与企业创新的关系，如王保林和张铭慎（2015）探索了市场化水平对协同创新与企业创新绩效的调节效应，认为较高的市场化水平可以克服协同创新超过最优值后递减的正边际效应。此外，还有学者对企业在产学研合作中的研发投入强度与企业创新绩效的关系进行了分析，如肖丁丁和朱桂龙等（2011）研究表明，企业在产学研合作中的自有研发投入在获取核心竞争优势、提升企业创新绩效中起到主导作用。总的来看，虽然大部分研究肯定了协同创新对企业创新的积极作用，但这一观点仍然存在异议，如 Eom 和 Lee

（2010）利用韩国企业的数据进行实证研究，认为产学研合作对企业的创新绩效并没有显著提升作用。因此，对于协同创新对企业创新的作用，还应该进一步进行探讨。

本书认为，协同创新是企业开展技术创新的有效模式，协同创新至少能够在以下三方面对企业创新绩效产生积极效应：①协同创新为企业创新提供了互补性资源，弥补了企业创新资源和生产要素的不足。②协同创新研发能够分担企业的研发成本，降低研发风险。科学创新研究具有高度的不确定性和高投入的特点，与高校、科研机构进行合作，将使企业的创新活动能够在信息尽可能全面的情况下和专业科研人员的指导下进行，因此，相应的研发成本和风险也会有所减少和降低。③参与协同创新有助于克服与技术创新相关的市场无效率行为，增强科研成果的市场导向，提高新产品商业化的速度和成功率。

但是，企业创新绩效不仅体现为新产品或技术带来的激进式创新绩效，同时也表现为现有产品改进完善带来的渐进式创新绩效。协同创新对企业创新的影响，应该根据企业创新的类型分别进行分析。

3.2.1 企业创新的类型

在熊彼特提出"创新"概念的基础上，Henderson 和 Clark（1990）进一步根据创新程度的差别把企业创新分为激进式创新和渐进式创新。

激进式创新是熊彼特"破坏式创新"的延伸，指的是企业在产品工艺、服务和生产流程等方面有重大突破的创新，是企业开创性的创新行为。这种创新会开拓出新的市场，为消费者带来前所未有的产品或服务。

渐进式创新则是企业在已有知识的基础上，对现有技术的改进，及对产品工艺、服务和生产流程等方面进行的一定程度的改善和整合，是对已有市场的开发和已知服务的提升。激进式创新是高程度的创新，可以帮助企业在市场竞争中占尽先机，获取可观的潜在收益，但同时，这种具有开拓性和探索性的创新方式也伴随着高风险和高成本，可谓挑战和机遇并存。相比之下，渐进式创新的创新程度较低，因而面临的风险和承担的成本也较低，且这种创新以市场需求为导向，能够通过改进产品和服务来加快实现经济利益。但由于渐进式创新只是跟随式的创新，因而不会使企业在市场中占到领先位置，也可能会落入"追赶—落后—追赶"的恶性循环。

3.2.2 协同创新决策与企业创新

3.2.2.1 协同创新与激进式创新

科研资源和能力在很大程度上决定着激进式创新的效果。高校和科研机构具备基础研究的优势，拥有大量的专业研发人才、先进的科研仪器设备、丰富的研究经验和前沿的技术信息、研究方法，能在科研资源和能力上为企业激进式创新提供有力支持。且大学和科研机构的核心职能之一就是提供和传播科学发明和突破性技术，这更为激进式创新提供了先天的便利条件。同时，创新资源通过协同创新流向企业，提高了企业的研发效率，能有效降低企业激进式创新的成本和风险。Monjon 和 Waelbroeck（2003）的研究也表明，从事激进式创新的企业愿意参与协同创新，因为通过协同创新会增加突破性创新的概率。

另外，从知识创造的角度来说，创新是一个学习、创造和解决问题的过程，需要不同观点的碰撞、不同专业知识的结合、不同知识的互补。激进式创新具有独特性和新颖性，是高程度的创新，尤其需要差异化知识的碰撞和结合。协同创新是具有不同知识背景和技术能力的企业和大学、科研机构共同开展的创新活动，各主体通过多元化的知识的碰撞和组合，往往能产生意料之外的创新，激进式创新也可能更容易发生。

因此，此处假设：协同创新是企业创新资源和能力的重要支持，且能为企业提供差异化知识的碰撞，因此能够提升企业的激进式创新绩效。

3.2.2.2 协同创新与渐进式创新

广泛的信息搜索能力和知识追踪发掘能力是渐进式创新的关键，而与高校、科研机构合作则是企业获取有价值信息的重要渠道。企业通过协同创新，稳定地获取知识和信息资源，及时了解当前技术的发展趋势，将有效推动渐进式创新的开展。而且，随着社会网络内涵的日益丰富和信息非对称现象的日益突出，学术界和实务界都十分重视网络创新、合作创新等创新模式对渐进式创新的影响。协同创新作为一种合作创新模式，有利于双方知识和信息的深度沟通和共享，提高企业对隐性知识的吸收和挖掘程度，减少信息的非对称性，为匹配企业渐进式创新中的已有知识和技术打下良好的基础。

但与激进式创新不同，渐进式创新注重对现有产品的改进和对已有市场的开发，尽量避免与基础性研究和开发新技术有关的过高成本，追求快速收益。而在协同创新中，大学和科研机构重视的是基础性研究，这些研究的正外部性难以在短期内体现出来，且由于大学和科研机构通常不直接面对市场需求，其研究成果的转化效率低下一直是普遍存在的问题，这无疑对企业的渐进式创新带来了负面作用。

因此，此处假设：协同创新对渐进式创新的影响机制比较复杂，积极效应和消极效应的同时存在使其对渐进式创新的影响具有不确定性。

3.2.2.3 协同创新决策对企业创新的倾向得分匹配检验

（1）模型设定。为了检验协同创新对企业创新的影响，本书首先构建以下线性基础模型：

$$radinn_{it}=\beta_0+\beta_1 colla_{it}+BX_{it}+\varepsilon_{it} \quad (3-1)$$

$$incinn_{it}=\beta_0+\beta_1 colla_{it}+BX_{it}+\varepsilon_{it} \quad (3-2)$$

其中，$radinn_{it}$ 和 $incinn_{it}$ 分别为企业激进式创新产出和渐进式创新产出，$colla_{it}$ 表示是否参与协同创新，X_{it} 为一组控制变量，ε_{it} 为随机扰动项。

（2）倾向得分匹配模型。企业是否参与协同创新不是一个随机过程，因此，检验协同创新对企业创新的影响需要考虑内生性问题。倾向得分匹配方法是控制内生性问题的有效计量工具，该方法通过构建参与协同创新的处理组在未参与协同创新时的"反事实"，比较处理组在协同创新前后的企业创新绩效差异来控制协同创新的内生性问题，从而得出协同创新对企业创新绩效的净影响。其中，"反事实"的构建涉及处理组企业与控制组企业的匹配，匹配方法包括最近邻匹配、半径匹配和核匹配等。具体来说，首先构建企业参与协同创新的决定方程，计算样本企业的倾向得分：

$$PS(z) = \Pr[colla=1|z] = E[colla|z] \quad (3-3)$$

其中，PS 表示企业参与协同创新的倾向得分，z 表示企业是否参与协同创新的影响因素。接着，采用参与者平均处理效应（Average Treatment Effect on the Treated，ATT）对协同创新对企业创新绩效的影响进行估计。公式如下：

$$ATT = E(\ln y_{1i} - \ln y_{0i}|colla=1) = E\{E[\ln y_{1i} - \ln y_{0i}|colla=1], PS(z_i)\}$$
$$= E\{E[\ln y_{1i}|colla=1], PS(z_i)\} - E\{E[\ln y_{0i}|colla=0], PS(z_i)|colla=1\} \quad (3-4)$$

其中，$\ln y_{1i}$ 为参与协同创新组的企业潜在创新绩效，$\ln y_{0i}$ 为未参与协同创新组的企业潜在创新绩效。

对于不同的匹配方法，匹配规则有所不同。最近邻匹配和半径匹配的规则类似，分别为：

$$c(i) = \min \|PS_i(z) - PS_j(z)\| \quad (3-5)$$

$$c(i) = \{\|PS_i(z) - PS_j(z)\| \leq r\} \quad (3-6)$$

其中，$c(i)$ 为与参与协同创新的企业 i 匹配成功的不参与协同创新的企业 j 的集合，PS_i 和 PS_j 分别代表企业 i 和企业 j 的倾向得分。

匹配之后，可计算 ATT 值，具体公式为：

$$ATT^M = \frac{1}{N^T}\left(\sum_{i \in T} \ln y_i^T - \sum_{j \in C} w_j \ln y_j^C\right) \quad (3-7)$$

其中，M 为匹配方法，T 为参与协同创新的企业组，C 为未参与协同创新的企业组，w_j 为权重，$w_j = \sum w_{ij}$。

与前两种匹配方法不同，核匹配方法属于整体匹配法，其 ATT 估算公式为：

$$ATT^K = \frac{1}{N^T} \sum_{i \in T} \left\{ \ln y_i^T - \frac{\sum_{j \in C} y_j^C G[(PS_j - PS_i)/h_n]}{\sum_{k \in C} G[(PS_k - PS_i)/h_n]} \right\} \quad (3-8)$$

其中，h 为指定带宽，$G(\cdot)$ 为高斯核函数。

由于研究结果会受到所采用匹配方法的影响，因此本部分在主要采用最近邻匹配方法进行实证检验后，再通过半径匹配和核匹配方法进行稳健性检验。

（3）数据来源。此处使用的数据来自2011—2013年辽宁省企业经济信息库中对辽宁省企业技术能力的调研评估，有效样本企业数量为699个，涉及辽宁省14个主要城市的233家企业。该数据搜集范围涵盖企业研发活动、协同创新情况、企业经营状况、专利申请情况等领域的数十项指标。调研对象主要是掌握企业技术创新绩效和实际经营情况一手资料的企业高级管理者。从行业分布来看，调研所获得的样本企业涉及机械、建材、轻工、化工原料、电子等27个不同行业。从企业规模来看，根据国家统计局发布的《统计上大中小微型企业划分办法》，中小型企业数量占比超过70%。

（4）变量选取。由前文的分析可知，激进式创新是以发现、试验、冒险为特点的创新，它致力于开拓全新的产品和市场，因而其主要与新产品的绩效相关；渐进式创新是以执行、效率、选择为特点的创新，它专注于对现有产品或市场的充分利用，因而与企业的整体绩效相关。借鉴于此，并结合数据的可得性，本书选取企业新产品销售收入（$radinn$）和企业产品销售收入总额（$incinn$）来分别代表企业的激进式创新绩效和渐进式创新绩效。

另外，考虑企业的自身特点对协同创新及企业创新绩效的影响，本书选取了企业研发投入（$input$）、人力资本投入（$human$）、企业规模（$scale$）、企业技术开发仪器设备原值（$equipment$）和研发周期3年及以上的项目数（$projet$）作为控制变量。

（5）实证检验及结果。本部分采用倾向得分匹配方法控制协同创新的内生性。以企业研发投入（$input$）、人力资本投入（$human$）、企业规模（$scale$）、企业技术开发仪器设备原值（$equipment$）和研发周期3年及以上的项目数（$projet$）等变量作为倾向得分匹配的匹配变量，采用probit模型进行倾向得分估计，并根据该得分对参与协同创新的企业和未参与协同创新的企业进行最近邻匹配。

匹配及平衡性检验。在运用倾向得分匹配方法进行分析之前，样本需要通过"共同支撑假设"和"独立性假设"的检验。"共同支撑假设"指每个参与协同创新的企业都能找到与之匹配的不参与协同创新的企业。因此，这里对非重叠区域的49个样本企业进行了删除处理。"独立性假设"指控制组和处理组在匹配变量上无显著差异。Paul和Donald（1985）认为，匹配有效的标准是匹配后变量的标准偏差值的绝对值小于20%。匹配和平衡性检验的结果如表3-1所示。从表3-1中可以看出，进行匹配后，除了企业研发投入变量匹配的标准偏差的绝对值为10.7%外，其他变量的标准偏差的绝对值都低于10%，说明匹配变量与方法的选择得当且效果较好。

表3-1 匹配变量及平衡性检验

变量	样本	均值（处理组）	均值（控制组）	标准偏差（%）
$input$	匹配前	2.014	2.495	-7.8
	匹配后	2.021	2.678	-10.7
$human$	匹配前	0.110	0.121	-6.7
	匹配后	0.109	0.106	1.8
$lscale$	匹配前	6.312	6.426	-10.3
	匹配后	6.290	6.225	5.9
$lequipment$	匹配前	7.023	6.845	13.9
	匹配后	6.985	7.078	-7.3
$projet$	匹配前	3.926	1.414	60.8
	匹配后	2.718	2.819	-2.4

倾向得分匹配。通过匹配和平衡性检验后，对匹配前后处理组与控制组的平均处理效应及差别进行评估，表3-2显示了评估结果。从表3-2中可看出，当被解释变量为激进式创新时，ATT值为0.577，且在10%的水平上显著，说明在控制企业其他主要特征的影响后，参与协同创新的企业的激进式创新绩效平均高于与之相匹配的不参与协同创新的企业，协同创新促进了企业的激进式创新，这支持了第一个假设。在未进行匹配时，ATT值仅为0.224，这表明若不控制协同创新的内生性，协同创新对企业激进式创新的

作用效果将会被大大低估。当被解释变量为渐进式创新时，ATT 值为 0.255，较未匹配情形增加了 0.219，但未通过显著性检验。这表明，在控制其他因素的情况下，参与协同创新并没有显著提升企业的渐进式创新绩效，在参与协同创新的积极效应和消极效应共存的情况下，难以确定哪种效应占主导作用，实证结果与第二个假设相符。

表 3-2　基于最邻近匹配方法的 ATT 值

被解释变量	样本	处理组	控制组	ATT	标准差	T 值
激进式创新	匹配前	9.225	9.001	0.224	0.209	1.07
	匹配后	9.204	8.627	0.577	0.299	1.93[*]
渐进式创新	匹配前	10.270	10.234	0.036	0.192	0.19
	匹配后	10.251	9.996	0.255	0.249	1.02

注：* 表示在 10% 的水平上显著。

稳健性检验。进一步运用半径匹配法和核匹配法对上述结果进行稳健性检验，结果如表 3-3 所示。对比不同匹配方法的结果可知，上述结论具有稳健性：参与协同创新能够显著提升企业的激进式创新绩效，但对企业渐进式创新绩效的促进作用不显著。

表 3-3　基于半径匹配方法和核匹配方法的 ATT 值

匹配方法	被解释变量	样本	处理组	控制组	ATT	标准差	T 值
半径匹配	激进式创新	匹配前	9.225	9.001	0.224	0.209	1.07
		匹配后	9.204	9.001	0.202	0.066	3.08[***]
	渐进式创新	匹配前	10.270	10.234	0.036	0.192	0.19
		匹配后	10.251	10.234	0.017	0.059	0.29
核匹配	激进式创新	匹配前	9.225	9.001	0.224	0.209	1.07
		匹配后	9.131	8.674	0.457	0.268	1.70[*]
	渐进式创新	匹配前	10.270	10.234	0.036	0.192	0.19
		匹配后	10.184	9.920	0.264	0.226	1.17

注：* 表示在 10% 的水平上显著，*** 表示在 1% 的水平上显著。

3.2.3　协同创新研发强度与企业创新

在企业的研发决策中，不仅要考虑是否与高校、科研机构进行协同创新，还要考虑在多大程度上参与协同创新，其中最直接、最关键的就是决定企业在协同创新中的研发投入强度是多少。但需要注意，企业对协同创新研发投入的强度不同，对企业创新带来的影响可能也不同。当协同创新研发投入强度较低时，高校与企业之间互动不足，缺乏实质性的合作，企业难以通过协同创新提高自身技术能力，这制约了企业对外部知识的吸收和转化，使得企业难以在内外知识的重新组合中实现持续创新，协同创新的积极效应未能得到体现；在企业知识转化效率极低的情况下，继续加大协同创新投入强度又会挤占其他创新资源，使得资源配置更加偏离最优状态，导致企业创新绩效下降。

随着协同创新研发的深入进行及合作研发投入强度的加大，高校和企业之间的配合默契程度提高，企业技术能力逐渐得到增强，校企间逐步建立良好的知识转移机制，企业将新知识转化为经济效益的效率得到提高，企业创新绩效不断增加。同时，协同创新研发投入强度的加大强化了企业的主体意识，满足了新产品开发在技术、人才上的需求，提高了研发效率和新产品品质，使得协同创新的积极作用得到进一步增强。

因此，企业对协同创新的研发投入强度与企业创新绩效之间可能会呈现"U"型关系。当企业对协同创新的研发投入低于门槛值时，其对企业创新绩效具有消极影响；当企业对协同创新的研发投入高于门槛值时，才能提升企业的创新绩效。

为了对以上假设进行实证分析，下文将继续采用上一节中的数据进行分析。由于协同创新对渐进式企业创新的作用具有不确定性，这里只分析协同创新强度对激进式企业创新的影响，用激进式企业创新绩效来表示企业创新绩效。

首先根据数据绘制出企业的协同创新研发强度的对数与企业创新绩效的对数的散点图和一次、二次拟合线，如图3-2所示。从两者的一次拟合线可以看出，随着企业协同创新研发强度的增加，企业创新绩效逐渐减少，这和一些学者的研究结论相符，即协同创新程度的加大并没有给企业创新带来积极作用，甚至产生了消极影响。但从两者的二次拟合线来看，协同创新强度与企业创新绩效之间呈现出"U"型关系，这表明，当企业参与协同创新研

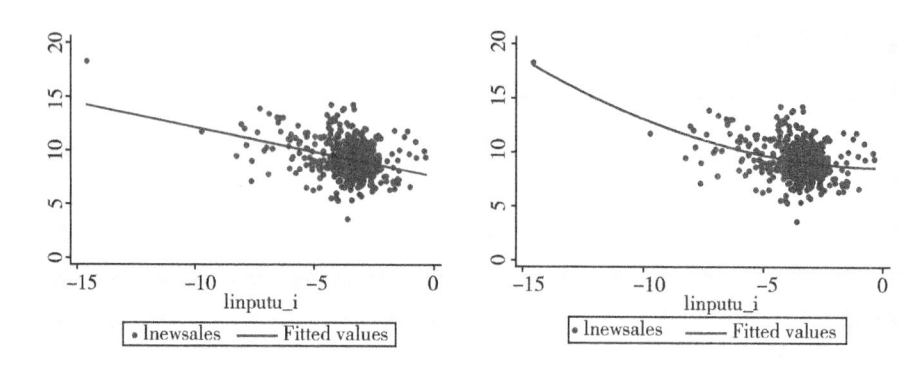

图 3-2 协同创新研发强度（linputi_u）和企业创新绩效（lnewsales）的散点图和拟合线

发的强度低于门槛值时，会抑制企业的创新绩效；而当协同创新研发强度超过一个门槛值时，则对创新绩效产生促进作用。

进一步采用计量模型检验协同创新研发强度与企业创新绩效的关系。通过 Hausman 检验，根据检验结果选择了随机效应面板回归方法（模型一：Chi-Sq.=4.62，P=0.7969；模型二：Chi-Sq.=5.91，P=0.7491），回归结果如表 3-4 所示。

表 3-4 回归结果

变量	模型一	模型二
$linputi\_u$	−0.322***	0.330***
	（0.040）	（0.088）
$linputi\_u\ ^2$		0.060***
		（0.007）
控制变量	是	是
Year	是	是
Region	是	是
Industry	是	是
常数项	3.212***	4.514***
	（0.528）	（0.543）
R 方	0.525	0.526
Wald Chi2	308.47	386.81
P 值	0.000	0.000

注：①括号内为标准误；

②*** 表示在 1% 的水平上显著。

从回归结果可以看到，在模型一中，协同创新研发强度的系数在1%的水平上显著为负，说明此时企业在协同创新中的研发投入与创新产出呈现显著负向关系。但是在加入了平方项的模型二中，协同创新研发强度的平方项的系数为正，说明跨越一个门槛值后，协同创新研发强度对企业创新绩效产生了显著的积极影响，协同创新强度对企业创新绩效的影响呈现"U"型走势。进一步，根据模型二的拟合结果，可以计算出协同创新强度的门槛值为0.061。通过对样本的统计分析可以发现，研发强度小于门槛值的企业数量为539家，相当于在参与协同创新的企业中，84.61%的企业都没有达到合作研发强度的门槛值。实证结果也说明，样本企业参与协同创新的程度普遍较低，对协同创新的研发投入强度不足，企业的技术能力偏低，缺乏有效的知识吸收、转移机制，协同创新对创新绩效的良性带动作用难以形成。

3.3 协同创新对企业创新的影响路径

协同创新可以从创新资源、科研能力、差异化知识、信息交流等方面影响企业创新，而这些因素对企业技术创新的传导和渗透需要通过一定的影响机制才能实现。研发投入和人力资本投入被普遍认为是企业吸收外部知识的重要载体。因此，协同创新可能从研发投入和人力资本两个方面对企业创新产生影响。

一方面，协同创新使企业在技术内溢中不断学习，在知识交换中增强自身的研发能力，提高企业研究开发的效率，从而提升企业的创新水平和研发投入的边际生产率。卫平和杨宏呈等（2013）的研究也表明，协同创新能够提升企业对基础研究成果的吸收和利用程度，提高研发投入的效率，激发企业加大研发投入的热情，且与协同创新越密切，这种作用就越明显。

另一方面，隐性知识是企业创新中不可缺少的一部分，而这只有通过经验、交流和干中学慢慢积累，通过人力资本的不断积累来传递。Howells 和 Nedeva 等（1998）研究表明，协同创新能为企业研发人员提供与大学、科研机构的专业研究人员在不同层面进行合作和交流的机会，如个人间的自由合作、院系与企业下属研发机构的项目合作等。通过这些合作和交流，企业研发人员能够获得更多的隐性知识，从而提高研发人员的整体素质，增加企业人力资本的使用效率。

为进一步检验两种影响机制，构建以下计量模型进行实证分析：

$$y_{it}=\beta_0+\beta_1 partinu\_i_{it}+\beta_2 lrdinput*partinu\_i+\beta_i x_{it}+\varepsilon_{it} \quad (3-9)$$

$$y_{it}=\beta_0+\beta_1 partinu\_i_{it}+\beta_2 lrdpeople*partinu\_i+\beta_i x_{it}+\varepsilon_{it} \quad (3-10)$$

其中，y_{it} 为企业的创新产出，$partinu\_i_{it}$ 表示是否参与协同创新，$lrdinput*partinu\_i$ 为协同创新与企业研发投入的交互项，$lrdpeople*partinu\_i$ 为协同创新与企业研发人员投入的交互项。x_{it} 为控制变量，包括企业研发投入、人力资本投入、企业规模、企业技术开发仪器设备原值和研发周期3年及以上的项目数，ε_{it} 为随机扰动项。

研究数据依然采用辽宁省企业经济信息库中对辽宁省企业技术能力的调研评估数据。回归结果如表3-5所示。由表3-5可见，无论是否控制时间、地区、行业等固定效应，协同创新与企业研发投入的交互项都在1%的统计水平上显著为正，说明在样本企业中，参与协同创新提高了企业对研发资金的使用效率，研发投入的影响机制是有效的。但是，参与协同创新和人力资本投入的交互项在模型中均不显著，说明在样本企业中，参与协同创新并没能显著提高企业创新中人力资本的使用效率，这可能是因为在当前的协同创新中，由于沟通方式不当、文化差异较大、研发目标不一致或合作时间较短等原因，产学两方人员没能进行充分交流和学习，使得企业人力资本的效率没有从中获得提升。

表3-5 协同创新对企业创新的作用机制

变 量	模型一	模型二	模型三	模型四
$partinu\_i$	0.049	0.059	0.069	0.087
	(0.127)	(0.127)	(0.132)	(0.131)
$lrdinput$	0.272***	0.265***	0.352***	0.337***
	(0.055)	(0.055)	(0.048)	(0.048)

续表

变　量	模型一	模型二	模型三	模型四
lrdpeople	0.387*** （0.084）	0.257*** （0.086）	0.320 （0.099）	0.204** （0.101）
lrdinput*partinu_i	0.041*** （0.014）	0.037*** （0.014）		
lrdpeople*partinu_i			0.569 （0.381）	0.437 （0.382）
Year	否	是	否	是
Region	否	是	否	是
Industry	否	是	否	是
常数项	5.554*** （0.428）	5.849*** （0.534）	5.309*** （0.442）	5.579*** （0.542）
R方	0.454	0.524	0.451	0.518
Wald Chi2	148.45	219.74	140.74	211.61
P值	0.000	0.000	0.000	0.000

注：①括号内为标准误；

②***、**分别表示在1%、5%的水平上显著。

3.4　经济全球化中协同创新与FDI的互补创新路径

3.4.1　经济全球化背景下的内外创新途径

随着全球化竞争的加剧和知识经济时代的到来，科技创新已经成为我国保持长期竞争力、推动经济稳定发展的必要手段。近年来，我国提出了建设创新型国家的重大战略目标，区域创新系统是国家创新系统的重要部分，区域创新产出的多少直接反映了国家创新能力的大小。对于发展中国家而言，增加区域创新产出的一条重要途径是以FDI为代表的外部贸易投资溢出，通过技术示范、市场竞争和人员流动等效应提高东道国的技术创新水平；另一条重要途径是以产学研协同创新为代表的内部研发合作溢出，通过依靠自身的创新资源和创新能力在知识创造、积累的过程中实现创新产出的增加。

3.4.1.1　FDI 技术外部溢出途径

1990 年以来，中国政府开始实行"以市场换技术"的技术发展战略，希望通过吸引外商直接投资促进科技进步。而"以市场换技术"的战略效果如何，FDI 技术外部溢出是否能促进企业的技术进步和提升中国的区域创新能力，则日益成为国内外学者争论的焦点。

FDI 技术外部溢出主要通过跨国公司实现。跨国公司是世界经济中最具有活力的部分，其拥有丰富的研发优势和资源，包括资金、人力资本、研究开发技术和能力、组织管理经验和世界贸易网络关系等。跨国公司在发展中国家的直接投资，会产生技术外溢效应，使得东道国获得跨国公司的部分优势资源，弥补自身技术缺口，加速技术进步和区域创新，如 Kinoshita 研究表明，FDI 是东道国获取国际知识溢出和形成创新能力的重要途径；Cheung 和 Kui 通过运用 1995—2000 年的区域面板数据，实证分析表明 FDI 的溢出效应对国内发明专利、实用新型专利及外部设计专利申请数量的增加有积极的作用，Yam 和 Lo 等也有类似的结论；Blomstrom 和 Sjoholm、Pack 和 Saggi 则把 FDI 对东道国的积极溢出效应总结为示范效应、竞争效应、联系效应和人力资本流动效应等。

但 FDI 也可能会带来负面的溢出效应。跨国公司在东道国投资的目的是为了占领国内市场，追逐利益最大化。出于这样的目的，一方面，跨国公司会刻意保持技术优势，防止核心技术外溢，使技术循环只存在于跨国公司内部，对中国企业更多的是生产转移而非技术转移；另一方面，由于跨国公司往往具备显著的竞争优势，因此会通过挤占市场份额和采用并购等手段扫除潜在对手，导致本地企业陷入生存危机，难以分出精力进行研发创新，从而在关键技术上更依赖外国，进而削弱本地的创新能力。而且从目前来看，跨国公司在中国进行的投资大部分是最终产品的生产和经营，而涉及核心技术的中间产品往往由跨国公司内部提供,因此对国内产业上下游的关联效应也十分有限。

3.4.1.2 产学研协同创新内部溢出途径

协同创新是企业、大学和科研机构在"风险共担、利益共享"的原则下,运用各自的优势资源,相互协作进行的合作创新活动。在中国等发展中国家现阶段的创新系统中,企业未能完全成为创新的绝对主导者,高校和科研机构仍是必不可少的参与者。因此,企业积极与高校、科研机构进行协同创新,不仅是推动区域科技和经济融合发展的战略措施,也是促进区域创新成果迅速实现商业化、转换为生产力的有效途径。在区域内,企业、大学和科研机构之间的合作可以使各个创新主体更好地吸收对方的创新知识,并将这种知识用于新一轮的创新活动中,从而使微观层面上的组织学习上升为宏观层面的区域知识积累,最终实现区域知识基础的积累和创新能力的提升。一些学者的研究也表明,协同创新是区域创新效率提升的重要环节,协同创新主体会发挥合作创新中的比较优势,从知识创新效率、科研创新效率和产品创新效率等方面提升区域创新的整体效率(Kodama,2008;余泳泽和刘大勇,2013)。

但也有学者认为,以协同创新为主的内部溢出对区域创新的提升作用有限,主要原因有:企业与高校、科研机构之间的信息不对称;资金和人力资本不足;创新主体在创新目标、职责和文化上的差异;利益分配问题;环境支持度的问题等(刘和东,2011;吴玉鸣,2015)。这些研究具有一定的借鉴意义。

改革开放以来,中国吸收和引进的FDI大幅度增加,大量涌入的FDI在一定程度上增强了中国的自主创新能力,提升了区域创新产出。但随着国内外技术差距的缩小,FDI对区域创新的促进作用在逐渐减弱。与此同时,以产学研协同创新为代表的内部创新模式越来越得到国家的重视,以企业为主体、市场为导向的产学研协同创新在国家自主创新能力提升中的作用日益凸显。处于经济转型期的中国，创新资源不足，研发能力不强，应特别重视内外技术溢出的吸收和利用，以及合理协调不同溢出方式在区域创新中的作用。因此，在经济全球化背景下，如何发挥 FDI 和协同创新的创新合力，是十分重要的问题。

3.4.2 协同创新与 FDI 在创新中的互补机制

实际上，FDI 外部溢出和协同创新内部溢出并非截然割裂的两种行为，而是彼此联系、相互关联，甚至相辅相成的，它们的互补效应主要体现在以下两个方面。

第一，作为提高自主创新能力和增强东道国企业创新源动力的重要途径，协同创新的内部溢出不仅能够加大对 FDI 的吸引，还能提高对 FDI 外部溢出的消化吸收能力。首先，协同创新内部溢出对 FDI 具有吸引效应，其机理有三：①企业和高校、科研机构协同创新将增加本地的知识创造，提升技术水平，这将有助于本地资本和劳动在更高层次上实现与 FDI 的匹配和对接；②良好的协同创新可以调动本地企业、高校和科研机构互动学习的积极性，创造更为活跃的创新氛围，有助于提升本地革新和开放的理念，这对促进 FDI 与本地制度、文化的融合和改善外商企业的经营环境有积极作用；③协同创新的内部溢出不仅可以提高创新主体的知识存量，还能提高本地劳动者的素质，为区域研发活动的深化奠定基础，有助于外商企业形成长期投资能够获得稳定收益的预期。其次，协同创新内部溢出能够增强本地企业对 FDI 外部溢出的吸收。FDI 的外部溢出往往是隐性知识，需要接受者有效进行识别并加以学习才能获得。如果本地企业吸收能力不足，则难以获得 FDI 外部溢出。通过协同创新，本地企业可以从多方面吸收信息，敏锐察觉 FDI 外部溢出；通过在技术内溢、知识交换中相互学习，企业可以增强自身能力，加大对外部溢出的吸收运用，进一步提升区域创新绩效，形成内外溢出的良性互动。

第二，较高的 FDI 外部溢出能够对企业与高校、公立和私立研究机构的合作产生积极影响。为了尽快适应本地市场，整合内部和外部的创新资源，跨国公司有时候需要直接在当地设立研发部门，对本地市场需求进行调研，将其母公司的科技研发资源向东道国调配，大量雇用和培养当地的人才，对本地员工进行相关技术和管理经验的培训，同当地的企业、大学和研发机构加强合作交流、开展协同创新工作，这些外部溢出行为都会对协同创新带来积极效应。张倩肖和冯根福的研究也指出，外商投资企业往往通过本土化的研发机构与东道国的企业、大学及科研机构进行广泛的技术合作，从而使本地企业和科研机构获得外商投资企业内部的专有技术和创新技术。FDI 外部溢出的示范和竞争效应也是溢出效应产生的有效机制。本地企业在市场竞争的压力下，会增强创新意识，更加积极地寻求增强自身核心竞争力和提升创新能力的方法，这种能动性和目的性将推动企业参与协同创新，有助于协同创新的开展，进一步提升区域创新能力。

图 3-3 显示了 FDI 和协同创新互补性的作用机制。

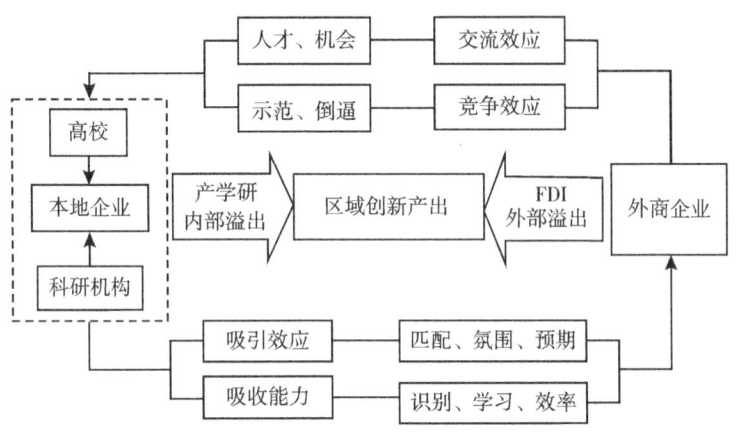

图 3-3 FDI 和协同创新互补性的作用机制

4 协同创新的技术扩散路径

4.1 协同创新的技术扩散系统

4.1.1 协同创新技术扩散系统的结构

4.1.1.1 协同创新技术扩散系统的构成

协同创新技术扩散系统可以看成是由协同创新技术扩散主客体、协同创新技术扩散内环境、协同创新技术扩散外环境,以及协同创新技术扩散支持系统四个层次组成的复杂系统。协同创新技术扩散系统不仅是这四个层次的简单扩展,而且是协同创新技术扩散主体这一核心和其他层次结构的立体叠加,如图4-1所示。

最中心的层次由协同创新技术扩散的主体和客体构成。如前文分析的,协同创新的技术扩散主体主要包括供给主体(扩散者)、需求主体(接收者)、扩散媒介(中介者)和辅助主体,涉及企业、高校、科研机构、政府、金融机构和中介机构等多个单位。协同创新的技术扩散主要是在多个主体的供求交流中进行的。协同创新技术扩散的客体是扩散的对象,即协同创新中的技术成果。协同创新技术扩散系统内的一切活动都是围绕技术扩散的主体和客体的行为展开的,因此这个层次是协同创新技术扩散系统的中心和核心。

协同创新技术扩散的外环境主要指协同创新技术扩散发生的外部区域

4 协同创新的技术扩散路径

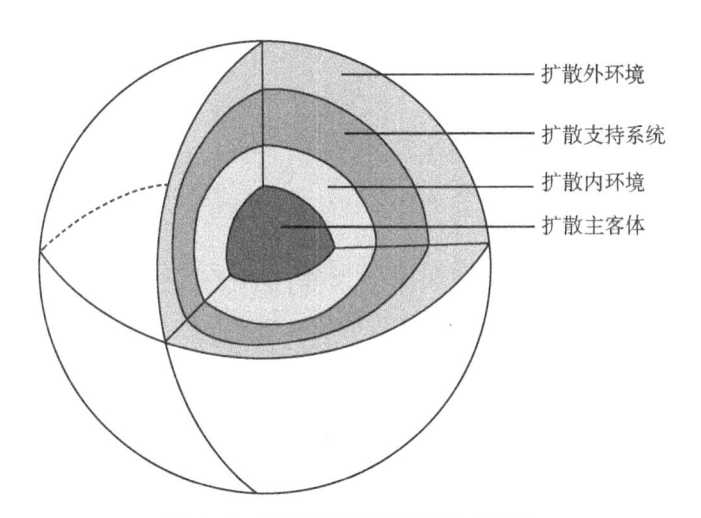

图 4-1 协同创新技术扩散系统结构

环境，是技术扩散主体不可控的外部因素，如市场结构、产业结构、政策环境、科技环境、区域经济环境和社会发展情况等，这些因素都影响着协同创新技术扩散的速度和进程。随着科学技术的进步和经济社会的发展，科学技术能够持续为经济社会发展注入活力，经济社会的发展也将反过来带动科学技术进步，在这样的大环境下，协同创新技术扩散系统也将不断演化。

协同创新技术扩散的支持系统是协同创新技术扩散系统的重要组成部分，根据对扩散系统的服务功能可以将其分为扩散源、扩散通道和潜在创新采用者三部分。协同创新技术扩散系统是一个开放的系统，系统内外的物质、能量和信息存在着频繁、强烈的交换，而交换的进行则离不开支持系统。在协同创新技术扩散中，最初的扩散源即协同创新结合体，随着技术扩散的不断深入，扩散源也可能由其他扩散主体转变而成，扩散源会为扩散系统提供物质、能量、人才和信息等资源，对扩散系统起到孕育和支持的作用。潜在创新采用者在协同创新技术扩散中逐步对系统产生的成果或产品进行消化和吸收，并且当条件成熟时在此基础上进行创新，转变为真正的扩散主体。扩散通道是连接扩散源和潜在创新采用者的桥梁，其在技术扩散系统中帮助输入物质、能量、人才和信息，以及输出成果或产品等。在协同创新技术扩散中，扩散支持系统并没有清晰的边界和连续的空间范围，技术扩散的内部环境和外部环境都与支持系统的影响范围有重叠。

4.1.1.2 协同创新技术扩散系统的特点

协同创新技术扩散系统通过其丰富的系统结构，将技术扩散主客体、技术扩散内部环境、技术扩散外部环境和技术扩散支持系统中的相关要素联系起来，让协同创新成员之间在物质、信息、知识和人才等方面进行频繁的交流、重叠和渗透。因此，协同创新技术扩散系统中的运作过程复杂性很高。具体来说，协同创新技术扩散系统具有以下特征。

主体多元性。企业、高校和科研机构都是协同创新技术扩散的主体，每个主体都有多种类型。此外还涉及政府、金融机构和中介机构等辅助单位，参与到协同创新组织内部的人员构成也具有多样性和层次性，这种结构下的知识和技术流动使得协同创新技术扩散系统表现出非线性的特点。

扩散多层次性。协同创新技术扩散不仅在国家、区域、企业、组织甚至个人等层次中发生，还能在不同层次中跨域进行，形成丰富的层次组合，不同层次的组合又将产生不同的技术扩散效果。

知识技术的复杂性。前文已经对技术扩散涉及的知识和技术内容进行了分析，可见技术扩散包括的内容很广泛，知识和技术本身就具有极大的复杂性。在协同创新技术扩散系统中，知识和技术来自不同主体、不同学科，这些知识和技术进行融合和交流是非常复杂的过程，不同的扩散主体对于这些知识、技术的融合和交流都具有差异性。

系统环境复杂性。协同创新技术扩散系统涉及技术扩散的内环境和外环境，即技术扩散系统不是一个独立的生存系统，它不仅和技术扩散主体自身的条件和小环境相关，还和国家、区域中宏观的大环境密切相关。多变的内外环境因素造成了技术扩散系统的环境复杂性，协同创新技术扩散的发生能够从中得到生产发展所需的空间、资源和支持，但也不得不受到这些环境因素的干扰和限制。

总的来说，协同创新技术扩散系统是以不同扩散主客体为核心，以复杂多变的内部小环境和区域外部大环境为支撑，以技术市场为动力，涉及经济、社会、信息和技术等多种因素，通过多种扩散通道传播、推广技术知识成果的复杂系统。图 4-2 反映了协同创新技术扩散系统中各主体与环境的关系。

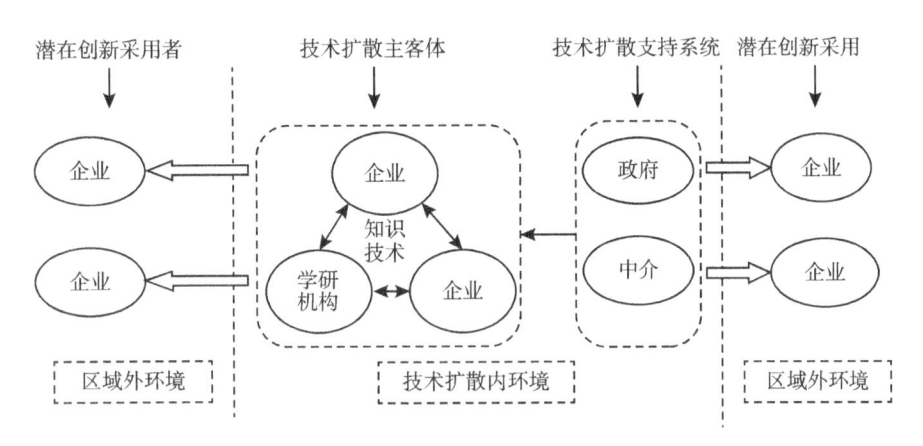

图 4-2 协同创新技术扩散系统中各主体与环境的关系

4.1.2 协同创新技术扩散的一般过程

协同创新技术扩散，是指企业、高校和科研机构几个基本的创新主体以各自的优势和资源为基础，在政府、金融机构和科技中介等相关主体的协同支持下共同进行技术创新活动，在不同创新主体之间实现技术、知识、经验和信息等的传播、共享、交流和渗透的过程。在这里，我们主要从微观层面上考虑协同创新主体之间的技术扩散，研究协同创新主体之间如何进行不同类型知识、技术的共享、交流和传播。

协同创新技术扩散是在企业、高校、科研机构、政府、科技中介和金融机构等部门的协同下完成的技术和知识的交流活动。具体来说，技术扩散发生在知识产生、知识交流、知识应用和知识增值的过程中，其核心是企业、高校和科研机构的协同合作，政府在其中主要起引导、鼓励和监督的作用，科技中介机构和金融机构分别提供信息和资金支持，图 4-3 对此

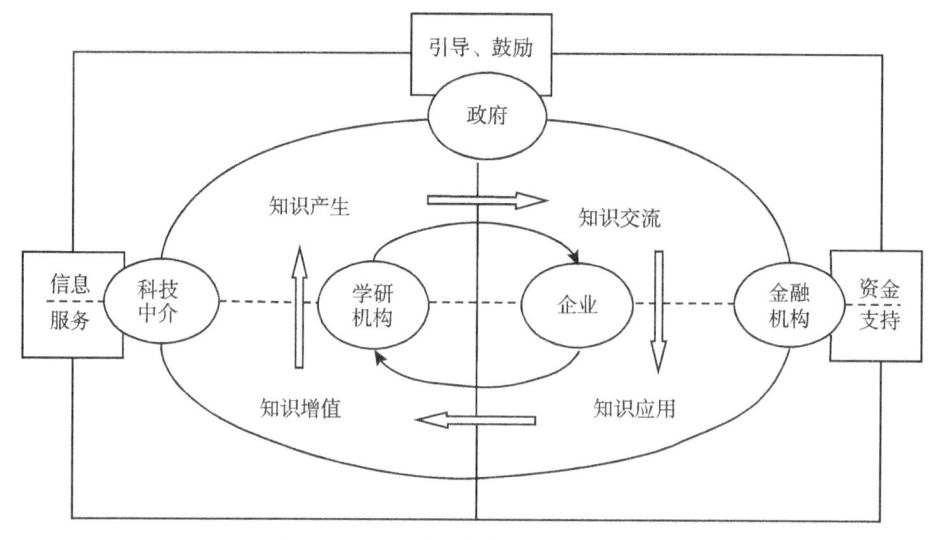

图 4-3 协同创新技术扩散的一般过程

进行了描绘。

4.1.3 协同创新技术扩散的类型

协同创新技术扩散研究的是微观层面协同创新结合体内部的技术和知识扩散，具体来说，其主要分为参与个体之间的技术扩散、参与个体与创新主体组织之间的技术扩散和创新主体组织之间的技术扩散三种类型。

4.1.3.1 协同创新参与个体之间的技术扩散

这种技术扩散主要包括创新主体组织内部个体之间和不同创新主体组织个体之间的技术扩散。在协同创新过程中，企业组织的参与个体一般为企业管理者、组织者、领导者和技术人员等，高校和科研机构组织的参与个体一般为管理者、学术带头人和研究员等，这些参与个体都掌握着核心的技术能力，具有丰富的相关经验，具备不同的个人技术知识和隐性技术知识。参与个体是协同创新中的基本参与单位，也是协同创新中技术扩散得以展开的基础，对协同创新主体进一步展开技术扩散起到了关键作用。

4.1.3.2 协同创新参与个体与创新主体组织之间的技术扩散

这种技术扩散包括协同创新参与个体与所在组织之间的技术扩散和协同创新参与个体与其他组织之间的技术扩散。创新组织对协同创新参与个体的技术扩散是全方位的，主要表现为组织对参与个体在组织文化、组织管理和管理方法等方面的影响、传播和渗透。例如，高校追求真理、严谨求实的科学精神对科研人员的行为和价值观会产生巨大的影响，也会潜移默化地影响企业技术人员；企业以市场为导向的企业文化不仅让管理者和技术人员以经济效益为重，也会在一定程度上影响合作高校科研工作者的研究行为。参与个体对创新组织的技术扩散则是通过组织对个体技术知识进行整合，进而形成组织技术知识优势的过程。

4.1.3.3 创新主体组织之间的技术扩散

创新主体组织之间的技术扩散指不同创新主体之间的技术扩散。企业、高校和科研机构作为协同创新中的不同主体，在技术交流和扩散的过程中，可以充分实现优势互补、资源共享，进而实现创新和知识增值。根据协同创新的模式，创新主体组织之间的技术扩散又可以分为均势技术扩散和非均势技术扩散。前者指创新主体之间的知识势差较小，但由于互相存在技术和知识需求，因此可以通过技术扩散丰富自身知识，技术扩散过程表现为双向流动；后者指创新主体之间存在较大的知识势差，协同创新中的一方知识优势明显，另一方处于知识劣势，在合作中主要是从对方获取知识，技术扩散为单向流动。

可见，协同创新的技术扩散是一个循序渐进和不断往复的过程，技术知识在个体间、个体与组织间和组织间螺旋上升，实现不同技术知识的传播、交叉、渗透和转化。随着这个过程的不断推进和深入，协同创新结合体的知识存量不断增加，整体实力也会不断增强，然后又能通过组织扩散到个体中。图4-4体现了三种技术扩散类型的关系。

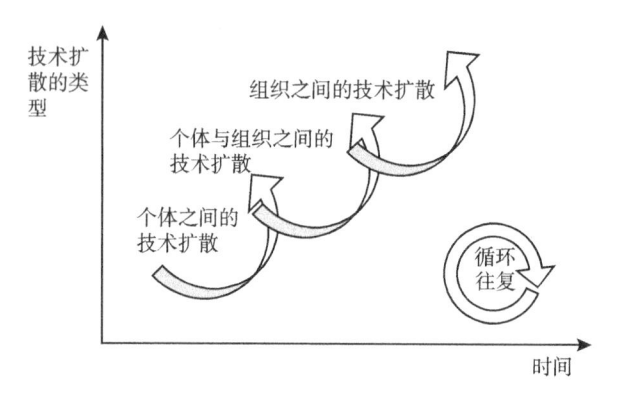

图 4-4　协同创新技术扩散类型的关系

4.2　企业主导型协同创新的技术扩散路径

4.2.1　企业主导型协同创新的技术扩散过程

对于技术知识的扩散，Nonaka 和 Takeuchi（1995）提出了著名的 SECI 模型，该模型将知识扩散的过程归纳为四个阶段：群化（Socialization）、外化（Externalization）、融合（Comblination）和内化（Internalization），以此描述企业创新活动中，显性知识和隐性知识之间的相互吸收、作用和转化。虽然 SECI 模型描述的是企业内部的知识扩散过程，但是显性知识和隐性知识的吸收和转化同样是协同创新中技术扩散的重点。因此，借鉴 SECI 模型，本书将企业主导型协同创新技术扩散的过程分为三个阶段：技术知识共享交流、技术知识总结转化和技术知识融合提升。这是一个技术知识在交流扩散中不断循环且螺旋上升、放大的过程。需要强调的是，企业主导型协同创新技术扩散的各阶段均在主导企业带动下进行，与企业主导型协同创新的特点紧密结合，如图 4-5 所示。

4.2.1.1　技术知识共享交流

技术知识交流是企业主导型协同创新技术扩散的第一阶段，其主要内容

4 协同创新的技术扩散路径

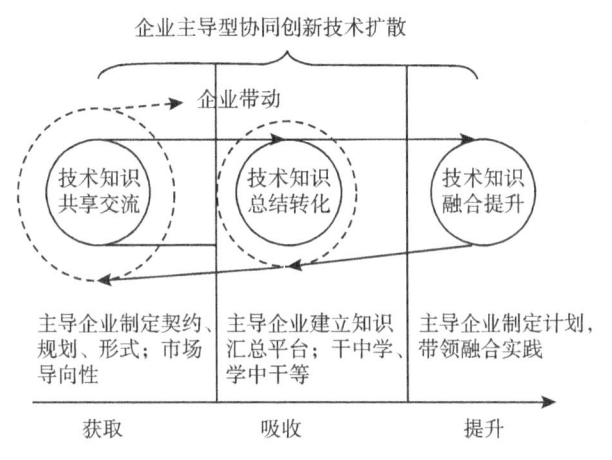

图 4-5 企业主导型协同创新技术扩散过程

是协同创新参与成员在主导企业的带领下进行技术知识沟通和交流。

技术、知识和资源的互补性是协同创新技术扩散的基础。在企业主导型协同创新中，主导企业要积极促进协同创新成员将自己的部分隐性技术知识显性化后进行沟通、交流，实现互补技术知识的扩散。技术知识的沟通和交流是一个双向的过程，参与协同创新的企业互相交流共享技术开发、产品生产、管理销售等方面的知识，参与协同创新的高校和企业互相交流共享科学技术知识和管理知识、工程化知识。由于企业主导型协同创新的市场导向性特点，在技术知识共享交流中协同创新成员会尤其关注有利于获取市场价值的信息，包括顾客需求信息和竞争者信息等。在这个过程中，主导企业将根据核心技术能力的需求和技术知识缺口制定自身的技术扩散战略规划，并且制定相应的预算支出和组织形式。由于协同创新伙伴之间信息的不对称性和市场环境等方面的影响，企业主导型协同创新技术扩散也会面临很多风险，因此在这一阶段，主导企业会与协同创新成员签署相应契约、合同，以增强相互信任，提高技术扩散的效率。另外，企业作为协同创新主导者，还应在了解协同创新伙伴各项需求的基础上，在契约制定、技术扩散渠道选择和协调成员间技术扩散规划等过程中起到决定性作用。

4.2.1.2 技术知识总结转化

技术知识总结转化是协同创新各个成员在技术知识交流的基础上,通过主导企业建立的技术知识汇集平台,将获得的显性技术知识和隐性技术知识进行归纳总结,得到新的显性技术知识的过程。

通过第一阶段的技术扩散,各个协同创新主体已经获得了一定的显性技术知识和隐性技术知识。显性技术知识的总结相对容易,只需要将获得的文字、图表、数据库等资料进行整理、学习和汇总,使之变成具体的报告、战略规划等即可。难度较大的是将获得的隐性技术知识进行总结归纳。协同创新主体需要将获得的隐性技术知识转化为易于理解、交流和储藏的显性技术知识,以方便之后这些技术知识在组织内的进一步扩散,使新参与项目的相关技术人员也能更快地学习和交接。具体来说,隐性技术知识的总结转化包括两个方面:一方面,即通过文字、图表、视频、概念和设计标准流程等载体,将协同创新参与者的个人想法或观点清晰地传递给其他成员;另一方面,则需要专家们通过运用演绎、推论等技巧,将高度专业化、个人化的隐性技术知识进行标准化、清晰化,让其他参与者易于理解和接受。

在企业主导型协同创新中,为了实现技术知识的良好总结转化,主导企业会带头建立一个技术知识汇集的研究中心,协同创新成员将交流、学习和吸收后的各种显性和隐性技术知识在此进行总结归纳,将这些新技术知识与原有知识进行整合、转化,将非共性的、单向的知识变为共性的、整体的显性技术知识。此外,主导企业还应采取多种方式积极促进技术知识的总结转化,如带头干中学、学中干、边干边学,加速人力资源流动,组织高校或科研机构的相关专家来企业进行培训,雇用高校或科研机构的科研人员来企业参与技术研发等,如表4-1所示。

4.2.1.3 技术知识融合提升

技术知识融合提升是协同创新主体在前两个阶段的基础上,将得到的显

4 协同创新的技术扩散路径

表 4-1 主导企业促进技术知识总结转化的方式

方　式	技术知识来源	效　果
研究中心	企业内外部	协同创新成员的互补性技术知识汇集、整合
干中学	企业内部	总结与生产实践相关的技术知识
学中干	企业内部	整合与设备、工艺流程相关的技术知识
边干边学	企业内部	提升与生产实践、设备、工艺流程相关的技术知识
人员培训	企业内部	通过培训提高企业人力资本水平
人才交流	企业内外部	通过人力资源流动提高知识获取率
雇用人员	企业外部	通过雇用外部人员提高企业技术知识显化能力

性技术知识在自身进行融合后，提升为更复杂、更多样和更高层次的隐性技术知识，比如新理论、新知识体系。这个阶段是协同创新主体对已获得知识的真正消化吸收，真正实现自身隐性技术知识库的扩展、延伸和重新构建的阶段。

具体来说，技术知识融合提升主要包括两个层次的内容：第一，协同创新成员应在主导企业的带领下实践前两个阶段获得的显性技术知识。在这一阶段，主导企业将针对战略规划、行动方案等材料制定出实际的构想和实施办法，采取各种行动，制定培训计划，应用多种方式将得到的显性技术知识尽可能地在组织内传播，使相关人员尽快掌握并且提升相应能力，从而提升企业的整体创新实力。第二，通过显性技术知识的融合实践，得到新的隐性技术知识，使之成为创新主体内部知识库的一部分。经过对显性技术知识的学习实践，将这些新知识转变为创新主体的日常规范，变成其技术能力的一部分，让主体内的所有成员都有所改变，例如，通过对制造流程、新产品说明的组织实践使企业员工学习到新经验、新概念；通过对培训文件和资料的学习，使员工将知识内化。在这个过程中，组织内的隐性技术知识将得到不断积累，原有的技术知识体系将得到进一步提升，再通过协同创新，引发新一轮的技术知识扩散。

4.2.2 企业主导型协同创新的技术扩散模式

4.2.2.1 技术交易模式

技术交易模式是指企业在对市场前景、产业化风险有所评估的基础上，以技术合同的形式有偿购买高校、科研机构或其他企业的科技成果，以实现技术快速投入生产，形成生产力的合作形式，包括技术转让、购买专利技术、专利实施许可等。从企业技术经营的角度来说，企业不一定必须要从研发阶段开始才能获取关键技术和科技成果，购买开发也是企业获取战略性技术的一条捷径，能够让企业缩短产业化周期、尽快获得经济效益。技术交易模式中的技术扩散主要是基于显性技术知识的转移而展开，技术成果的卖方，如高校或科研机构，先将隐性技术知识显性化，再通过实物载体扩散到购买企业中，购买成果的企业再进一步将获得的技术知识吸收，如图4-6所示。但是，由于创新主体之间的技术交易往往是一次性的，因此彼此接触的机会较少，合作关系松散，技术扩散的效果差异较大，并不能从根本上解决企业的技术问题。

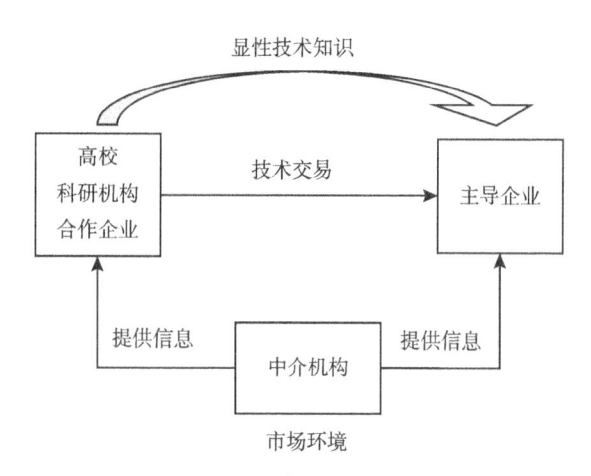

图4-6 技术交易模式中的技术扩散

4.2.2.2 联合攻关模式

联合攻关模式是指企业与高校、科研机构或其他企业针对特定的项目，共同进行资源投入，共同开展技术创新活动，共同分担风险的协同创新模式。这种模式的突出优点是，能够快速整合不同创新主体的优势和资源，增强主导企业的创新能力和抗风险能力，让主导企业能够加速攻克技术难关，获得具有市场潜力但是开发难度较大的新技术或新产品。联合攻关模式是企业主导型协同创新的常见模式，该模式一般基于契约或合同维持合作，根据契约期限的长短，又可以分为短期契约模式和长期契约模式。常见的短期契约模式包括技术咨询、委托研发和合作开发等，长期契约模式包括共同投资、技术入股、在合同期内共同经营等。选择短期契约模式的企业，一般自身研发能力有缺陷，急需依靠其他创新主体的帮助获得技术成果；选择长期契约模式的企业，一般已经具备相当的研发实力和核心竞争力，合作过程从技术协作、中试、生产一直延伸到销售的全过程。

在联合攻关模式中，创新主体之间是一种战略合作关系，这种关系促进了资源的流动和优势的共享，加速了技术知识的扩散。主导企业在联合攻关模式中起到了非常重要的作用，不仅要带领其他协同创新伙伴集中资源和优势共同攻克技术难关，还要对协同创新的开展和技术扩散的过程进行领导和协同，以及处理协同创新伙伴在合作中遇到的相关问题。主导企业获得了技术知识成果后，将优先在协同创新结合体内部进行应用和扩散，进而和其他科学领域的知识进行交叉应用。

4.2.2.3 协同一体化模式

协同一体化模式是指，大型企业或者企业集团考虑到自身的长期发展，为了更好地协调和利用协同创新各个主体的互补性资源和优势，在相关的法律规范下签订协议或合同，按照现代企业制度形成的规模更大、结构更合理、功能更全面的长期合作经济实体。在协同一体化模式中，主导企业往往根据自身的资源弱势寻找互补型的合作伙伴，从而促进不同资源的有效整合，实现优势互补、风险共担和利益共享。此外，协同一体化模式一般具备比较完善的管理体制，权责分明，产权清晰，还能实现组织、管理和市场等方面的合作，创新主体间形成了全方位的战略伙伴关系，因此合作关系相对稳定持久。

协同一体化模式中，各个创新主体之间的关系很紧密，技术交流和人才交流频繁发生，技术扩散在协同创新网络中不断发生。在协同创新过程中，企业与其他创新主体共享显性技术知识和隐形技术知识，技术知识的扩散载体主要有实物流动和人员流动两种，高校和科研机构的私有显性技术知识、公共显性技术知识、个人显性技术知识和组织显性知识通过实物载体扩散到企业；私有隐性技术知识、公共隐性技术知识、个人隐性技术知识和组织隐性知识通过人员流动扩散到企业。不同类型的技术知识在协同创新体内部相互作用，最终实现协同创新联盟整体实力的提升，如图4-7所示。

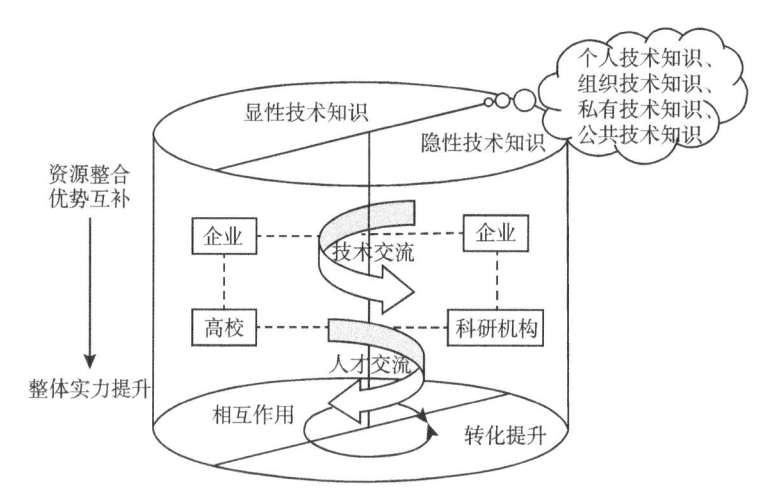

图 4-7 协同一体化模式中的技术扩散

4.2.3 企业主导型协同创新的技术扩散模式选择

在企业主导型协同创新中，由于各方在创新能力、目标与偏好等方面存在差异，因此技术扩散的模式选择是合作各方之间的一个对策和博弈的过程。本部分将通过构建一个博弈模型来对企业主导型协同创新合作各方之间技术扩散的组织模式选择进行理论分析。

4.2.3.1 基本假设与模型构建

为了便于分析，模型假设该企业主导型协同创新由一家企业 A 和一家高校 B 组成，企业 A 为该协同创新联盟的主导者，当然，这里的企业主导型协同创新也可以是由主导企业 A 与其他企业或科研机构构成。作为协同创新的主导者，企业 A 不仅要紧跟市场发展的步伐，及时了解市场需求，还要积极承担科研成果转化的费用。

根据前文的分析，企业主导型协同创新主要有技术交易、联合攻关和协同一体化三种模式。这三种模式的紧密程度是依次递增的，技术交易模式最松散，协同一体化模式最紧密。但在现实中，协同一体化模式由于缺乏共性，对于一般的企业和高校来说，这种模式往往并不成熟，因此，在本模型中，假设可选择的技术扩散模式只有两种：技术交易模式和联合攻关模式。通过技术交易或联合攻关，企业的创新能力均会得到一定的提升。由于在联合攻关中，企业和高校之间的交流沟通更密切，技术扩散更容易发生，因此联合攻关模式对企业创新能力的提升作用要大于技术交易模式。

假设在企业主导型协同创新中，企业和高校的初始创新能力分别为 β_A 和 β_B（$\beta_A<\beta_B$），创新能力会影响企业和高校的协同创新成果技术扩散的知识产出。市场需求是影响企业主导型协同创新绩效的重要因素，如果企业能够及时提供满足市场需求的产品，那无疑将会给企业带来更大收益。因此，协同创新科研成果技术扩散的收益函数可表示为：

$$\pi_i = \pi(\beta_i, \eta), \quad \frac{\partial \pi_i}{\partial \beta_i}>0, \quad \frac{\partial^2 \pi_i}{\partial \beta_{Ai}^2}<0, \quad \frac{\partial \pi_i}{\partial \eta}>0$$

为了简化分析，令：

$$\pi_i = \eta e(\beta_i), \quad \frac{\partial e_i}{\partial \beta_i}>0, \quad \frac{\partial^2 e_i}{\partial \beta_{Ai}^2}<0$$

其中，η 为市场需求的紧迫程度。

在现实中，高校的科研成果质量参差不齐，高质量、高水平的科研成果往往会带来更多的正外部性。模型假定高校的科研成果分为高技术含量和低技术含量两种，对于两种科研成果，高校的研发成本分别为 c_h 和 c_l，显然 $c_h > c_l$。科研成果的实际质量和价值只有高校了解，假设高技术含量的科研成果的商业价值为 V，低技术含量的科研成果则没有商业转化的价值。企业不知道科研成果的技术含量，但是根据历史数据和相关经验认为，科研成果为高技术含量的概率为 q，为低技术含量的概率为 $1-q$。

正如前文所提到的，作为协同创新的主导者，企业还将承担全部的科研成果转化成本，假设该成本也与企业的创新能力和市场需求的紧迫程度有关，则科研成果转化成本的函数可假设为：

$$c_{Ai} = c(\beta_{Ai}, \eta), \quad \frac{\partial c_i}{\partial \beta_{Ai}} < 0, \quad \frac{\partial c_i}{\partial \eta} > 0$$

为了简化分析，仍令：

$$c_{Ai} = \eta c(\beta_{Ai})$$

另外，模型还假定，当科研成果为高技术含量时，企业在技术交易模式下的创新能力变为 β_{A1}，在联合攻关模式下的创新能力变为 β_{A2}；当科研成果为低技术含量时，企业在技术交易模式下的创新能力无法得到提升，仍为 β_A；企业在联合攻关模式下由于双方能够在互相交流中进行技术扩散，企业的创新能力仍然能够得到一定提升，变为 β_{A3}，$\beta_A < \beta_{A3} < \beta_{A1} < \beta_{A2}$。

当进行技术交易时，不管科研成果的技术含量如何，企业都提出同样的购买价格 p，如果与高校的要价不同，企业则会根据高校的要价行为来推测科研成果的实际技术含量。则由之前的假设可知，当科研成果为高技术含量时，高校的收益为 $p-c_h$，企业的收益为 $\eta e(\beta_{A1}) - p - \eta c(\beta_{A1})$；当科研成果为低技术含量时，企业暂时不对科研成果进行市场化，高校的收益为 $p-c_l$，企业的收益为 $\eta e(\beta_A) - p$。

当进行联合攻关时，假设按照合同，高校免费给企业提供科研成果，企业则要将科研成果的部分最终收益分给高校，假设该比例为 m，则当科研成果为高技术含量时，企业的收益为 $(1-m)[\eta e(\beta_{A2}) - \eta c(\beta_{A2})]$，高校的收

益为 $m[\eta e(\beta_{A2})-\eta c(\beta_{A2})]-c_h$；当科研成果为低技术含量时，企业暂时不对科研成果进行市场化，企业的收益为 $(1-m)[\eta e(\beta_{A3})]$，高校的收益为 $m[\eta e(\beta_{A3})]-c_l$。

在技术扩散的模式选择中，企业作为主导方先提出其偏好的模式，高校的策略为同意或不同意。当协同创新组建失败时，企业将选择自主创新，其收益为 $\eta e(\beta_A)-\eta c(\beta_A)$；高校的收益取决于其成果的技术含量，如果技术含量高，其收益为 $V-c_h-A\eta c(\beta_B)$，这里 $A>1$，表示高校对成果进行商业化的边际成本要高于企业。如果技术含量低，成果没有商业化的必要，高校收益为 $-c_l$。

根据以上分析，可以用博弈树来表示企业和高校之间技术扩散模式的博弈过程，如图4-8所示。

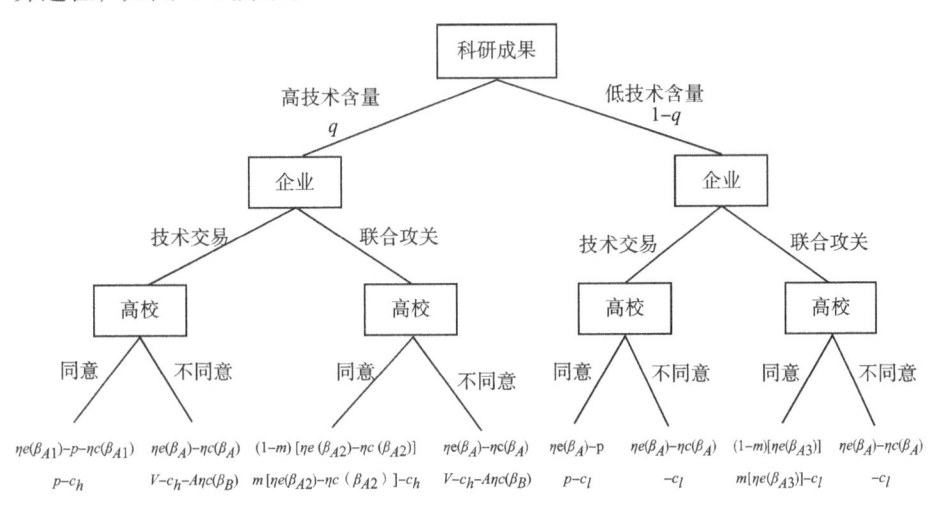

图4-8 企业主导型协同创新技术扩散模式选择博弈树

4.2.3.2 模型求解与分析

从模型设定可以知道，该模型属于不完全信息博弈。我们假定企业已经知道科研成果为高技术含量的概率为 q，为低技术含量的概率为 $1-q$，因此，可以得出企业提出技术交易时的期望为：

$$E(X_1)=q[\eta e(\beta_{A1})-p-\eta c(\beta_{A1})]+(1-q)[\eta e(\beta_A)-p] \quad (4-1)$$

当企业提出联合攻关时，企业的期望为：

$$E(X_2)=q(1-m)[\eta e(\beta_{A2})-\eta c(\beta_{A2})]+(1-q)(1-m)[\eta e(\beta_{A3})] \quad (4-2)$$

当协同创新组建失败，企业进行自主创新时的期望为：

$$E(X_3)=\eta e(\beta_A)-\eta c(\beta_A) \quad (4-3)$$

令 $E(X_1)=E(X_2)$，则有：

$$q^*=\frac{p-\eta e(\beta_A)+(1-m)\eta e(\beta_{A3})}{\eta\{e(\beta_{A1})-e(\beta_A)-c(\beta_{A1})-(1-m)[e(\beta_{A2})-e(\beta_{A3})-c(\beta_{A2})]\}} \quad (4-4)$$

对于企业来说，当 $q>q^*$ 时，$E(X_1)>E(X_2)$，企业会提出通过技术交易的方式进行协同创新和技术扩散；当 $q<q^*$ 时，$E(X_1)<E(X_2)$，企业则会提出通过联合攻关的方式进行协同创新和技术扩散。下面分别对这两种情况进行进一步分析。

第一种，当企业选择技术交易模式进行协同创新技术扩散时，则需要确定科研成果的购买价格 p。对于企业来说，技术交易时收益的期望应该不小于其自主创新时收益的期望，即购买价格 p 应满足：

$$E(X_1) \geqslant E(X_3) \quad (4-5)$$

即：

$$q[\eta e(\beta_{A1})-p-\eta c(\beta_{A1})]+(1-q)[\eta e(\beta_A)-p] \geqslant \eta e(\beta_A)-\eta c(\beta_A) \quad (4-6)$$

化简式（4-6）可得：

$$p \leqslant q\eta[e(\beta_{A1})-e(\beta_A)-c(\beta_{A1})]+\eta c(\beta_A) \quad (4-7)$$

对于高校来说，当其科技成果的技术含量高时，如果其要接受企业提出的技术交易方式，则企业的购买价格 p 应该满足：

$$p \geqslant V-A\eta c(\beta_B) \quad (4-8)$$

因此，根据式（4-7）和式（4-8），当科技成果的技术含量高时，企业和高校进行技术交易的价格应满足：

$$V-A\eta c(\beta_B) \leqslant p \leqslant q\eta[e(\beta_{A1})-e(\beta_A)-c(\beta_{A1})]+\eta c(\beta_A) \quad (4-9)$$

4 协同创新的技术扩散路径

当科研成果的技术含量低时,高校将不会对交易价格有要求,只要 $p>0$ 时,高校都愿意进行技术交易。因为此时该项科研成果不具备商业化的价值,高校的研发投入均成为沉没成本,高校会想方设法出售该成果,甚至不惜隐瞒、欺骗企业,以减少自身损失。然而对于企业来说,购买不具备市场价值的科研成果是一种有损利益的行为,因此企业需要对科研成果技术含量进行更为慎重的判断后再做决策。

第二种,当企业选择联合攻关模式进行协同创新技术扩散时,则需要确定利润的分配比例 m。对于企业来说,联合攻关时收益的期望不应小于其自主创新时收益的期望,即分配比例 m 应满足:

$$E(X_2) \geqslant E(X_3) \tag{4-10}$$

即:

$$q(1-m)[\eta e(\beta_{A2})-\eta c(\beta_{A2})]+(1-q)(1-m)[\eta e(\beta_{A3})] \geqslant \eta e(\beta_A)-\eta c(\beta_A) \tag{4-11}$$

化简式(4-11)可得:

$$m \leqslant 1-\frac{e(\beta_A)-c(\beta_A)}{q[e(\beta_{A2})-c(\beta_{A2})-e(\beta_{A3})]+e(\beta_{A3})} \tag{4-12}$$

对于高校来说,当科技成果的技术含量高时,若要同意联合攻关,则高校从联合攻关中得到的利益分配应不小于其自己进行成果市场化的成本,即:

$$m[\eta e(\beta_{A2})-\eta c(\beta_{A2})]-c_h \geqslant V-c_h-A\eta c(\beta_B) \tag{4-13}$$

化简式(4-13)可得:

$$m \geqslant \frac{V-A\eta c(\beta_B)}{\eta[e(\beta_{A2})-c(\beta_{A2})]} \tag{4-14}$$

因此,根据式(4-12)和式(4-14),当科技成果的技术含量高时,企业和高校进行联合攻关时的利益分配比例 m 应满足:

$$\frac{V-A\eta c(\beta_B)}{\eta[e(\beta_{A2})-c(\beta_{A2})]} \leqslant m \leqslant 1-\frac{e(\beta_A)-c(\beta_A)}{q[e(\beta_{A2})-c(\beta_{A2})-e(\beta_{A3})]+e(\beta_{A3})} \tag{4-15}$$

当科研成果的技术含量低时,高校不会对利益分配比例 m 有要求,只

要 $m>0$,高校便愿意进行联合攻关,否则高校的收益将小于零,为 $-c_l$。对于企业来说,与技术交易模式不同,更紧密的联合攻关模式能够为企业带来更多的技术溢出,即使此次科研成果的技术含量不佳,企业仍然可能在与高校的联合攻关中学习到更多的隐性知识,在提高自己的创新能力的过程中增强自身的产出。因此,只需要满足下式,企业仍然愿意进行联合攻关。

$$(1-m)[\eta e(\beta_{A3})] > \eta e(\beta_A) - \eta c(\beta_A) \tag{4-16}$$

化简式(4-17)可得:

$$m < 1 - \frac{e(\beta_A) - c(\beta_A)}{e(\beta_{A3})} \tag{4-17}$$

则此时企业和高校进行联合攻关的利益分配比例 m 应满足:

$$0 < m < 1 - \frac{e(\beta_A) - c(\beta_A)}{e(\beta_{A3})} \tag{4-18}$$

但由于在现实情况中,企业无法确定高校的科研成果是高技术含量还是低技术含量的,因此对于分配比例的确定,主要还是根据期望收益来决定。

根据以上模型求解,可以得出以下结论和推论。

结论 4.1.1:市场需求的紧迫程度越高,则企业越愿意通过技术交易模式进行协同创新和技术扩散。

根据式(4-4)可以得到:

$$q^* = \frac{\frac{p}{\eta} - e(\beta_A) + (1-m)e(\beta_{A3})}{e(\beta_{A1}) - e(\beta_A) - c(\beta_{A1}) - (1-m)[e(\beta_{A2}) - e(\beta_{A3}) - c(\beta_{A2})]} \tag{4-19}$$

可见,随着市场需求紧迫程度 η 的增加,q^* 会减小,那么 $q>q^*$ 则越容易被满足,则 $E(X_1) > E(X_2)$ 也越可能发生,这意味着此时企业选择技术交易模式进行协同创新和技术扩散的概率会增大。这是因为,消费者的某种需求越迫切,留给企业的市场反应时间就越短,企业必须尽快找到能满足该需求的技术供应,争取超额收益。否则,其他企业可能就会捷足先登,抢先占领技术制高点,获得超额利益。研发时间的紧迫性无疑增大了科研成果的研发难度和成本,这样的情况下要得出高技术含量的科研成果更加困难。在企业认为高校提供高技术含量科研成果的概率不是特别高的情况下,选择技术交易模式会降低企业面临的风险,将更多的风险转移给技术供给方。

结论 4.1.2:购买科研成果的价格越高,企业越愿意通过联合攻关模式进行协同创新和技术扩散。

根据式(4-4),购买科研成果的价格 p 越大,q^* 会越大,那么 $q<q^*$ 越容易被满足,则 $E(X_1)<E(X_2)$ 也越可能发生,这意味着此时企业选择联合攻关模式进行协同创新和技术扩散的意愿更大。可能的解释是,购买科研成果的价格增加,会增大企业的创新成本,此时如果选择比技术交易更加紧密的协同创新方式,不仅能够在一定程度上降低成本,还能够通过技术扩散提升自身的创新能力,可谓一举两得。

结论 4.1.3:在一定的市场需求紧迫程度和科研成果高技术含量的概率下,增强自身创新能力是企业提高讨价还价能力的有效渠道。

根据式(4-9),由于企业不清楚高校科研成果的实际价值,因此双方是在一定范围内进行讨价还价,最终确定技术交易的价格。企业确定交易价格,主要是根据市场需求的紧迫程度、自身的创新能力及科研成果高技术含量的概率来判断。市场需求的紧迫程度和科研成果高技术含量的概率均是企业不能控制的因素,企业最终还得根据自身的创新能力对交易价格进行判断。由前文假定已知,收益函数为创新能力的增函数,转化成本函数为创新能力的减函数,企业若想压低交易价格,则要通过提高自身创新能力,增大 $e(\beta_A)$、减小 $c(\beta_A)$ 来实现。

结论 4.1.4:在一定的市场需求紧迫程度和科研成果高技术含量的概率下,增强自身创新能力、不断提高科研成果实际价值是高校提高讨价还价能力的根本渠道。

根据式(4-9),高校想要提高科研成果的交易价格,就要增加 $V-A\eta c(\beta_B)$ 的值。在一定的市场需求紧迫程度下,要增加 $V-A\eta c(\beta_B)$ 的值,一方面可以通过提高自身的创新能力来实现,当高校的创新能力 β_B 增加,$c(\beta_B)$ 将减少,则 $V-A\eta c(\beta_B)$ 的值增加;另一方面,高校可以通过不断增加科研成果的实际价值来实现,这就要求高校尽可能创造出高技术含量的科研成果,即从根本上提升自己的创新能力，才能创造出更有价值的科研成果。需要注意的是，由于信息的不对称性，高校还有可能通过隐瞒或者欺骗的方式，不让企业知道自身科研成果的实际价值，这是企业需要提防和小心的。

结论4.1.5：在科研成果的技术含量高的情况下，当 $\dfrac{e'(\beta_A)-c'(\beta_A)}{e(\beta_A)-c(\beta_A)} > \dfrac{q\beta'_{A2}[e'(\beta_{A2})-c'(\beta_{A2})]+(1-q)\beta'_{A3}e'(\beta_{A3})}{q[e(\beta_{A2})-c(\beta_{A2})]+(1-q)e(\beta_{A3})}$ 时，随着企业创新能力的增加，企业与高校进行联合攻关的概率增加；当 $\dfrac{e'(\beta_A)-c'(\beta_A)}{e(\beta_A)-c(\beta_A)} < \dfrac{q\beta'_{A2}[e'(\beta_{A2})-c'(\beta_{A2})]+(1-q)\beta'_{A3}e'(\beta_{A3})}{q[e(\beta_{A2})-c(\beta_{A2})]+(1-q)e(\beta_{A3})}$ 时，随着企业创新能力的增加，企业与高校进行联合攻关的概率减小。

根据式（4-15），联合攻关时的利益分配比例 m 由企业和高校进行讨价还价得出。m 的变化范围越小，则企业和高校进行联合攻关的概率越大。

为了便于分析，我们令 $F(\beta_A) = \dfrac{e(\beta_A)-c(\beta_A)}{q[e(\beta_{A2})-c(\beta_{A2})-e(\beta_{A3})]+e(\beta_{A3})}$，假设 β_{A2} 和 β_{A3} 均为 β_A 的增函数，则对 $F(\beta_A)$ 关于 β_A 求导可得：

$$F'(\beta_A) = \frac{[e'(\beta_A)-c'(\beta_A)]\{q[e(\beta_{A2})-c(\beta_{A2})]+(1-q)e(\beta_{A3})\}-[e(\beta_A)-c(\beta_A)]\{q\beta'_{A2}[e'(\beta_{A2})-c'(\beta_{A2})]+(1-q)\beta'_{A3}e'(\beta_{A3})\}}{\{q[e(\beta_{A2})-c(\beta_{A2})]+(1-q)e(\beta_{A3})\}^2}$$

令 $F'(\beta_A) > 0$，则可得：

$$\frac{e'(\beta_A)-c'(\beta_A)}{e(\beta_A)-c(\beta_A)} > \frac{q\beta'_{A2}[e'(\beta_{A2})-c'(\beta_{A2})]+(1-q)\beta'_{A3}e'(\beta_{A3})}{q[e(\beta_{A2})-c(\beta_{A2})]+(1-q)e(\beta_{A3})}$$

此时 $F(\beta_A)$ 为 β_A 的增函数，随着 β_A 的增加，$F(\beta_A)$ 增加，根据式（4-15）可知，$1-F(\beta_A)$ 的值变小，分配比例 m 的变化范围变小，则企业与高校进行联合攻关的概率增加。令 $F'(\beta_A) < 0$，则有：

$$\frac{e'(\beta_A)-c'(\beta_A)}{e(\beta_A)-c(\beta_A)} < \frac{q\beta'_{A2}[e'(\beta_{A2})-c'(\beta_{A2})]+(1-q)\beta'_{A3}e'(\beta_{A3})}{q[e(\beta_{A2})-c(\beta_{A2})]+(1-q)e(\beta_{A3})}$$

此时 $F(\beta_A)$ 为 β_A 的减函数，随着 β_A 的增加，$F(\beta_A)$ 减小，根据式（4-15）

可知，$1-F(\beta_A)$的值变大，分配比例m的变化范围变大，则企业与高校进行联合攻关的概率减小。

结论4.1.6：在既定的市场需求和高校科研成果技术含量高的情况下，当高校的创新能力强或科研成果的实际价值增加时，企业和高校进行联合攻关的可能性增加。

根据式（4-15），$\dfrac{V-A\eta c(\beta_B)}{\eta[e(\beta_{A2})-c(\beta_{A2})]}$的值越大，分配比例$m$的变化范围越小，企业和高校进行联合攻关的可能性越大。对于高校来说，可控的主要因素为科研成果的实际价值和自身的创新能力。当高校提升科研成果的质量，使科研成果有更高的价值时，V增大，$\dfrac{V-A\eta c(\beta_B)}{\eta[e(\beta_{A2})-c(\beta_{A2})]}$的值增大，分配比例$m$的变化范围变小，则企业和高校进行联合攻关的可能性变大；当高校的创新能力增强时，其自主进行成果市场化时的成本越低，则也会增大$\dfrac{V-A\eta c(\beta_B)}{\eta[e(\beta_{A2})-c(\beta_{A2})]}$的值，缩小分配比例$m$的变化范围，提高进行联合攻关的概率。

综上所述，企业对技术扩散模式的选择是一个很复杂的过程，企业需要综合考虑自身创新能力、合作方创新能力和市场因素等各方面因素，对短期期望利益、长期期望利益和成本进行比较权衡后再做决定。

4.3 学研主导型协同创新的技术扩散路径

4.3.1 学研主导型协同创新技术扩散的关键因素

4.3.1.1 技术知识的性质与黏性

与普通物质不同，技术知识往往具有自身独特的性质，例如抽象性、相对不可移动性、难以模仿性和环境依赖性等。因此，技术知识往往在其所产生的外部环境中存在黏性。在技术扩散的过程中，技术扩散方和技术接收方必须要付出相应成本，才能顺利地输出或接收知识。技术知识的黏性越大，扩散方和接收方要付出的成本也越高。

技术知识的黏性受到多方面因素的影响，尤其是受到技术扩散主体的相关因素的影响。首先是技术扩散方的主观意志。在学研主导型协同创新中，技术扩散方主要是高校或科研机构。如果在技术扩散的过程中，作为技术知识创造者和拥有者的高校或科研机构态度消极、防备观念强、缺乏对技术接收方的信任，那么知识的黏性就会增加。其次是技术接收方的主体意识。技术接收方的态度和吸收能力会直接影响技术扩散的效果。在学研主导型协同创新技术扩散中，如果作为技术接收方的企业等组织没有明确的从高校或科研机构获取技术知识的战略意图，或者缺乏吸收技术知识的动力和将技术知识挖掘转化的能力，也会增加知识的黏性，提高技术扩散成本。再次，技术扩散方和技术接收方之间的差异也将影响知识黏性。协同创新中的各方拥有不同的技术习惯、制度文化和知识基础，如果双方不能处理好这些差异，那么差异越大，知识黏性越大。最后，技术知识的类型也是影响知识黏性的重要因素。如第二章中的分析，协同创新涉及多种类型的知识，技术知识的隐性化程度越高、复杂性越大、专业性越强，知识黏性也会越大。

4.3.1.2 学研方的创新能力和技术扩散能力

学研方的创新能力是指高校或科研机构的学术水平和综合实力，包括学研方的创新资源投入力度、创新基础设施情况、创新成果产出情况、创新人才培育能力和创新组织和管理能力等方面。在学研主导型协同创新中，高校或科研机构要同时担任协同创新的知识创造方和主导方，这要求高校或科研机构必须具备雄厚的科研实力、扎实的人才基础和一定的组织管理能力，才能保证协同创新的开展和技术扩散的进行。因此，学研方的创新能力无疑是影响协同创新技术扩散的关键。

4 协同创新的技术扩散路径

技术扩散能力是学研方创新能力的延伸,它是指学研方向企业或其他协同创新伙伴传递知识的能力。技术扩散能力将直接影响扩散程度和扩散成本。在学研主导型协同创新中,针对不同类型的技术知识,学研方技术扩散能力的体现方式也不同。例如对于显性技术知识,学研方的技术扩散能力体现为是否能对技术知识进行正确表述,是否能通过有效建立协同创新知识库等方式进行知识扩散;对于隐性技术知识,学研方的技术扩散能力体现为技术知识显性化能力,即是否能借助一定的技术工具实现技术知识的有效扩散。

4.3.1.3 接收方的学习创新能力和吸收能力

接收方指的是学研主导型协同创新中,与高校进行合作的企业或其他组织。协同创新的技术扩散对于技术知识接收方来说是一个通过学习进行创新的过程,接收方的学习创新能力是指企业或其他组织通过有目的、主动性的学习获得新技术、新知识,并将学习到的技术知识进行融合创新、应用的能力。只有通过企业等接收方的学习、吸收和理解,才能真正实现技术知识的扩散,而接收方的学习创新能力则是这个过程的关键因素。学习创新能力主要和接收方企业的人力资本水平和知识积累相关。如果企业人力资本水平较高,员工的学习吸收能力强,那将会降低技术扩散的成本,扩大新技术知识的使用规模;如果企业的知识存量充足,则将减少与主导方的知识差距,也会促进技术知识的扩散。

4.3.2 学研主导型协同创新技术扩散的博弈模型

4.3.2.1 基本假设与模型构建

本部分我们将构建一个博弈模型来对学研主导型协同创新的技术扩散进行分析。为了便于分析,模型假设一个学研主导型的协同创新联盟仅由高校 A 和企业 B 组成,高校 A 是该联盟的主导者。如前文分析,在学研主导型协同创新中，高校作为主导者，不仅要承担研究开发和技术扩散的主要任务，还应担当起主要的研发风险。

假设在学研主导型协同创新中，高校与企业通过合同约定进行技术知识共享，共享比例为φ，高校和企业的技术知识投入分别为k_A和k_B，则高校将把φk_A的技术知识拿出来与企业分享，企业将把φk_B的技术知识拿出来与高校分享。在柯布—道格拉斯生产函数的基础上，借鉴Knott和Bryce、Amir和Evstigneev等关于技术知识投入和技术知识溢出的生产函数模型，可以将高校A和企业B的技术知识生产函数分别表示为：

$$Q_A = A k_A^{\delta_A} (\varphi k_B)^{\delta_B} (A>0,\ 0<\delta_A<1,\ 0<\delta_B<1,\ 0<\varphi<1) \quad (4-20)$$

$$Q_B = A k_B^{\delta_B} (\varphi k_A)^{\delta_A} (A>0,\ 0<\delta_A<1,\ 0<\delta_B<1,\ 0<\varphi<1) \quad (4-21)$$

其中，Q_A和Q_B分别表示高校A和企业B在协同创新过程中的知识产出，A表示协同创新过程中非知识要素投入对知识产出的影响，δ_A和δ_B分别表示高校和企业的产出弹性。根据前面的理论分析，在学研主导型的协同创新中，高校往往拥有远远强于企业的研发能力，因此在此模型中，我们假设技术的扩散是单向的，即高校的知识可以向企业扩散，但企业的知识不能向高校扩散。另外，我们假设高校和企业知识产出的边际收益分别为ρ_A和ρ_B（$0<\rho_A<1$，$0<\rho_B<1$）。

在学研主导型协同创新的过程中，高校和企业对于技术扩散都有两种基本策略：消极扩散和积极扩散。当高校采取积极扩散的策略时，其会主动将η（$0<\eta<1$）比例的知识扩散给企业，并增加相应的技术扩散支出，例如增加用于非正式交流的支出、组织学术会议和为企业科研人员提供培训等；当高校采取消极扩散的策略时，就不会将合约规定以外的知识扩散给企业，也不会增加额外技术扩散支出。对于企业来说，虽然企业的知识不能向高校扩散，但是企业仍然可以对技术扩散保持一个积极的态度，来促进高校知识的扩散和增强自身对技术的吸收效果。因此，当企业采取积极扩散的策略时，企业会想办法鼓励高校进行技术扩散，并且增加对知识转化吸收的支出。这

4 协同创新的技术扩散路径

里,我们假设企业会用技术扩散补贴的方式鼓励高校进行技术扩散,对高校提供的每单位知识提供 s 的补贴。当企业采取消极的策略时,企业则对技术扩散不作为,只愿意支付最低限度的知识转化吸收支出。因此,高校和企业的策略选择共同构成四种组合:(积极扩散,积极扩散);(积极扩散,消极扩散);(消极扩散,积极扩散);(消极扩散,消极扩散)。下面,我们分别构建各个组合下的支付函数。

(1)(积极扩散,积极扩散)策略组合的支付函数。

当高校和企业都采取积极扩散的策略时,高校 A 的收益由两部分组成:一部分是知识产出的收益 $\rho_A Q_A$,即 $\rho_A A k_A^{\delta_A}(\varphi k_B)^{\delta_B}$;另一部分为来自企业的技术扩散补贴 $s(\varphi+\eta)k_A$。高校的成本由三部分构成:一是合约内的知识投入成本,为 $(1+\varphi)k_A$;二是主动扩散的知识投入成本 ηk_A;三是为了促进技术扩散而进行的支出,这部分支出又包括两个部分,一部分是高校与企业知识交流中的必要支出 a_A,另一部分是高校为了加大技术扩散的效果而进行的支出,假设该部分支出受到高校自身的创新能力、知识黏性和知识投入的影响,因此可将这部分支出表示为 $c_A = \dfrac{b}{\beta_A} k_A$,其中,$b$ 为知识的黏性程度,β_A 为高校的创新能力。在高校的积极扩散策略下,有 $c_{A1} = \dfrac{b}{\beta_A}(\varphi+\eta)k_A$。此外,高校作为协同创新的主导者,还要承担研发的所有风险,假设研发成功,将带来 τ 的额外收益;如果研发失败,则将造成 σ 的损失,研发成功的概率为 r,则研发失败的概率为 $1-r$。则高校 A 的支付函数可以构建如下:

$$\pi_{A1} = r[\rho_A A k_A^{\delta_A}(\varphi k_B)^{\delta_B} + s(\varphi+\eta)k_A - (1+\varphi)k_A - \eta k_A - a_A - c_{A1} + \tau] + (1-r)[\rho_A A k_A^{\delta_A}(\varphi k_B)^{\delta_B} + s(\varphi+\eta)k_A - (1+\varphi)k_A - \eta k_A - a_A - c_{A1} - \sigma]$$

整理得:

$$\pi_{A1} = \rho_A A k_A^{\delta_A}(\varphi k_B)^{\delta_B} + s(\varphi+\eta)k_A - (1+\varphi)k_A - \eta k_A - a_A - \dfrac{b}{\beta_A}(\varphi+\eta)k_A + r(\tau+\sigma) - \sigma \quad (4-22)$$

对于企业B，在高校的积极扩散和自身的积极配合下，其得到了$(\varphi+\eta)k_A$的知识，因此其收益为$\rho_B Q_B = \rho_B A k_B^{\delta_B}[(\varphi+\eta)k_A]^{\delta_A}$。企业的成本主要由三部分构成：一是合约内的知识投入成本，为$(1+\varphi)k_B$；二是其对高校的技术扩散补贴支出，即$s(\varphi+\eta)k_A$；三是企业为了促进技术扩散而进行的支出，这部分支出也包括两个部分，一部分是企业与高校进行知识交流和知识吸收所需的必要支出a_B，这也是企业吸收知识所需的最低支出，另一部分是企业为了强化知识吸收的效果而主动进行的花费，假设该部分支出受到企业自身的创新能力、知识黏性和所需要转换的知识量的影响，因此可将这部分支出表示为$c_B = \frac{b}{\beta_B} k_A$，其中，$b$为知识的黏性程度，$\beta_B$为企业的创新能力。在企业积极扩散的情况下，有$c_{B1} = \frac{b}{\beta_B}(\varphi+\eta)k_A$。则企业B的支付函数可以构建如下：

$$\pi_{B1} = \rho_B A k_B^{\delta_B}[(\varphi+\eta)k_A]^{\delta_A} - (1+\varphi)k_B - s(\varphi+\eta)k_A - a_B - \frac{b}{\beta_B}(\varphi+\eta)k_A \quad (4-23)$$

（2）（积极扩散，消极扩散）策略组合的支付函数。

当高校采取积极扩散策略，企业采取消极扩散策略时，高校不会得到企业的技术扩散补贴，此外，高校的知识产出收益和成本与策略组合（积极扩散，积极扩散）中一样。同样，高校还需承担所有的研发风险。此时，高校A的支付函数可以构建为：

$$\pi_{A2} = \rho_A A k_A^{\delta_A}(\varphi k_B)^{\delta_B} - (1+\varphi)k_A - \eta k_A - a_A - \frac{b}{\beta_A}(\varphi+\eta)k_A + r(\tau+\sigma) - \sigma \quad (4-24)$$

对于企业B，由于其采取消极扩散的策略，因此不会为高校提供技术扩散补贴，也不会为知识吸收增加支出，这种消极的态度势必会对其知识吸收的效果产生影响，即使高校在努力向企业进行技术扩散，企业也不能将这些知识完全吸收和利用。假设对于高校主动扩散的知识ηk_A，企业能够吸收利用的比例为$p(0<p<1)$。则企业此时的收益为$\rho_B Q_B = \rho_B A k_B^{\delta_B}[(\varphi+p\eta)k_A]^{\delta_A}$。企业此时的成本主要包括两部分：一是合约内的知识投入成本，为$(1+\varphi)k_B$；二是企业与高校进行知识交流和知识吸收所需的必要支出a_B。因此，企业B

4 协同创新的技术扩散路径

的支付函数可以构建如下：

$$\pi_{B2}=\rho_B A k_B^{\delta_B}\left[(\varphi+p\eta)k_A\right]^{\delta_A}-(1+\varphi)k_B-a_B \quad (4-25)$$

（3）（消极扩散，积极扩散）策略组合的支付函数。

当高校采取消极扩散的策略，企业采取积极扩散的策略时，高校不再主动向企业扩散知识 ηk_A，但是企业仍然愿意给予高校技术扩散补贴，补贴力度为 $s\varphi k_A$。因此，高校此时的收益为 $\rho_A A k_A^{\delta_A}(\varphi k_B)^{\delta_B}+s\varphi k_A$。高校的成本主要包括两部分：一是合约内的知识投入成本，为 $(1+\varphi)k_A$；二是高校与企业知识交流中的必要支出 a_A，此时高校不再愿意花费更多的成本来加强技术扩散效果。同样，研发风险仍然由主导方高校承担。因此，高校 A 的支付函数可以构建如下：

$$\pi_{A3}=\rho_A A k_A^{\delta_A}(\varphi k_B)^{\delta_B}+s\varphi k_A-(1+\varphi)k_A-a_A+r(\tau+\sigma)-\sigma \quad (4-26)$$

对于企业 B，由于高校的消极态度，其只能得到合约规定的共享知识，因此其收益为 $\rho_B Q_B=\rho_B A k_B^{\delta_B}(\varphi k_A)^{\delta_A}$。企业的成本分为三部分：一是合约内的知识投入成本，为 $(1+\varphi)k_B$；二是其对高校的技术扩散补贴支出 $s\varphi k_A$；三是企业吸收转化知识的必要支出和额外支出，为 $a_B+\dfrac{b}{\beta_B}\varphi k_A$。则企业 B 的支付函数可以构建为：

$$\pi_{B3}=\rho_B A k_B^{\delta_B}(\varphi k_A)^{\delta_A}-(1+\varphi)k_B-s\varphi k_A-a_B-\dfrac{b}{\beta_B}(\varphi+\eta)k_A \quad (4-27)$$

（4）（消极扩散，消极扩散）策略组合的支付函数。

当高校和企业都采取消极扩散的策略时，高校只按合约比例向企业共享知识，只愿意在知识交流中支付必需成本；企业不会给高校提供技术扩散补贴，也只愿意在知识交流中支付必需成本。但是，高校仍然要承担所有研发风险。此时高校和企业的支付函数可以分别构建如下：

$$\pi_{A4}=\rho_A A k_A^{\delta_A}(\varphi k_B)^{\delta_B}-(1+\varphi)k_A-a_A+r(\tau+\sigma)-\sigma \quad (4-28)$$

$$\pi_{B4}=\rho_B A k_B^{\delta_B}(\varphi k_A)^{\delta_A}-(1+\varphi)k_B-a_B \quad (4-29)$$

将各个策略组合的支付函数以表格的形式进行总结，如表 4-2 所示。

表 4-2 学研主导型协同创新技术扩散博弈的支付矩阵

项目		高校 A	
		积极扩散	消极扩散
企业 B	积极扩散	$\pi_{A1} = \rho_A A k_A^{\delta_A}(\varphi k_B)^{\delta_B} + s(\varphi+\eta)k_A - (1+\varphi)k_A - \eta k_A - a_A - \dfrac{b}{\beta_A}(\varphi+\eta)k_A + r(\tau+\sigma) - \sigma$ $\pi_{B1} = \rho_B A k_B^{\delta_B}[(\varphi+\eta)k_A]^{\delta_A} - (1+\varphi)k_B - s(\varphi+\eta)k_A - a_B - \dfrac{b}{\beta_B}(\varphi+\eta)k_A$	$\pi_{A3} = \rho_A A k_A^{\delta_A}(\varphi k_B)^{\delta_B} + s\varphi k_A - (1+\varphi)k_A - a_A + r(\tau+\sigma) - \sigma$ $\pi_{B3} = \rho_B A k_B^{\delta_B}(\varphi k_A)^{\delta_A} - (1+\varphi)k_B - s\varphi k_A - a_B - \dfrac{b}{\beta_B}(\varphi+\eta)k_A$
	消极扩散	$\pi_{A2} = \rho_A A k_A^{\delta_A}(\varphi k_B)^{\delta_B} - (1+\varphi)k_A - \eta k_A - a_A - \dfrac{b}{\beta_A}(\varphi+\eta)k_A + r(\tau+\sigma) - \sigma$ $\pi_{B2} = \rho_B A k_B^{\delta_B}[(\varphi+p\eta)k_A]^{\delta_A} - (1+\varphi)k_B - a_B$	$\pi_{A4} = \rho_A A k_A^{\delta_A}(\varphi k_B)^{\delta_B} - (1+\varphi)k_A - a_A + r(\tau+\sigma) - \sigma$ $\pi_{B4} = \rho_B A k_B^{\delta_B}(\varphi k_A)^{\delta_A} - (1+\varphi)k_B - a_B$

4.3.2.2 模型求解与分析

假设高校 A 选择积极扩散和消极扩散的概率分别为 X_A 和 $1-X_A$，企业 B 选择积极扩散和消极扩散的概率分别为 X_B 和 $1-X_B$，假定双方对于对方选择策略的概率都能有所预期。给定企业 B 的积极扩散概率为 X_B，则可先对高校 A 选择积极扩散和消极扩散的期望收益进行分析。

当高校 A 选择积极扩散策略，即 $X_A = 1$ 时，它的期望收益为：

$$E(1, X_B) = X_B \pi_{A1} + (1-X_B)\pi_{A2}$$

经过整理，得到：

$$E(1, X_B) = \rho_A A k_A^{\delta_A}(\varphi k_B)^{\delta_B} - (1+\varphi)k_A - \eta k_A - a_A - \dfrac{b}{\beta_A}(\varphi+\eta)k_A + r(\tau+\sigma) - \sigma + X_B s(\varphi+\eta)k_A \quad (4-30)$$

当高校 A 选择消极扩散策略时，即 $1-X_A=1$ 时，它的期望收益为：

$$E(0, X_B) = X_B \pi_{A3} + (1-X_B)\pi_{A4}$$

经过整理，得到：

4 协同创新的技术扩散路径

$$E(0,X_B) = \rho_A A k_A^{\delta_A}(\varphi k_B)^{\delta_B} - (1+\varphi)k_A - a_A + r(\tau+\sigma) - \sigma + X_B s\varphi k_A \quad (4\text{-}31)$$

令 $E(1,X_B) = E(0,X_B)$，可得：

$$X_B^* = \frac{\eta\beta_A + b(\varphi+\eta)}{s\eta\beta_A}; \quad 0 \leq b(\varphi+\eta) \leq \eta\beta_A(s-1) \quad (4\text{-}32)$$

根据式（4-32）可知，当企业 B 选择积极扩散的概率大于 X_B^* 时，高校 A 的最优策略是选择积极扩散；当企业 B 选择积极扩散的概率小于 X_B^* 时，高校 A 的最优策略是选择消极扩散；当企业 B 选择积极扩散的概率等于 X_B^* 时，高校 A 选择积极扩散或者消极扩散无差异。因此，高校 A 选择积极扩散的 X_B 的概率空间为 $(X_B^*, 1]$，选择消极扩散的 X_B 的概率空间为 $[0, X_B^*)$，即当协同创新的企业伙伴选择积极扩散的概率较高时，高校也更有可能采取积极扩散的策略。

相似的，给定高校 A 的积极扩散的概率 X_A，也可以得出企业 B 选择积极扩散和消极扩散时的期望收益，分别如下所示：

$$E(X_A,1) = X_A\pi_{B1} + (1-X_A)\pi_{B3} \quad (4\text{-}33)$$

$$E(X_A,0) = X_A\pi_{B2} + (1-X_A)\pi_{B4} \quad (4\text{-}34)$$

令 $E(X_A,1) = E(X_A,0)$，可得：

$$X_A^* = \frac{\varphi(s\beta_B + b)}{\beta_B\rho_B A k_B^{\delta_B} k_A^{\delta_A-1}\left[(\varphi+\eta)^{\delta_A} - (\varphi+p\eta)^{\delta_A}\right] - s\eta\beta_B - b\eta} \quad (4\text{-}35)$$

且（4-35）应满足 $0 \leq X_A^* \leq 1$，则有：

$$0 \leq \varphi(s\beta_B + b) \leq \beta_B\rho_B A k_B^{\delta_B} k_A^{\delta_A-1}\left[(\varphi+\eta)^{\delta_A} - (\varphi+p\eta)^{\delta_A}\right] - s\eta\beta_B - b\eta \quad (4\text{-}36)$$

根据式（4-32）可知，当高校 A 选择积极扩散的概率大于 X_A^* 时，企业 B 的最优策略是选择积极扩散；到高校 A 选择积极扩散的概率小于 X_A^* 时，企业 B 的最优策略是选择消极扩散；当高校 A 选择积极扩散的概率等于 X_A^* 时，企业 B 可随机地选择积极扩散或者消极扩散策略。因此，企业 B 选择积极扩散的 X_A 的概率空间为 $(X_A^*, 1]$，选择消极扩散的 X_A 的概率空间为 $[0, X_A^*)$，即当高校进行积极扩散策略的概率增加时，企业也倾向于采取积极扩散的策略。高校和企业的概率空间可以用图 4-9 表示。

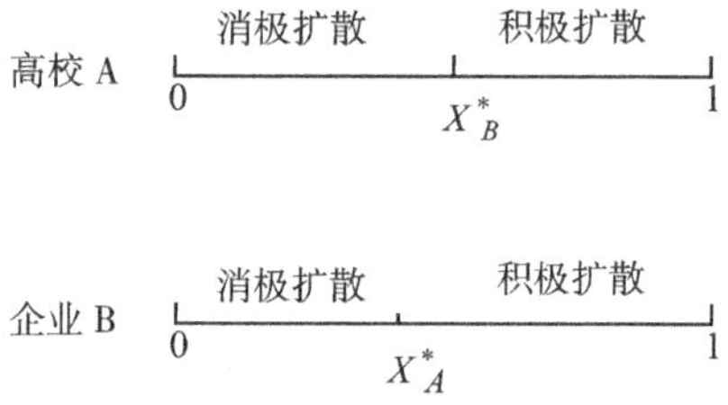

基于以上分析，我们可以分别从高校 A 和企业 B 的角度得到一些结论。对于主导者高校 A，我们可以得出以下结论：

结论 4.2.1：知识的黏性程度越大，则高校采取积极扩散策略的可能性就越小。

图 4-9 企业主导型协同创新中高校和企业策略选择的概率空间

根据式（4-32），随着知识黏性程度 b 的增加，X_B^* 将逐渐增大。如图 4-9 所示，高校 A 的策略选择临界点将会向右移动，那么高校选择积极扩散策略的概率空间也会随之缩小，这意味着高校 A 只有在企业 B 有更高的积极扩散策略概率时，才会在协同创新中选择积极扩散。这是因为，知识黏性增加，技术扩散的难度将会增大，高校需要付出更多努力和成本才能在协同创新中将知识扩散给企业，如果企业积极扩散策略的概率低，那么高校将可能付出更高的成本和面对更大扩散效果不理想的风险。因此，知识黏性的增加提升了高校 A 选择积极扩散策略的门槛，从而降低了其选择积极扩散策略的概率。

结论 4.2.2：高校的创新能力增加，则高校越有可能采取积极扩散策略。

根据式（4-32），随着高校创新能力 β_A 的增强，X_B^* 将逐渐减小。如图 4-9 所示，高校 A 的策略选择临界点将会向左移动，则高校 A 选择积极扩散的 X_B 的概率空间（X_B^*, 1]将随之增大，换句话说，即使企业 B 采取积极扩散策略的概率相对比较低时，高校 A 仍然愿意采取积极扩散的策略。这是因为，高校的创新能力不仅关系到高校的基础研发能力，还关系到高校科研人员的专业素质和组织学习能力。在高校创新能力不断增强的过程中，一方面，高校的创新成果数量和质量不断提升，增强了高校与企业合作进行商业化的动机；另一方面，高校科研人员的技术素养和专业态度也会提升，将更好地发挥技术扩散纽带作用，降低技术扩散的成本。在这样的情况下，高校 A 将更愿意采取积极扩散的策略。

结论4.2.3：企业为高校提供的技术扩散补贴增加，则高校越有可能采取积极扩散策略。

根据式（4-32），随着企业对高校每单位知识投入技术扩散补贴s的增加，X_B^*将逐渐减小。如图4-9所示，高校A的策略选择临界点将会向左移动，则高校A选择积极扩散的X_B的概率空间（X_B^*，1］将随之增大，高校选择积极扩散策略的门槛降低，高校A更倾向于在协同创新中采取积极扩散的策略。这是因为，企业对高校的技术扩散补贴不仅直接降低了高校的技术扩散成本，还体现了企业在协同创新技术扩散中的积极态度，增强了高校与企业的合作信心，可以有效提高协同创新的效率和技术扩散的效果。

对于协同创新伙伴企业B，我们可以得出以下结论：

结论4.2.4：知识黏性的程度越大，则企业采取积极扩散的可能性越小。

根据式（4-35），我们将X_A^*对知识黏性程度b求一阶偏导，可得：

$$\frac{\partial X_A^*}{\partial b} = \frac{\varphi\{\beta_B\rho_B A k_B^{\delta_B} k_A^{\delta_A-1}[(\varphi+\eta)^{\delta_A}-(\varphi+p\eta)^{\delta_A}]-s\eta\beta_B-b\eta\}+\eta\varphi(s\beta_B+b)}{\{\beta_B\rho_B A k_B^{\delta_B} k_A^{\delta_A-1}[(\varphi+\eta)^{\delta_A}-(\varphi+p\eta)^{\delta_A}]-s\eta\beta_B-b\eta\}^2}$$

（4-37）

根据式（4-36）和式（4-37），容易判断$\frac{\partial X_A^*}{\partial b}>0$，即随着知识黏性程度$b$的增加，$X_A^*$将增大，则如图4-9所示，企业B的策略选择临界点会向右移动，那么企业选择积极扩散策略的概率空间也会随之缩小，这意味着企业B只有在高校A有更高的积极扩散策略概率时，才会选择在协同创新中选择积极扩散。这也是容易理解的，当知识的黏性程度增加，企业B对知识的吸收和转化难度也会增大，如果此时高校采取积极扩散的概率较低，那么企业B自己将更难处理和吸收高黏性的知识，可以预料到此时技术扩散的效果是很差的。因此，只有在高校采取积极扩散策略的概率门槛较高的情况下，企业才会选择积极扩散的策略，否则，企业更偏好于消极扩散。

结论4.2.5：企业的创新能力增强，则企业越有可能采取积极扩散的策略。

根据式（4-35），我们将X_A^*对企业创新能力β_B求一阶偏导，可得：

$$\frac{\partial X_A^*}{\partial \beta_B} = \frac{-\varphi b\{\rho_B A k_B^{\delta_B} k_A^{\delta_A-1}[(\varphi+\eta)^{\delta_A}-(\varphi+p\eta)^{\delta_A}]\}}{\{\beta_B \rho_B A k_B^{\delta_B} k_A^{\delta_A-1}[(\varphi+\eta)^{\delta_A}-(\varphi+p\eta)^{\delta_A}]-s\eta\beta_B-b\eta\}^2} \quad (4-38)$$

根据式（4-36）和式（4-38），可以判断出$\frac{\partial X_A^*}{\partial \beta_B}<0$，即随着企业创新能力的增加，$X_A^*$将减小，从图4-9可以看出，企业B的临界点$X_A^*$将向左移动，则企业选择积极扩散的概率空间$(X_A^*,1]$将会增大，企业选择积极扩散策略的可能性增加。这是因为，当企业B的创新能力增强时，企业吸收和利用外部知识进行再创新的能力也相应增强，则此时企业有更充足的信心和动力参与协同创新和进行技术扩散，因此企业将增大选择积极扩散策略的可能性，也相应降低了对高校积极扩散策略概率临界值的要求。

综上所述，在学研主导型协同创新中，高校和企业进行技术扩散的策略受到知识性质、各自的创新能力、创新主体合作意愿和技术扩散成本等多方面因素的影响。学研主导型协同创新的技术扩散是一个多方博弈的复杂过程，博弈论模型在一定程度上展示了学研主导型协同创新的技术扩散过程，但是仍然不够清晰和具体，因此后面我们还将借助系统动力学模型进行进一步模拟分析。

4.3.3　学研主导型协同创新技术扩散的实现形式

4.3.3.1　大学衍生企业

Roberts和Malonet等（1996）认为，衍生企业应满足两个条件：一是需要成立一家新的公司；二是建立该新公司的技术支持来自母组织。在大学衍生企业里，母组织即高校或者高校中的研究中心。还有学者认为大学衍生企业是指以使用高校研究成果进行产品生产和提供服务为目的而建立的公司。总之，大学衍生企业可以定义为由高校的员工、教师、学生或科研人员在高

4 协同创新的技术扩散路径

校环境下,以高校内的知识、技术和研发成果为基础,自主创办的科技型企业。大学衍生企业一般建立在高校附近,由于与高校的天然亲缘关系,因此大学衍生企业和高校往往有着各种正式或非正式的联系,可以便捷地得到高校的人才和技术支持。而且,由于大学衍生企业的创业者或技术人员同时也是技术知识的创造者,因此在大学衍生企业的技术研发、产品中试、成果产业化和销售过程中,隐性技术知识的交流和传递完全不是问题,可以有效地实现成果转化和技术扩散。图 4-10 展示了学研主导型协同创新与大学衍生企业的关系。

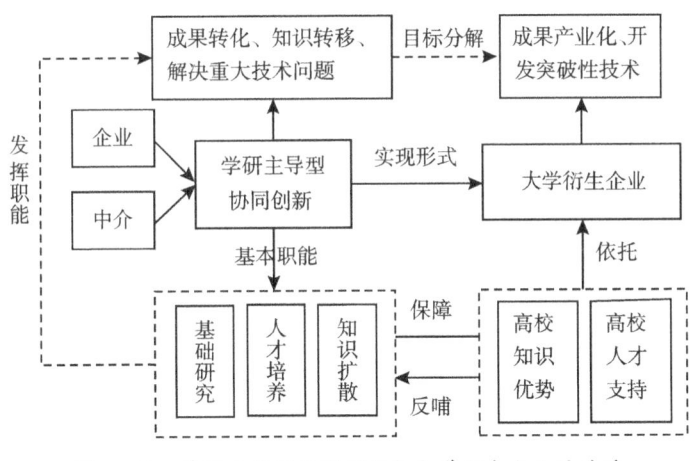

图 4-10 学研主导型协同创新与大学衍生企业的关系

在中国,大学衍生企业也被称为"校办企业""高校企业"或"大学科技企业"等。因为历史原因,作为知识和技术主要创造者的高校掌握了国内的大部分科技资源,而企业作为技术创新和知识应用的主体,吸收和应用创新成果的能力却不足,由此导致了大量科研成果的浪费。在这种情况下,高校依托自身优势直接创立衍生企业无疑是解决科技成果转化、实现技术扩散的一个有效办法。而且,对于风险大、周期长、不确定性高的突破性技术,一般企业不愿意进行开发,而作为研究者的高校教师或学生更了解技术的市场前景和技术风险,因此大学衍生企业就成了开发这些技术的最佳途径,从而也促进了新技术的产生和扩散。

4.3.3.2 大学科技园、高科技园区

大学科技园、高科技园区是以一所或多所研究型高校为依托,结合社会资源和高校在人才、技术、科技信息和设备等方面的优势,以推动科学技术进步和科研成果产业化为目标的社会组织。大学科技园和高科技园区形成了一个集政府优惠政策、高校创新要素、企业孵化群、中介服务机构群和配套服务机构群为一体的综合区域,为协同创新技术扩散的实现提供了良好的环境和土壤。目前,最著名的大学科技园是由高校创办的斯坦福科技园。斯坦福科技园创立于1951年,创园的目的是支持新企业的成立和研究开发。斯坦福科技园采取了一系列创新举措,在推动高新技术产业发展上获得了巨大成功,同时也为之后科技园区的建设提供了丰富的经验。其中最重要的一条经验是,坚持高校和科研机构作为园区的主导者,企业作为产业发展的支持者,政府作为协同创新的推动者,形成"官产学"的互动互补、协同创新。

4.3.3.3 高校技术转移中心

高校技术转移中心是将高校与企业联系起来的技术中介机构,其作用是保证高校与企业之间知识流动的顺畅和技术扩散的实现。高校技术转移中心是专门负责技术转移的机构,往往具有明确的职能,运作起来相当专业,而且与高校的技术成果管理转化相关部门联系密切。虽然技术转移中心在技术供需中主要起的是中介作用,但是一些具备一定实力的技术转移中心还可以承担起部分孵化的功能。从技术转移阶段来看,高校技术转移中心主要是在技术推广和技术应用的阶段发挥作用。高校技术转移中心最早起源于斯坦福大学成立的技术授权办公室(Office of Technology Licensing,OTL),目前已经成为国外高校经营知识产权、推动高校技术扩散的标准形式,例如牛津大学、哈佛大学和剑桥大学等都纷纷建立了相应的技术转移机构。在对国外经验进行学习的基础上,中国最早于20世纪末首次建立了高校技术转移中心。

在"建设创新型国家"重大战略方针提出后，为了促进高校技术成果的扩散，在科技部、教育部等部门的支持下，我国先后建立了超过200家国家技术转移示范机构。

4.3.3.4 人才培养型协同创新

高校本身就具备人才培养和知识扩散的基本职能，尤其是在以人才培养为主要目标的协同创新中，高校为了实现提高学生实践操作能力、职业能力和毕业生就业率的目标，通过利用企业的社会资源，将教学工作与生产实践相结合，为技术创新和社会发展培养大量高校毕业生，具体的形式包括定向招生、联合培养、产学联合办学、职工培训与继续教育、校企共建实践基地及校企人员流动等。例如，上海交通大学制定的"双导师"制度，通过聘用宝钢集团的高级技术人才和专家来校兼任研究生的导师，提高研究生将理论知识与实践结合的能力；大连理工大学与大连市、Intel公司联合创办了半导体技术学院，不仅为学校培养了电子方面的设计人才，还为企业提供了智力支持；等等。人才培养型协同创新将高校教学和科研条件与企业的生产设备和资金条件相结合，不仅让高校学生学习到企业生产、经营和管理知识，接受企业的技术扩散，成长为综合型人才，还能让高校毕业生作为技术扩散的载体，将先进的科研理论知识、参与科研项目的经验和实践中得到的技术知识扩散到企业中，实现高校与企业的共赢。

4.4 政府引导型协同创新的技术扩散路径

4.4.1 政府在协同创新技术扩散中的职能定位

由于市场机制不能解决所有问题，因此协同创新离不开政府的参与。在政府引导型协同创新的技术扩散中，政府一般会根据现实情况调整自己的功能定位，通过角色承担和职能发挥来起到良好的引导作用。

4.4.1.1 协同创新技术扩散的服务者

公共服务职能是政府的基本职能。在政府引导型协同创新技术扩散中，政府首先应扮演好一个服务者的角色，积极为协同创新的相关主体提供服务，主要有三方面的服务内容：一是提供好信息服务。政府应该根据掌握的信息资源及时发布相关的科技公共信息，及时向协同创新各方提供科技供给和需求信息，协助信息输入、输出和反馈。二是制定和执行相关公共政策。政府应为协同创新技术扩散打造较为宽松的政策环境，推动技术扩散的发展。三是完善基础设施建设，搭建好各种交流平台，如信息交流平台、资源共享平台和成果转化平台等。基础设施建设是协同创新技术扩散的基本支撑，只有基础支撑做好了，协同创新各方的知识、资源流动才能更有效率。

4.4.1.2 协同创新技术扩散的协调者

政府应作为协同创新中技术扩散的协调者，在人力资源和工作组织等方面对创新主体各方进行协调。在人力资源方面，政府一要引导高校进行人才培养机制改革，培养出符合市场需求的创新型人才；二要鼓励企业积极吸纳创新型人才，将科技知识在生产力转化中扩散到企业。在工作组织方面，政府要在科技发展目标下通过项目或者政策工具等形式优化资源配置，引导创新资源合理流动，充分调动协同创新主体进行技术扩散的积极性。此外，政府还应协调创新主体的利益分配，调解各方的利益摩擦和冲突，维持协同创新结合体的稳定发展。

4.4.1.3 协同创新技术扩散的参与者

在政府引导型协同创新中，政府虽然不是知识创新、技术转化的主体，但也作为参与者参与到技术扩散中。作为参与者，政府主要在政策创新和机制创新上发挥职能作用。首先，政府要在认清现实情况的基础上，认清自身的职责和划定权利范围，找到政策着力点，制定出具有科学性的引导性政策、激励性政策和协调性政策，优化资源配置，减少交易成本，推动技术扩散。其次，在自身运行机制方面，政府应在人员录用机制、参与决策机制和公务处理机制等方面有所创新，尽力满足创新主体的合理需求，引导高校、科研机构和企业之间的技术扩散顺利进行。

4.4.1.4 协同创新技术扩散的监督者

当出现"市场失灵"的问题时，政府这只"有形的手"就应该发挥监督者的作用，去管理市场无法解决的事情，尤其是在对知识产权的保护上。在协同创新技术扩散中，创新主体最担心的事情之一就是自己的核心技术被窃取或研究成果被不正当使用，导致经济利益、时间成本等各方面的损失，这种担心必然会影响他们进行技术扩散的积极性，使他们在协同创新中加强防备心。政府作为监督者，应该完善知识产权保护的相关法律法规，并且保证政策法规的严格执行，尽最大努力去保护协同创新主体的正当利益，以消除创新主体的后顾之忧，促进技术扩散的顺利进行。

4.4.2 政府引导型协同创新技术扩散的演化路径分析

协同创新模式是一种具有动态性和复杂性等特点的特殊组织形式，受复杂多变的外部环境和预期不确定性等因素的影响，参与协同创新的合作成员是有限理性的。同时，协同创新合作伙伴在进行技术扩散时，彼此的策略也会相互影响，这是一个缓慢演化和协调的过程。因此，可以用演化博弈框架对协同创新主体间的技术扩散博弈过程和路径进行分析。

演化博弈论源于生物进化论，它通过对群体演化的过程进行分析，进一步推导、演化出博弈的均衡状态。参与人为有限理性是演化博弈论中的基本假设，通过对基于演化初始条件的演化路径进行分析，可以得到群体博弈演化的稳定策略。由于参与人的有限理性，因此博弈参与方难以在每一次博弈中都采取最优策略，博弈的均衡状态建立在参与人对实际情况的不断模仿和改进中。通过长期权衡、模仿和改进的过程，最终所有参与人将会逐渐稳定地选择一个策略，这个策略即演化稳定策略。

本部分我们将构建一个政府引导型协同创新的演化博弈模型，来分析政府引导型协同创新技术扩散的演化路径。为便于分析，首先给出以下假设：

（1）该政府引导型协同创新主体分为企业和高校，两类主体相互影响，在协同创新中进行知识共享和扩散，他们的策略空间也为（积极扩散、消极扩散）。企业进行积极扩散的概率为 X_A，则其进行消极扩散的概率为 $1-X_A$；高校进行积极扩散的概率为 X_B，则其进行消极扩散的概率为 $1-X_B$，且有 X_A、$X_B \in [0, 1]$，均为时间 t 的函数。

（2）当企业和高校独立创新时，其预期收益为 π_A 和 π_B。通过协同创新中的技术扩散，企业和高校都将获得额外收益，协同创新带来的额外收益取决于企业和高校的原始知识存量和收益系数，k_A 和 k_B 分别表示企业和高校的初始知识存量，r_A 和 r_B 分别为企业和高校协同创新技术扩散的收益系数，该系数受创新主体对外部知识的吸收转化能力的影响，即当企业和高校都能积极合作时，他们从协同创新中得到的额外收益分别为 $k_B r_A$ 和 $k_A r_B$。企业和高校的成本分为两部分：一部分是协同创新的必要支出 a_A、a_B；另一部分是专门为了加强技术扩散而付出的成本 c_A、a_B。

（3）如果企业和高校不能同时对技术扩散保持积极态度，则企业和高校从协同创新技术扩散中得到的额外收益都将大打折扣，即只能得到部分双方都积极扩散时的额外收益。当企业积极扩散，高校消极扩散时，他们得到的额外收益比例分别为 p_A、p_B；当企业消极扩散，高校积极扩散时，他们得到的额外收益比例分别为 q_A、q_B；当双方都消极扩散时，他们得到的额外收益比例分别为 d_A、d_B，且 $p_i > d_i$，$q_i > d_i$，$i = (A, B)$。

（4）根据在政府引导型协同创新中的定位，政府将不会直接介入协同创新的过程中，对于协同创新中面临的问题，政府可以通过其他间接方式进行调控。这里假设政府将通过制定奖惩措施来对协同创新中的主体进行监管，以推动协同创新的顺利开展和稳定运行。政府将对进行积极扩散的协同创新主体给予 J 的奖励，对进行消极扩散的协同创新主体处于 H 的处罚。为便于分析，假设政府对企业和高校的奖惩是一样的。根据上述假设，可以得到政府引导下企业和高校双方博弈的支付矩阵，如表4-3所示。

表4-3 政府引导型协同创新技术扩散博弈的支付矩阵

项目		高校	
		积极扩散	消极扩散
企业	积极扩散	$\pi_A+k_Br_A-a_A-c_A+J$, $\pi_B+k_Ar_B-a_B-c_B+J$	$\pi_A+p_Ak_Br_A-a_A-c_A+J$, $\pi_B+p_Bk_Ar_B-a_B-H$
	消极扩散	$\pi_A+q_Ak_Br_A-a_A-H$, $\pi_B+q_Bk_Ar_B-a_B-c_B+J$	$\pi_A+d_Ak_Br_A-a_A-H$, $\pi_B+d_Bk_Ar_B-a_B-H$

下面在协同创新主体相互约束和影响下，采用演化博弈理论构建企业和高校的动态复制方程，进一步描述在政府奖惩引导下企业和高校的行为演化过程和路径。

企业选择积极扩散策略的收益期望函数为：

$$E_{A1}=y(\pi_A+k_Br_A-a_A-c_A+J)+(1-y)(\pi_A+p_Ak_Br_A-a_A-c_A+J) \quad (4-39)$$

企业选择消极扩散策略的收益期望函数为：

$$E_{A2}=y(\pi_A+q_Ak_Br_A-a_A-H)+(1-y)(\pi_A+d_Ak_Br_A-a_A-H) \quad (4-40)$$

企业的平均收益期望函数为：

$$E_A=xE_{A1}+(1-x)E_{A2} \quad (4-41)$$

因此，在政府引导型协同创新中，企业行为的动态复制方程为：

$$\begin{aligned}f(x,y)=dx/dt&=(E_{A1}-E_A)x=x(1-x)(E_{A1}-E_{A2})\\&=x(1-x)[yk_Br_A(1-q_A-p_A+d_A)+k_Br_A(p_A-d_A)-c_A+J+H]\end{aligned} \quad (4-42)$$

同理，可以得到高校的平均收益期望函数为：

$$E_B=yE_{B1}+(1-y)E_{B2} \quad (4-43)$$

在政府引导型协同创新中，高校行为的动态复制方程为：

$$g(x,y)=dy/dt=y(1-y)[xk_Ar_B(1-q_B-p_B+d_B)+k_Ar_B(q_B-d_B)-c_B+J+H]$$

$$(4-44)$$

为了求出协同创新中企业和高校在政府奖惩引导下的博弈均衡点，令：

$$\begin{cases} f(x,y) = dx/dt = 0 \\ g(x,y) = dy/dt = 0 \end{cases} \quad (4\text{-}45)$$

由此，可以得到在政府奖惩引导下，企业和高校进行技术扩散博弈的5个特殊的均衡点，即$O(0,0)$、$A(0,1)$、$B(1,0)$、$D\left(\dfrac{c_B-J-H-k_Ar_B(q_B-d_B)}{k_Ar_B(1-q_B-p_B+d_B)},\dfrac{c_A-J-H-k_Br_A(p_A-d_A)}{k_Br_A(1-q_A-p_A+d_A)}\right)$和$C(1,1)$。上述这5个均衡点构成了政府引导型协同创新主体技术扩散演化博弈解域的边界$\{(x,y)|0\leq x\leq 1;0\leq y\leq 1\}$，假设有$1-q_B-p_B+d_B>0$，$1-q_A-p_A+d_A>0$。

借助Friedman（1991）提出的方法，可以根据政府引导下企业和高校的动态复制方程得到雅可比矩阵，以此进一步进行技术扩散的演化稳定性分析。方程（4-45）的雅可比矩阵为：

$$\begin{bmatrix} (1-2x)[yk_Br_A(1-q_A-p_A+d_A)+k_Br_A(p_A-d_A)-c_A+J+H] & x(1-x)k_Br_A \\ y(1-y)k_Ar_B & (1-2y)[xk_Ar_B(1-q_B-p_B+d_B)+k_Ar_B(q_B-d_B)-c_B+J+H] \end{bmatrix}$$

通过对雅可比矩阵进行分析，可以得到以下几种情形：

情形1：当$J+H<c_A-k_Br_A(1-q_A)$，$J+H<c_B-k_Ar_B(1-p_B)$时，D不是演化博弈均衡点，此时政府引导下的企业和高校演化博弈的均衡点为$O(0,0)$、$A(0,1)$、$B(1,0)$和$C(1,1)$。其中，$O(0,0)$为演化博弈的演化稳定策略（ESS），$A(0,1)$和$B(1,0)$均为鞍点，$C(1,1)$为不稳定点。在这种情形下，企业和高校的演化博弈局部稳定分析如表4-4所示，演化路径如图4-11所示。从图4-11中可以看出，在政府引导下，企业和高校的技术扩散路径随着时

表4-4 系统局部稳定分析（情形1）

均衡点	$tr(J)$的符号	$|J|$的符号	稳定性
$O(0,0)$	−	+	ESS
$A(0,1)$	不确定	−	鞍点
$B(1,0)$	不确定	−	鞍点
$C(1,1)$	+	+	不稳定点

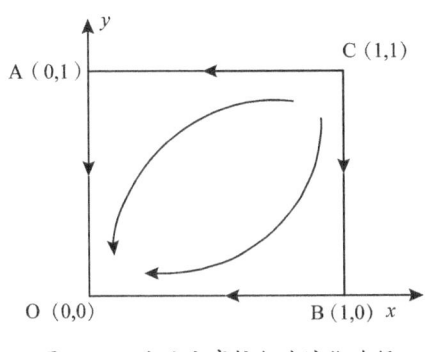

图 4-11 企业和高校行为演化路径
（情形 1）

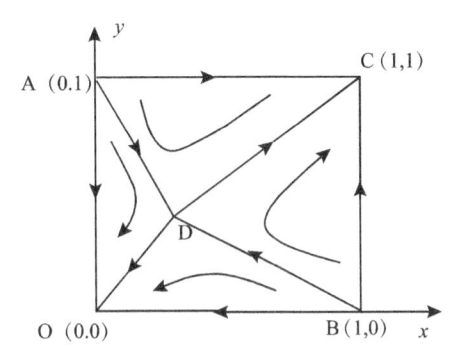

图 4-12 企业和高校行为演化路径
（情形 2）

间的推移最终都收敛于（消极扩散，消极扩散）。

情形 2：当 $c_A-k_Br_A(1-q_A)<J+H<c_A-k_Br_A(p_A-d_A)$，$c_B-k_Ar_B(1-p_B)<J+H<c_B-k_Ar_B(q_B-d_B)$ 时，$O(0,0)$、$A(0,1)$、$B(1,0)$、$D\left(\dfrac{c_B-J-H-k_Ar_B(q_B-d_B)}{k_Ar_B(1-q_B-p_B+d_B)},\dfrac{c_A-J-H-k_Br_A(p_A-d_A)}{k_Br_A(1-q_A-p_A+d_A)}\right)$ 和 $C(1,1)$ 均为演化博弈的均衡点，其中，$O(0,0)$ 和 $C(1,1)$ 为演化博弈的演化稳定策略（ESS），$A(0,1)$ 和 $B(1,0)$ 为不稳定点，D 为鞍点。在此政府引导情形下，企业和高校的演化博弈局部稳定分析如表 4-5 所示，演化路径如图 4-12 所示。

表 4-5 系统局部稳定分析（情形 2）

均衡点	$tr(J)$ 的符号	$|J|$ 的符号	稳定性
$O(0,0)$	−	+	ESS
$A(0,1)$	+	+	不稳定点
$B(1,0)$	+	+	不稳定点
$C(1,1)$	−	+	ESS
$D\left(\dfrac{c_B-J-H-k_Ar_B(q_B-d_B)}{k_Ar_B(1-q_B-p_B+d_B)},\dfrac{c_A-J-H-k_Br_A(p_A-d_A)}{k_Br_A(1-q_A-p_A+d_A)}\right)$	0	+	鞍点

情形 3：当 $c_B-k_Ar_B(q_B-d_B)<J+H<c_A-k_Br_A(p_A-d_A)$ 或 $c_A-k_Br_A(p_A-d_A)<J+H<c_B-k_Ar_B(q_B-d_B)$ 时，此时 D 不是演化博弈均衡点，政府引导下的企业和高校

演化博弈的均衡点仍为$O(0,0)$、$A(0,1)$、$B(1,0)$和$C(1,1)$。

当$c_B-k_Ar_B(q_B-d_B)<J+H<c_A-k_Br_A(p_A-d_A)$时，具体又分为两种情况：$J+H>c_A-k_Br_A(1-q_A)$和$J+H<c_A-k_Br_A(1-q_A)$。当$J+H>c_A-k_Br_A(1-q_A)$时，$O(0,0)$和$A(0,1)$为鞍点，$B(1,0)$为不稳定点，$C(1,1)$为演化博弈的演化稳定策略（ESS）；当$J+H<c_A-k_Br_A(1-q_A)$时，$O(0,0)$和$C(1,1)$为鞍点，$A(0,1)$为演化博弈的演化稳定策略（ESS），$B(1,0)$为不稳定点。此时的演化博弈均衡点和稳定性分析见表4-6，企业和高校的演化路径如图4-13（a）和（b）所示。

表4-6　系统局部稳定分析（情形3A）

均衡点	$J+H>c_A-k_Br_A(1-q_A)$			$J+H<c_A-k_Br_A(1-q_A)$		
	$tr(J)$的符号	$|J|$的符号	稳定性	$tr(J)$的符号	$|J|$的符号	稳定性
$O(0,0)$	不确定	−	鞍点	不确定	−	鞍点
$A(0,1)$	不确定	−	鞍点	−	+	ESS
$B(1,0)$	+	+	不稳定点	+	+	不稳定点
$C(1,1)$	−	+	ESS	不确定	−	鞍点

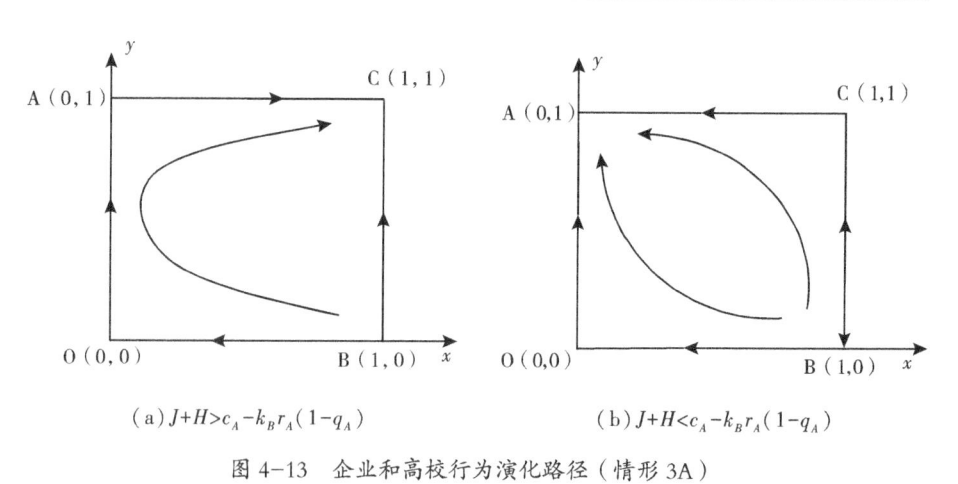

（a）$J+H>c_A-k_Br_A(1-q_A)$　　（b）$J+H<c_A-k_Br_A(1-q_A)$

图4-13　企业和高校行为演化路径（情形3A）

当$c_A-k_Br_A(p_A-d_A)<J+H<c_B-k_Ar_B(q_B-d_B)$时，具体也分为两种情况：一种为$J+H>c_B-k_Ar_B(1-p_B)$；另一种为$J+H<c_B-k_Ar_B(1-p_B)$。当$J+H>c_B-k_Ar_B(1-p_B)$

4 协同创新的技术扩散路径

时，$O(0,0)$ 和 $B(1,0)$ 为鞍点，$A(0,1)$ 为不稳定点，$C(1,1)$ 为演化博弈的演化稳定策略（ESS）；当 $J+H<c_B-k_Ar_B(1-p_B)$ 时，$O(0,0)$ 和 $C(1,1)$ 为鞍点，$A(0,1)$ 为不稳定点，$B(1,0)$ 为演化博弈的演化稳定策略（ESS）。此时的演化博弈均衡点和稳定性分析见表 4-7，企业和高校的演化路径如图 4-14（a）和（b）所示。

表 4-7 系统局部稳定分析（情形 3B）

均衡点	$J+H>c_B-k_Ar_B(1-p_B)$			$J+H<c_B-k_Ar_B(1-p_B)$		
	$tr(J)$ 的符号	|J| 的符号	稳定性	$tr(J)$ 的符号	|J| 的符号	稳定性
$O(0,0)$	不确定	−	鞍点	不确定	−	鞍点
$A(0,1)$	+	+	不稳定点	+	+	不稳定点
$B(1,0)$	不确定	−	鞍点	−	+	ESS
$C(1,1)$	−	+	ESS	不确定	−	鞍点

(a) $J+H>c_B-k_Ar_B(1-p_B)$

(b) $J+H<c_B-k_Ar_B(1-p_B)$

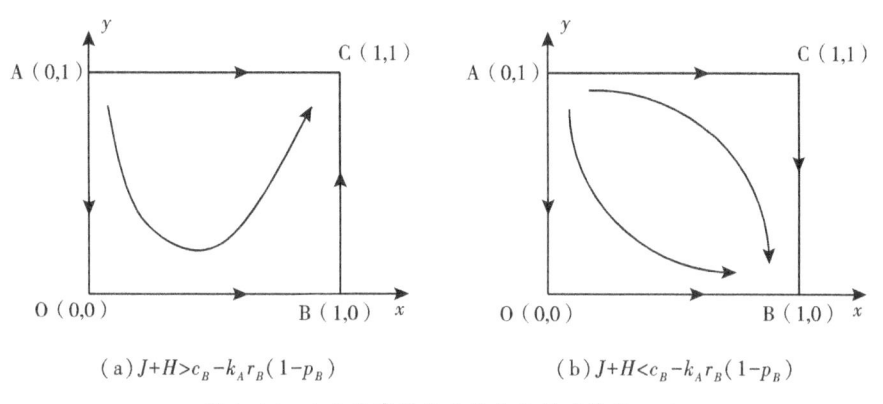

图 4-14 企业和高校行为演化路径（情形 3B）

情形 4：当 $J+H>c_A-k_Br_A(p_A-d_A)$，$J+H>c_B-k_Ar_B(q_B-d_B)$ 时，政府引导下的企业和高校演化博弈的均衡点仍为 4 个：$O(0,0)$、$A(0,1)$、$B(1,0)$ 和 $C(1,1)$，D 非均衡点。其中，$O(0,0)$ 为不稳定点，$A(0,1)$ 和 $B(1,0)$ 为鞍点，$C(1,1)$ 为演化博弈的演化稳定策略（ESS）。在此时，企业和高校的演化博弈局部稳定分析如表 4-8 所示，演化路径如图 4-15 所示。

表 4-8 系统局部稳定分析（情形 4）

均衡点	$tr(J)$ 的符号	$|J|$ 的符号	稳定性
$O(0,0)$	+	+	不稳定点
$A(0,1)$	不确定	−	鞍点
$B(1,0)$	不确定	−	鞍点
$C(1,1)$	−	+	ESS

根据上面对几种不同情形的分析，我们发现在协同创新中，企业和高校技术扩散的行为演化是否能最终收敛于帕累托最优均衡（积极扩散，积极扩散）与政府的奖惩引导力度相关。当政府的奖惩引导力度处于以下 3 种情况时，企业和高校的技术扩散行为将在演化过程中随着时间的推移，最终选择（积极扩散，积极扩散），保持协同创新的稳定开展。3 种情况分别为：

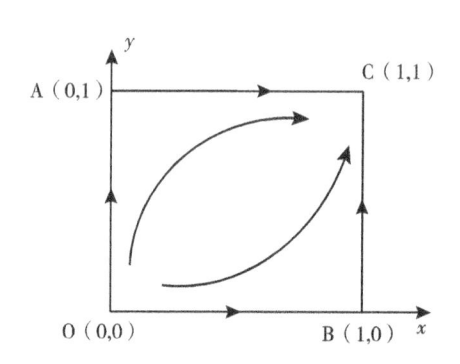

图 4-15 企业和高校行为演化路径（情形 4）

$$c_B - k_A r_B (q_B - d_B) < J + H < c_A - k_B r_A (p_A - d_A) 且 J + H > c_A - k_B r_A (1 - q_A)$$

$$c_A - k_B r_A (p_A - d_A) < J + H < c_B - k_A r_B (q_B - d_B) 且 J + H > c_B - k_A r_B (1 - p_B)$$

$$J + H > c_A - k_B r_A (p_A - d_A) 且 J + H > c_B - k_A r_B (q_B - d_B)$$

当政府的奖惩引导力度为 $c_A - k_B r_A (1 - q_A) < J + H < c_A - k_B r_A (p_A - d_A)$ 且 $c_B - k_A r_B (1 - p_B) < J + H < c_B - k_A r_B (q_B - d_B)$ 时，企业和高校的技术扩散行为最终可能演化为（积极扩散，积极扩散）或（消极扩散，消极扩散）。在这种情况下，如果要使企业和高校的博弈系统以最大的概率收敛于帕累托最优均衡（积极扩散，积极扩散），则应使企业和高校的策略选择落在 D 点的右上方，此时要求：

$$x > \frac{c_B - J - H - k_A r_B (q_B - d_B)}{k_A r_B (1 - q_B - p_B + d_B)}, \quad y > \frac{c_A - J - H - k_B r_A (p_A - d_A)}{k_B r_A (1 - q_A - p_A + d_A)}$$

可见，要增加实现上述不等式的概率，主要有以下4种途径：减小企业和高校在协同创新中技术扩散的成本c_A和c_B；在适当范围内增加政府的奖励力度J和惩罚力度H；增加企业和高校的初始知识存量k_A和k_B；增加企业和高校的收益系数r_A和r_B，这包括增强企业和高校对外部知识的吸收转化能力等。

当政府的奖惩引导力度为$J+H<c_A-k_Br_A(1-q_A)$，且$J+H<c_B-k_Ar_B(1-p_B)$时，企业和高校在协同创新中技术扩散的演化博弈最终会收敛于（消极扩散，消极扩散）。这说明，政府的奖励力度较小，将难以对企业和高校协同创新产生良好的引导作用，因此政府的引导力度存在一个适度范围的问题。此外，如果政府的管理机制不完善，在实际执行中不能对积极扩散的企业和高校进行有效的奖励，或者对消极扩散的企业和高校进行有效的处罚时，政府的引导作用最终也无法体现，企业和高校在协同创新中的技术扩散效果会越来越差，最终导致协同创新失败。

4.5 协同创新技术扩散的理论模型构建

根据前文的理论分析，本节进一步构建了协同创新模式下技术扩散路径的理论模型，如图4-16所示。

从图4-16中可以看出，企业主导型协同创新、学研主导型协同创新和政府引导型协同创新都是由企业、高校、科研机构和政府等主体组成的创新模式，各个主体在协同创新的过程中不断进行知识交流和技术扩散，每种协同创新模式在技术扩散路径中都各有其特点，但是不同协同创新模式之间的技术扩散也有联系。可以说，协同创新模式下的技术扩散是不同协同创新主体之间、不同协同创新模式之间互动影响的过程，其扩散路径存在多元性和交叉性。

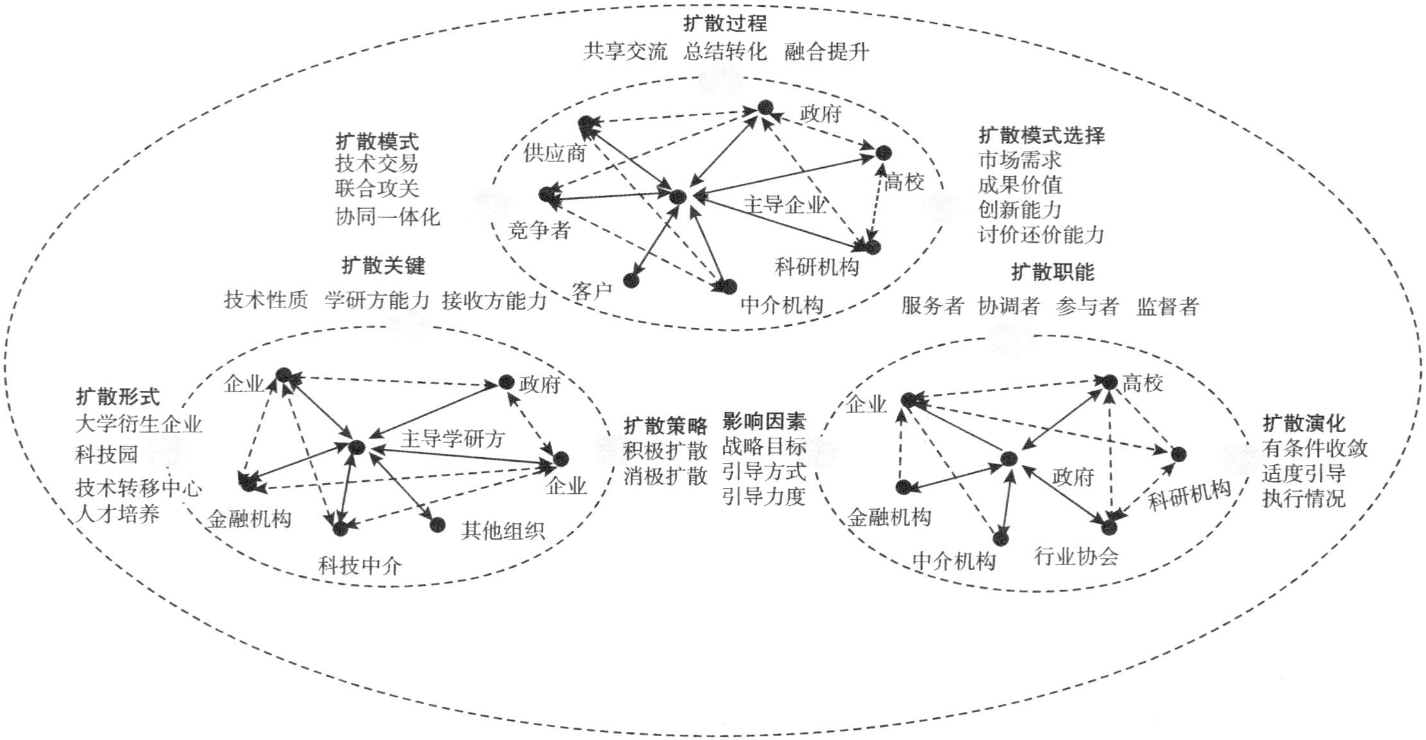

图 4-16 协同创新模式下技术扩散路径的理论模型

5 协同创新技术扩散路径的模拟与仿真

5.1 协同创新技术扩散的系统动力学模型构建基础

5.1.1 协同创新技术扩散路径模拟方法选择

协同创新的技术扩散不仅涉及企业、高校、科研机构、政府、中介机构和其他多种组织的互动，还受到协同创新主体内部和外部多种因素的影响。更复杂的是，从协同创新的模式来看，不同协同创新模式之间的技术扩散并不是孤立的，企业主导型协同创新、学研主导型协同创新和政府引导型协同创新在保持自身技术扩散的独特路径的同时，互相之间也有密不可分的联系。在不同模式的协同创新进行技术扩散时，很多影响因素会同时在其中产生作用。协同创新技术扩散的过程，其实是各种因素在不同协同创新模式中相互作用、相互反馈和相互交错的过程。因此，在分析协同创新的技术扩散路径时，不应将各个模式单独来看，而应该在考虑不同模式之间联系的基础上进行综合分析，既要关注不同协同创新模式下技术扩散路径的独有特点，也要关注各个模式之间的整体联系。

可见，由于协同创新技术扩散系统的复杂性，以及涉及因素、变量的多样性，一般的经济研究方法难以对协同创新技术扩散的路径进行深入分析。

而且，数据问题也是协同创新技术扩散路径研究中面临的重大挑战之一。协同创新技术扩散是个动态的过程，系统、完整的微观历史数据很难获得，而且涉及的很多因素和变量难以量化，因此，必须采用一种兼具动态性和数据包容性的分析工具来对协同创新技术扩散路径进行分析。系统动力学方法满足了上述要求，不仅能够反映不同协同创新模式下，创新主体进行技术扩散时的路径和影响因素之间的因果关系，还能通过对系统变量和状态的控制与设定来预测模拟技术扩散的路径。

因此，本部分将根据上一章的分析，主要从微观视角出发，通过构建和仿真协同创新技术扩散系统动力学模型来揭示协同创新的各个创新主体之间的技术扩散路径，分析各种影响因素在路径中的影响，发现不同协同创新模式下技术扩散的特点和规律，以及在各个模式的相互作用下整体技术扩散的效果和变动趋势。

5.1.2 协同创新技术扩散路径的系统动力学分析框架

运用系统动力学方法对协同创新技术扩散路径进行分析时，应先确定相应的分析框架，可以将企业主导型协同创新、学研主导型协同创新和政府引导型协同创新看成协同创新技术扩散的三个因素模块，在对每个因素模块进行因果动力分析的基础上，通过模块化分析，揭示协同创新技术扩散的具体路径，并探寻一些重要变量在其中的影响程度。

在协同创新技术扩散的系统动力学分析中，三个因素模块之间属于并列关系，但是由于企业更接近市场，是协同创新的主体，而高校和科研机构是创新的源泉，因此企业主导型协同创新和学研主导型协同创新在实践中更为常见。所以具体来说，应该以企业主导型协同创新模块和学研主导型协同创新模块为主，政府引导型协同创新模块为辅，三个因素模块在技术扩散的同时也在不断相互影响。

作为协同创新技术扩散的双主力之一，企业主导型协同创新模块在技术扩散中要充分发挥企业的主观能动性，让企业积极搜集市场信息、了解市场需求，只有遵循市场导向，才能获得更多的创新收益和加快技术扩散。作为另一协同创新技术扩散主力，学研主导型协同创新模块一方面将在重大关键技术的扩散上做出突出贡献，另一方面还能通过加强人才培养和人才输出，协助企业进行技术决策和提升企业创新能力，为企业主导型协同创新的技术扩散提供支持。政府引导型协同创新模块在技术扩散中虽为辅助，但是也必不可少。政府引导型协同创新模块可以通过发挥政府在协同创新主体中的协调、管理和监督作用，促进企业、高校和科研机构等主体的沟通交流，引导创新资源的合理流动，为创新主体打造良好的合作氛围，避免利益分配、知识产权上的冲突，帮助企业主导型协同创新模块和学研主导型协同创新模块更好地实现技术扩散。系统动力学模型中的最终因变量是协同创新的整体技术扩散效果，它是指不同协同创新模式中的创新主体，通过知识的创新、交流、应用和转化，在进行技术扩散的互动影响中实现的综合经济效益，即协同创新的新知识、新技术和新成果的传播和应用效果。如果协同创新技术扩散不能带来实质效果和收益，那么创新主体之间也就失去了合作的基础和动力。基于上述分析，可以构建出协同创新模式下技术扩散路径的系统动力学框架，如图 5-1 所示。

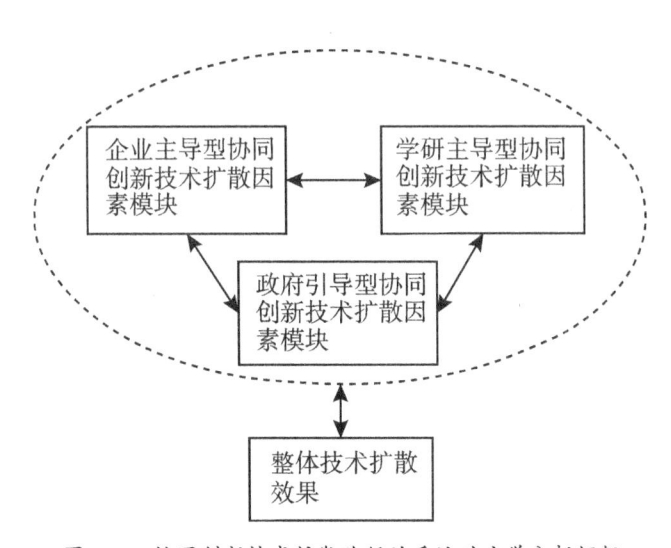

图 5-1 协同创新技术扩散路径的系统动力学分析框架

5.1.3 协同创新模式下技术扩散路径的系统动力学特征

5.1.3.1 成员共生性

共生最初是指不同生物之间由于营养物质的交流而产生的长期密切关系，后来衍生为指互利共存的一种关系。协同创新是由企业、高校和科研机构等创新主体联合政府、中介机构、金融机构和其他组织结合成的综合系统，通过不同创新主体之间异质性的技术知识交流和优势共享，实现创新成果的转化和各自经济利益的提升。这与生物种群的共生系统相类似，各个创新主体之间的生存和发展需要形成互相支持和帮助的良性循环。因此，在协同创新技术扩散路径中，具有明显的共生性特征。一方面，共生性体现在不同创新主体之间的资源共享和优势互补上。各方在资源禀赋和技术知识特点上的差异使得技术扩散得以发生，各方在技术扩散的过程中实现各自能力的提升、技术知识的积累创造和经济利益的增加。另一方面，共生性体现在不同创新模式之间的互动上。企业主导型协同创新、学研主导型协同创新和政府引导型协同创新的技术扩散路径并不是完全独立的，同一创新主体可能参与到多个模式的协同创新之中。因此，不同模式的协同创新的技术扩散路径也会存在交叉和相互影响，不同模式下的协同创新需要相互支持和配合才能获得理想的技术扩散效果。

5.1.3.2 系统复杂性

协同创新技术扩散是一个典型的复杂适应系统，仅通过单纯的线性分析研究其发生路径是不够的。根据复杂适应系统理论，协同创新技术扩散的各个创新主体是系统中的适应性主体，其具有以下特点：①其是具有自主能动性的社会化主体，即在不同协同创新模式的技术扩散中，各个主体都是对自身行为具有自主性的独立个体；②适应性主体之间或与环境之间的相互作用是技术扩散系统的演化动力，在以适应性主体为核心的复杂适应系统中，创新主体之间的互动推动了技术扩散的进行；③适应性主体既具有自身的微观特质，也能通过集合产生宏观特质，两方面的特质能够相互产生影响；④适应性主体具备良好的表述能力，即在技术扩散中，创新主体能够对其他主体的变化有所感知，也能较好地执行系统的指令。

5.1.3.3　因素模块时序性

因素模块化的动力学分析方法能同时从参与主体和系统的角度进行界定和探索，对于协同创新技术扩散路径的系统性分析是一个合适的切入点。作为一个发展的系统，协同创新技术扩散必然具备时间变化的阶段性和时序性，因为技术知识的产生、交流、传播和推广过程需要时间的积累才能推进。由于企业的边界或者创新主体之间的差异，会造成变量繁杂和难以协调，而因素模块化的系统动力学分析框架则能够有效解决这方面问题，抓住不同协同创新模式下技术扩散的关键影响因素进行分析，而且还能更好地探索和发现技术扩散的演化路径，找到技术扩散演进过程中的时序性特征。

5.2　协同创新技术扩散的系统动力学模型构建

5.2.1　协同创新模式下技术扩散路径的系统动力学分析

基于因果关系图的动力学分析是构建系统动力学模型的一个重要环节。在第 4 章对不同协同创新模式下技术扩散的路径和影响因素进行理论分析的基础上，本部分构建了企业主导型协同创新技术扩散路径、学研主导型协同创新技术扩散路径和政府引导型协同创新技术扩散路径的因果关系图，以进一步对协同创新模式下技术扩散的机理和过程进行分析，厘清协同创新技术扩散系统中各种因素之间相互制约、相互作用的关系，为之后构建系统动力学模型打下基础。

5.2.1.1　企业主导型协同创新技术扩散路径的系统动力学分析

在企业主导型协同创新技术扩散路径的因果反馈流模块中，企业主导型协同创新技术扩散的顺利推进会扩充企业的技术知识库。技术知识库的扩充为企业带来了更多样化、多层次的知识，同时也会增加企业的知识存量，这使得企业与其他协同创新伙伴之间能够更好地实现资源互补，从而增强企业协同创新的意愿。当企业更加积极地参与到协同创新中，充分发挥其主导性时，企业与其他成员之间的沟通交流会更加频繁，这将带来两方面的益处：一方面，在沟通交流方面的努力会让企业更好地实现对外部技术知识的学习、整合和转化，在对隐性和显性外部技术知识的吸收中实现自身知识的融合提升，创造出属于自己的新技术、新成果，从而加速推进技术扩散；另一方面，沟通交流会让企业与其他成员之间的合作紧密程度得到提升，当企业与其他成员之间有更加紧密的合作时，不仅协同创新各方之间的信任感会增强，其创新能力也会得到更快的提升，这最终都会带来企业经济收益的增长。而当能从技术扩散中获得利益时，企业就会更加愿意主动增加在这方面的人力和物力投入，从而实现技术扩散的良性循环。

此外，技术扩散成本是企业主导型协同创新技术扩散重要的负面影响因素。当技术扩散成本增加，企业获得利益的概率会降低，企业需要更慎重地权衡成本与收益之间的差值才能做出是否积极参与技术扩散的决策。技术扩散成本与很多因素相关，比如市场需求的紧迫程度，因为市场需求越急迫，就要求创新周期越短，使得相应的风险和投入都增加。图5-2展示了企业主导型协同创新技术扩散路径的因果关系。

5.2.1.2　学研主导型协同创新技术扩散路径的系统动力学分析

在学研主导型协同创新技术扩散路径的因果反馈流模块中，学研主导型协同创新技术扩散的顺利开展不仅会为学研方带来经济效益，还能增加学研方在产业界和学术界的声誉，从而增强学研方的协同创新意愿。当学研方积

5 协同创新技术扩散路径的模拟与仿真

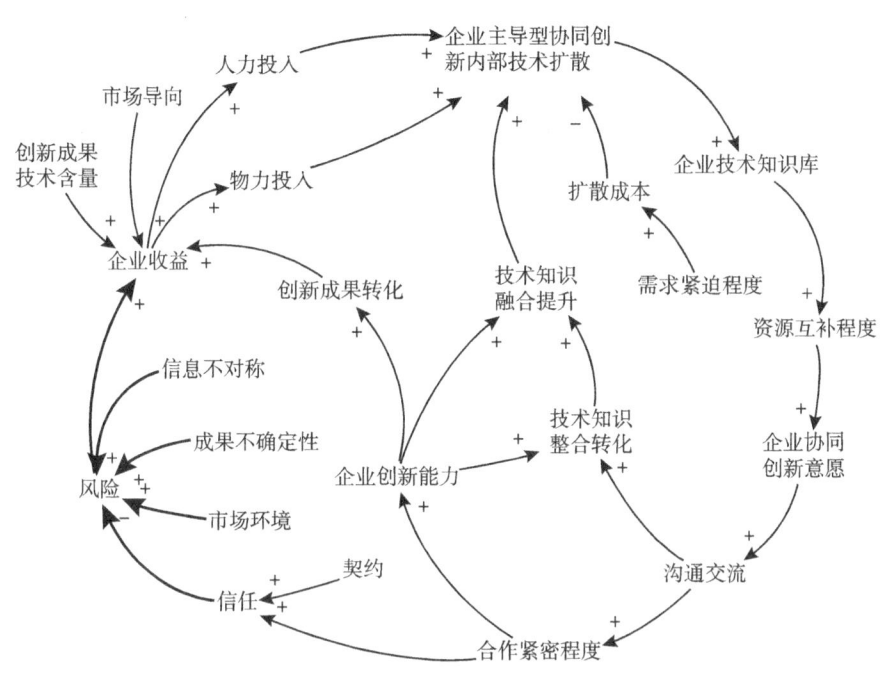

图 5-2 企业主导型协同创新技术扩散路径的因果关系

极参与协同创新时，就会愿意为此付出努力，其中就包括资金投入、人力投入等。学研方的努力一方面将增强学研方的创新能力，让其在技术知识的传播和推广中更加顺畅，从而推动创新成果的转化，促进技术扩散的发生；另一方面将使学研方培养人才的基本职能得到更好的发挥，全面提升创新型人才的水平，这将使成员企业从中获益，提升学习能力和吸收能力，加快对技术知识的消化和吸收，从而也能促进技术扩散。

学研主导型协同创新的重要特点和优势之一就是能够凭借较强的科研创新和产业研发实力实现重大技术的突破和创新。因此，学研主导型协同创新技术扩散将为企业解决重大技术的需求问题，从而也能增强企业的协同创新意愿，促使企业积极参与到协同创新中，进而实现技术扩散的良好循环互动。

此外，由于学研方自身属性的原因，其与市场有一定距离，因此在市场信息的搜集和市场需求的把握上可能存在一定困难，资源限制和知识黏性等因素也都会对学研主导型协同创新的技术扩散形成一定的阻碍。图 5-3 展示了学研主导型协同创新技术扩散路径的因果关系。

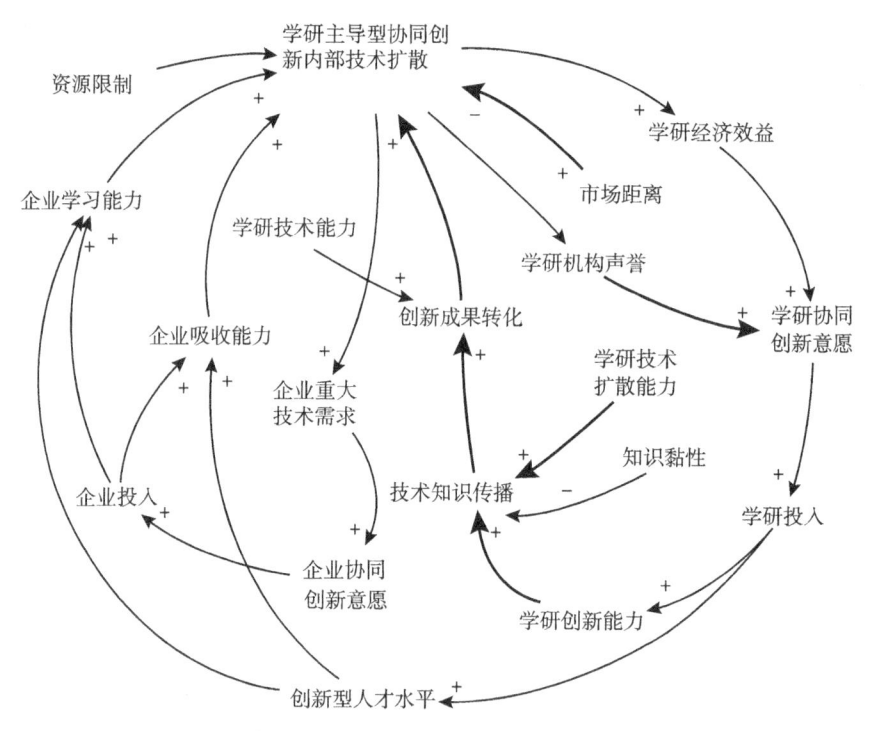

图 5-3 学研主导型协同创新技术扩散路径的因果关系

5.2.1.3 政府引导型协同创新技术扩散路径的系统动力学分析

在政府引导型协同创新技术扩散路径的因果反馈流模块中，政府引导型协同创新技术扩散的推进不仅会带来创新收益，还会提升创新氛围。创新收益增加，政府直接的好处就是能够获得更多的财政收入，这将使政府在资金上能够为协同创新提供更有力度的引导，例如科研项目的设立、专项基金的支持等，这些举措会增加企业、高校和科研机构的协同创新意愿，从而促进技术知识沟通交流、整合转化和融合提升等一系列技术扩散过程的发生。创新氛围提升，政府将受到熏陶，进而增强自身的创新意识，在政策创新和管理机制上不断改进，为企业、高校和科研机构等创新主体的技术扩散行为提供支持，加速实现技术扩散。图 5-4 展示了政府引导型协同创新技术扩散路径的因果关系。

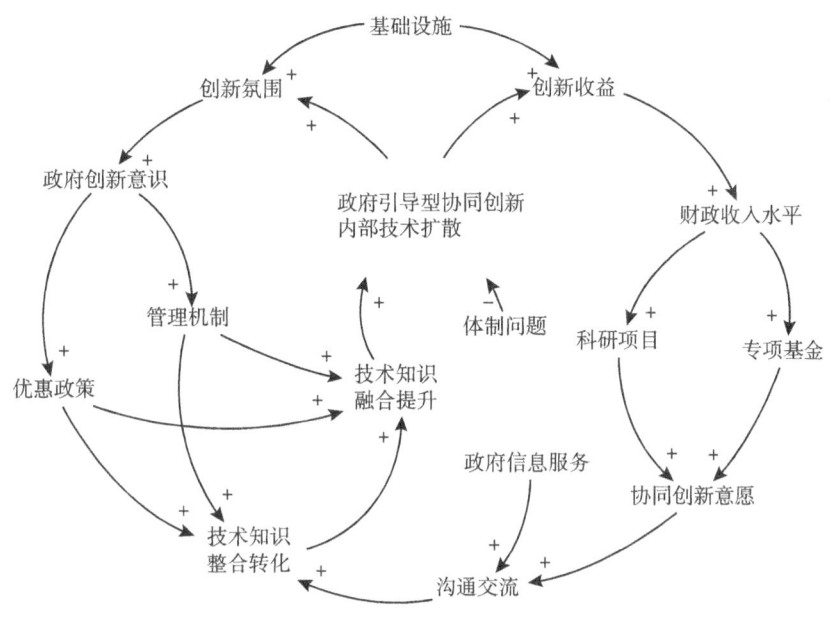

图 5-4 政府引导型协同创新技术扩散路径的因果关系

5.2.2 协同创新模式下技术扩散路径的系统流图

基于因果关系图的系统动力学分析从定性的角度对协同创新模式下技术扩散的实现路径进行了描述和分析，通过要素模块划分和正负作用分析对协同创新模式下技术扩散中涉及的各个要素关系进行了梳理。但是，这样的分析还停留在较浅的层面，如果要对协同创新技术扩散的影响因素和路径演化有更深的认识，还需要将因果关系图进一步转化为系统流图，将定性分析深入到定量分析，将变量因果关系清晰化，以进一步实现仿真模拟和计算分析。因此，本部分将构建协同创新模式下技术扩散路径的系统流图。

在系统流图模型的构建中，主要存在以下 5 种类型的变量：状态变量（L）、速率变量（R）、辅助变量（A）、常量（C）和外生变量（E）。状态变量是指能够对内容进行积累的变量，其值取决于初始值和当期的变动值。速率变量是对状态变量的变化速度进行描述的变量。辅助变量是用来表述系统内部重要信息量的变量。常量即不随时间变化的一类变量。外生变量是相对于系统内的变量而言的，是描述系统外部环境的变量。其中，状态变量和速率变量是系统流图模型的核心变量。本部分采用模块化分析的方法来对协同创新模式下技术扩散路径进行分析，结合协同创新技术扩散的系统动力学分析框架及因果关系图的系统动力学分析，在流图模型构建中，仍然将系统分为三个因素模块：企业主导型协同创新因素模块（Q）、学研主导型协同创新因素模块（X）和政府引导型协同创新因素模块（Z）。其中，每一个因素模块均设定一个状态变量，表示模块的状态；对应的速率变量设定两个，分别是流入率和流出率，表示其他变量对因素模块状态的促进或者制约作用，速率变量则受到状态变量和辅助变量的共同影响。

基于以上分析，本部分将构建协同创新模式下的技术扩散路径流图模型，如图5-5所示。在协同创新技术扩散的系统动力学流图模型中，设定协同创新整体技术扩散效果变量为 NKX。在企业主导型协同创新技术扩散因素模块中，设定状态变量为 QZD，表示其随时间变化的速率变量为企业主导性（qzd）和企业主导障碍（qza），同时选取企业创新能力（QCL）、市场导向（SD）、企业协同创新意愿（QYY）、资金限制（ZJX）、信息不对称（XB）、知识黏性（ZN）和学习能力障碍（XZ）作为辅助变量。在学研主导型协同创新技术扩散因素模块中，设定状态变量为 XZD，表示其随时间变化的速率变量为学研主导性（xzx）和学研主导障碍（xza），同时选取以下变量为辅助变量：学研协同创新意愿（XYY）、创新人才水平（RC）、学研技术能力（JN）、资源限制（ZYX）和市场距离（JL）。在政府引导性协同创新技术扩散因素模块中，设定状态变量为 ZYD，表示其随时间变化的速率变量为政府引导力度（yld）和政府引导障碍（yza），同时选取优惠政策（YZC）、资金支持力度（ZJ）、创新氛围（FW）、管理障碍（GL）和体制问题（TZ）作为辅助变量。对于影响协同创新技术扩散的系统外的外生变量，在流图模型中以 Time 变量来表示。

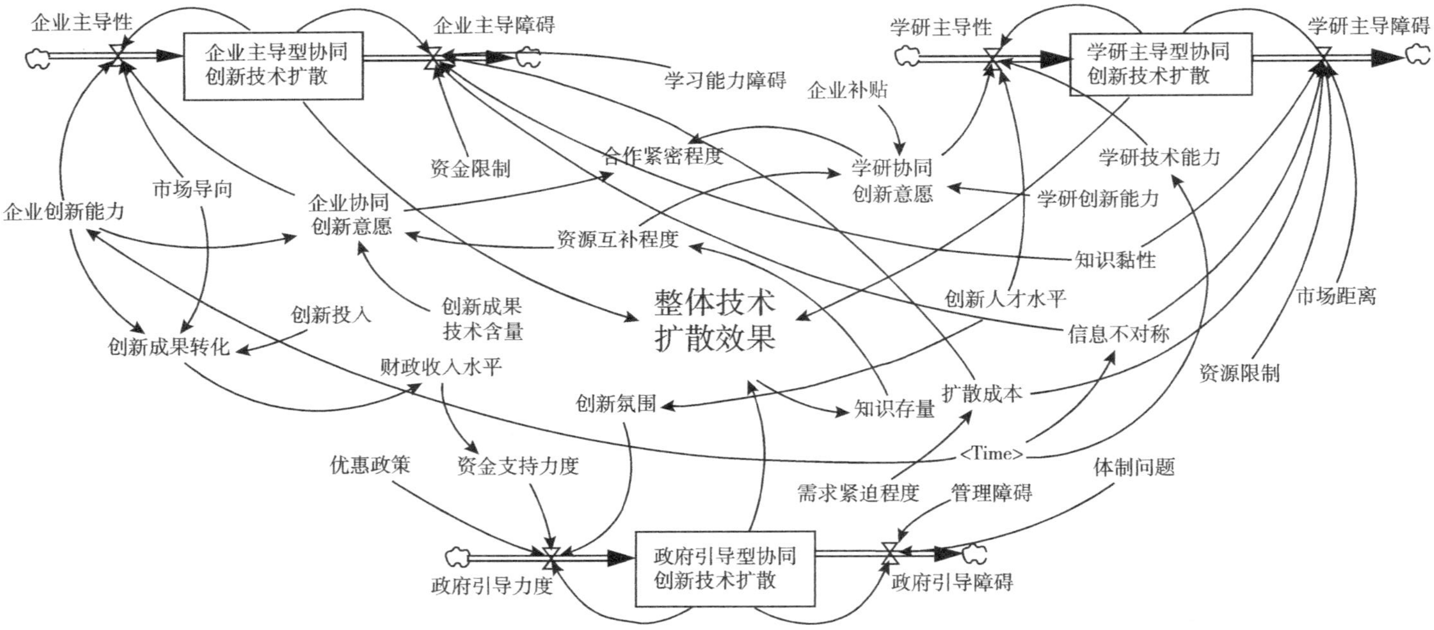

5 协同创新技术扩散路径的模拟与仿真

图 5-5 协同创新技术扩散路径的系统流图

5.2.3 系统流图的方程式模型构建

系统流图对协同创新不同模式下的技术扩散路径进行了描述，在此基础上，还需要将系统流图中的各个变量与其经济含义相结合，将不同变量之间的关系用数学化的方式表达出来，通过构建系统流图方程式模型进行数量化分析，以为进一步的研究提供依据。

根据理论层面上的分析，整体技术扩散效果受企业主导型协同创新、学研主导型协同创新和政府引导型协同创新三个因素模块的影响。因此，技术扩散效果可以作为三个因素模块的被解释变量，它们之间的函数关系可以表示为：

$$NKX = F(Q, X, Z) \quad (5-1)$$

Q、X、Z 分别代表企业主导型协同创新、学研主导型协同创新和政府引导型协同创新三个要素模块中的状态变量，NKX 代表协同创新技术扩散效果。

在企业主导型协同创新因素模块中，如果企业具备良好的创新能力、突出的市场导向和明显的协同创新意愿，则会增强企业的主导性，对企业主导型协同创新的进行、发展起到促进作用；反之，资金限制、信息不对称、知识黏性和学习能力的障碍则会阻碍企业主导型协同创新的进行，抑制技术扩散的效果。该关系可以通过以下方程式进行表达：

$$QZD_t = QZD_{t-\Delta t} + QZD_{t-\Delta t} \times (qzd_{t-\Delta t} - qza_{t-\Delta t}) \quad (5-2)$$

$$qzd_{t-\Delta t} = f_1(QCL, SD, QYY) \quad (5-3)$$

$$qza_{t-\Delta t} = f_2(ZJX, XB, ZN, XZ) \quad (5-4)$$

在学研主导型协同创新因素模块中，如果学研方有比较强的协同创新意愿，又具备一定的技术能力、拥有较多的创新人才，那么学研方的主导性则会得到增强。但是，如果知识黏性大，学研方和其他伙伴之间信息对称性低，再加上资源限制和市场距离导致的问题，会阻碍学研方的主导性。这种关系可以用方程式表示为：

$$XZD_t = XZD_{t-\Delta t} + XZD_{t-\Delta t} \times (xzx_{t-\Delta t} - xza_{t-\Delta t}) \qquad (5-5)$$

$$xzx_{t-\Delta t} = f_3(XYY, RC, JN) \qquad (5-6)$$

$$xza_{t-\Delta t} = f_4(ZYX, XB, ZN, JL) \qquad (5-7)$$

在政府引导型协同创新因素模块中，如果在良好的创新氛围下，政府提供的优惠政策多，用于协同创新的专项基金投入和项目支持增加，那么政府在协同创新中的引导作用也会增强，从而会促进政府引导型协同创新的发展。但是，如果政府在政策执行和体制管理上出现问题，则会对政府引导型协同创新带来负面影响。上述关系用方程式可以表示为：

$$ZYD_t = ZYD_{t-\Delta t} + ZYD_{t-\Delta t} \times (yld_{t-\Delta t} - yza_{t-\Delta t}) \qquad (5-8)$$

$$yld_{t-\Delta t} = f_5(YZC, ZJ, FW) \qquad (5-9)$$

$$yza_{t-\Delta t} = f_6(GL, TZ) \qquad (5-10)$$

从不同因素模块的系统流图方程式中可看出，每个要素模块主要从以下两方面对协同创新技术扩散的效果产生影响：一是状态变量的上一期值；二是状态变量当期受到速率变量影响而发生的变动情况。这与方程式中状态变量的一阶时滞积分形式相一致，系统的演变是系统层面变化的结果，而系统层面的变化则是时间推移的结果。因此，在之后的系统仿真中，需要根据实际情况对时间间隔进行设定，一般取值为 0.25、0.5 或 1，或者其他符合现实意义的合理数值。

5.3 协同创新模式下技术扩散路径的系统动力学仿真

在协同创新技术扩散路径的流图和系统流图方程模型构建完成后，就可以依此对技术扩散路径进行仿真，通过借助系统化的模拟运算，在满足有效性检验的基础上，对不同模式下协同创新技术扩散的重要因素进行定量化分析，从而对不同模式协同创新的技术扩散路径形成更为直观的认识。

5.3.1 模型的初始设定

在对系统进行仿真模拟之前,需要先确定各个函数的关系及状态变量的初始值。由于协同创新技术扩散中,各个主体之间的差异很大,且企业主导型协同创新因素模块、学研主导型协同创新因素模块和政府引导型协同创新因素模块的理论化特征明显,因此,研究难以基于现实数据为系统变量赋值。在这种情况下,平衡态赋值法就很适用于本研究。平衡态赋值法是一种在无法获得实际定量值时而采取的相对主观的赋值方法。具体来说,就是通过给予各个因素模块的速率变量一个相对基准初始值,在此基础上进行模拟仿真,得到趋势的真实性和可比性,从而对系统模型起到预测作用。通过这种方法,依然可以对不同模式协同创新的技术扩散路径进行探索,并且对参数前后的变化效果进行比较分析。

在协同创新技术扩散路径的系统动力学模型中,设定3个要素模块对应的状态变量初始值为5(不含单位),通过式(5-1)可进一步得到辅助变量技术扩散效果的初始值。为了具体确定技术扩散的初始值和便于之后进行模拟仿真,需要将式(5-1)进行具体化。根据理论分析,技术扩散的效果可以看成企业主导型协同创新、学研主导型协同创新和政府引导型协同创新3个因素模块的产出,3个因素模块与技术扩散效果之间类似于一种投入—产出的关系。因此,借鉴柯布—道格拉斯生产函数,本书将式(5-1)具体表示为:

$$NKX = \mu A Q^{\alpha} X^{\beta} Z^{\gamma} \qquad (5-11)$$

其中,A代表技术扩散效果的转化效率,为了便于运算,这里设定 $A=1$。α、β、γ 分别代表企业主导型协同创新状态变量、学研主导型协同创新状态变量和政府引导型协同创新状态变量的弹性系数。参考柯布—道格拉斯生产函数中规模报酬的假设,则有:①当 $\alpha+\beta+\gamma=1$ 时,因素模块的技术扩散效果规模报酬不变;②当 $\alpha+\beta+\gamma>1$ 时,因素模块的技术扩散效果规模报酬递增;③当 $\alpha+\beta+\gamma<1$ 时,因素模块的技术扩散效果规模报酬递减。内

5 协同创新技术扩散路径的模拟与仿真

部协同创新技术扩散应该是3个因素模块规模报酬递增的过程，因此本系统模型中应有 $\alpha+\beta+\gamma>1$，不妨令 $\alpha=0.4$，$\beta=0.4$，$\gamma=0.3$。μ 表示协同创新技术扩散系统流图的方程式模型中没有涉及的其他影响因素，但由于本书在对技术扩散进行分析时，并不考虑组织系统之外的其他因素，因此这里假设系统外的其他影响因素是一个恒定不变的常量，为了方便运算，可以设定 $\mu=1$。

在协同创新模式下的技术扩散路径系统动力学模型中，由于描述性变量大量存在，不同变量的衡量单位各不相同，且难以定量和缺乏现实数据基础，因此在模型仿真应用中，本书将所有变量均进行了无量纲化处理，在不影响分析结果的情况下简化模型设定。在模型方程式中分别用 L、R、A 和 C 代表状态变量、速率变量、辅助变量和常量，模型中主要的变量初值和函数关系设计如下：

（1）L 企业主导型协同创新技术扩散 =INTEG（企业主导性 – 企业主导障碍，5）

（2）R 企业主导性 ={［企业创新能力 –DELAY1（企业创新能力，1）］/ DELAY1（企业创新能力，1）}* 企业协同创新意愿 * 市场导向 * 企业主导型协同创新

（3）A 企业协同创新意愿 = 创新成果技术含量 * 资源互补程度 * 企业创新能力

（4）C 科技成果技术含量 =0.5

（5）A 企业创新能力 =WITH LOOKUP

{Time，[（10，0）–（10，1）]，（0，1），（1.5，5.89676），（3，7.99389），（4，8.61782），（1，4.71239），（2，6.64289），（5，9.31166），（6，9.53029），（7，9.68794），（8，9.80687），（9.5，9.90962）}

（6）C 市场导向 =0.7

（7）A 创新成果转化 = 企业创新能力 * 市场导向 * 创新投入

（8）C 创新投入 =5

（9）R 企业主导障碍 ={［DELAY1（信息不对称，1）– 信息不对称］/

DELAY1（信息不对称，1）}*学习能力障碍*知识黏性*资金限制*扩散成本*企业主导型协同创新

（10）C 资金限制 =0.5

（11）C 知识黏性 =0.5

（12）C 需求紧迫程度 =0.5

（13）A 信息不对称 =WITH LOOKUP

{Time，[（10，0）–（1，0）]，（0，1），（2，0.96），（3，0.91），（6，0.64），（8，0.36），（9，0.19），（10，0）}

（14）A 合作紧密程度 = 企业协同创新意愿 + 学研协同创新意愿

（15）A 企业协同创新意愿 = 企业补贴*资源互补程度*学研创新能力

（16）C 企业补贴 =0.5

（17）C 学研创新能力 =8

（18）R 学研主导性 = {［学研技术能力 –DELAY1（学研技术能力，1）]/DELAY1（学研技术能力，1）}*创新人才水平*学研协同创新意愿*学研主导型协同创新

（19）L 学研主导型协同创新技术扩散 =INTEG（学研主导性 – 学研主导障碍，5）

（20）C 创新人才水平 =0.8

（21）A 学研技术能力 =WITH LOOKUP

{Time，[（10，0）–（10，1）]，（0，1），（1，3.92699），（3，7.24447），（4，8.08749），（5，8.51509），（6，8.7853），（7，8.93062），（8，9.11258），（9.5，9.23529）}

（22）R 学研主导障碍 ={［DELAY1（信息不对称，1）– 信息不对称］/DELAY1（信息不对称，1）}*市场距离*知识黏性*学研主导型协同创新

（23）C 资源限制 =0.5

（24）A 整体技术扩散效果 =0.8*（企业主导型协同创新 ^0.4）*（学研主导型协同创新 ^0.4）*（政府引导型协同创新 ^0.3）

5 协同创新技术扩散路径的模拟与仿真

（25）L 政府引导型协同创新技术扩散 =INTEG（政府引导力度 – 政府引导障碍，5）

（26）R 政府引导力度 =IF THEN ELSE（资金支持力度 <0.9：AND：资金支持力度 >0.6，优惠政策 * 创新氛围 * 资金支持力度 * 政府引导型协同创新，优惠政策 * 创新氛围 * 资金支持力度 *0.1* 政府引导型协同创新）

（27）C 优惠政策 =0.5

（28）R 政府引导障碍 = 体制问题 * 管理障碍 * 政府引导型协同创新

综上，在对协同创新技术扩散路径的系统动力学模型中的函数关系、相关参数和初始值进行设定后，结合模拟时间步长，就可以对技术扩散的演变路径进行模拟和仿真。

5.3.2 模型的有效性检验

在对基于协同创新模式的技术扩散路径进行模拟和仿真之前，还需要对系统动力学模型的有效性进行检验，只有确保构建的系统动力学模型与现实意义和系统发展趋势、特征相符合，才能更好地将该模型与现实问题结合，为不同模式协同创新技术扩散的路径分析提供合理解释。目前，有效性检验主要有理论检验、历史检验和敏感性检验。理论检验主要是从模型构建的合理性上去进行检验，包括对模型中变量设置、因果关系、流图模型、量纲和方程式设定等方面的检验。历史检验主要是基于现实中的历史数据，通过选取几个关键性的时间节点，采用关联度检验和误差分析等方法将仿真结果和客观事实进行对比，考察两者之间的匹配性，以判断模型设定是否合理。敏感性检验是指，通过改变模型参数或者结构函数，在系统流图的方程式模型上观察这些变动对模拟结果带来的影响，并将之与预期结果相比较的检验方法。

在大多数系统动力学模型仿真模拟中，历史检验在数据搜集、关系梳理上往往存在很大局限性，因此理论检验和敏感性检验是比较合理且具有可操作性的有效性检验方法。由于函数和参数的选择在系统仿真模拟中的调整都比较灵活，而系统动力学模型的结构形式和理论性体现的是模型的构建思想，是在理论分析上的凝练，也是决定模型合理性和有效性的关键，因此对系统动力学模型的有效性检验应该以理论检验为主。基于此，本书主要采用理论检验的方法来进行有效性检验。在检验中，设定协同创新技术扩散的存续期为10年，表5-1显示了相关变量在6个代表性时间点上的情况。

表5-1 不同时间点上相关变量的数据对比

Time（year）	0	2	4	6	8	10
企业主导型协同创新技术扩散因素模块	5	7.8739	9.0130	9.6246	9.7345	9.6242
学研主导型协同创新技术扩散因素模块	5	9.3933	11.4628	12.1894	12.1788	11.6890
政府引导型协同创新技术扩散因素模块	5	4.5927	4.3558	4.4561	4.6845	4.9767
整体技术扩散效果	4.6985	7.0682	7.9519	8.4241	8.5873	8.5630

通过表5-1中的数据可以看出，在技术扩散的第1~10年中，企业主导型协同创新和学研主导型协同创新的技术扩散都经历了一个先增加后减少的过程；政府引导型协同创新的技术扩散呈现出先下降后上升的趋势；整体技术扩散效果的变化趋势则与企业主导型协同创新和学研主导型协同创新技术扩散类似，都是先递增再递减。但是，仅通过几个代表性时间点的系统状态并不能全面体现协同创新技术扩散效果的整体运作情况，因此，本部分进一步做出了各个因素模块的趋势变化图来进行进一步分析，如图5-6所示。

在图5-6中，横坐标轴代表考察的时间段，纵坐标轴表示各个因素的数值，由于量纲和运算机制的差异，各个因素的数值之间没有可比性，只能根据图形和数据对各个因素自身的变化趋势进行分析。结合表5-1和图5-6，我们可以得到不同模式协同创新技术扩散路径的特点和变动趋势。

对于企业主导型协同创新因素模块，在整个考察周期内，其变动先后经历了平稳不变到递增、平稳、再递减的一个过程，且在递增阶段，增速先快

5 协同创新技术扩散路径的模拟与仿真

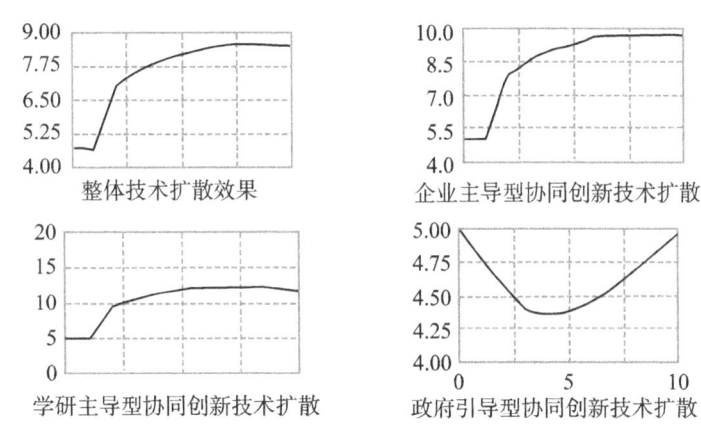

图 5-6 协同创新技术扩散路径系统的变动趋势图

后慢。这和企业主导型协同创新技术扩散的实际情况是相符的。由于在协同创新的组建、协同、稳定运行开展的过程中,不同主体之间的沟通交流会存在时滞性,因此技术扩散的发生也存在时滞效应。当创新主体之间能够进行良好的沟通交流,相继进入技术知识的总结转化、融合提升阶段,企业也以市场为导向,不断在其中发挥主导作用,提升自己的创新能力,积极参与到技术扩散的过程中时,企业主导型协同创新会得到快速发展,技术扩散会进入一个飞速增长的阶段。但是,企业的创新能力不可能无限提升,技术知识的交流和学习也存在一定的限度,因此企业主导型协同创新的技术扩散速度将逐渐放缓,并且慢慢进入平台期。随着时间的推移和技术扩散的深入,阻碍企业主导型协同创新技术扩散的因素会逐渐变得突出,例如企业面临的资金限制、在学习能力上的瓶颈、越来越难以负担的扩散成本及信息不对称等问题,这些因素将使企业主导型协同创新的发展逐渐走向下坡阶段。

对于学研主导型协同创新因素模块,其变化趋势与企业主导型协同创新相似,同样在时滞阶段后经历了一个缓坡型增长,然后慢慢下降的过程。其原因与企业主导型协同创新类似,在协同创新之初,不同类型的知识发生碰撞交流,创新主体之间的创新能力和技术知识水平都得到了大幅度的提升,因此在沟通交流顺畅后,学研主导型协同创新的发展和技术扩散进入了高速发展阶段。随着学研方技术能力、创新能力及合作各方之间的关系迎来平台期，学研主导型协同创新的发展和技术扩散逐渐放缓，最终在市场距离、知识黏性、资源限制等因素的阻碍下，学研主导型协同创新开始出现下降趋势。

对于政府引导型协同创新，其数值呈现出"U"型趋势。这是因为在参与协同创新之初，由于缺乏经验，政府并不能很好地介入到协同创新中，可能会存在资金支持过度或者短缺的问题，在政策执行、机构管理和体制上也可能存在诸多问题，优惠政策的积极效应在短期内又难以发挥，导致政府一开始不能在协同创新和技术扩散中发挥积极作用，甚至由于引导不当带来负面影响。随着时间的推移，政府在参与协同创新的过程中经过学习和试错，得到了更好的引导经验，对于专项资金的支持有更好的把握，在对协同创新的政策制定、服务和监督职能上有更好的表现，管理和体制上的诸多问题也逐渐在实践中得到矫正，因此政府引导型协同创新开始得到良好的发展，也对技术扩散产生了积极作用，发展呈现上升趋势。

从有效性检验中可以看出，模块化分析方法对协同创新技术扩散路径的演化过程有较好的体现，在理论上具有良好的匹配度，符合实际情况。这说明构建的系统动力学模型合适有效，据此可以对技术扩散的演化过程进一步进行动态仿真模拟分析。

5.3.3 模型的仿真应用及分析

在模型仿真应用及分析通过有效性检验后，本部分将应用 Vensim PLE 软件对构建的协同创新技术扩散路径系统动力学模型进行模拟仿真，通过系统仿真模拟数据的前后对比发现不同协同创新模式下技术扩散的实际路径变化情况，对 3 种主要协同创新模式下技术扩散的关键影响因素的作用机制和变动趋势进行定量分析，以为前文的理论分析提供实证支持。系统模拟的初始状态，即表 5-1 中描述的情况，在仿真结果中其趋势线均以"current"曲线表示。

5.3.3.1 企业主导型协同创新技术扩散路径的仿真结果分析

图 5-7（a）~（c）是将需求紧迫程度由 0.5 提升至 1 时的仿真结果，"urgency"曲线表示提升后各变量的变化趋势。从图 5-7（a）中可以看出，当需求紧迫程度提升后，合作紧密程度在初期的变动并不明显，但随着时间的推移，合作紧密程度下移的趋势越来越明显。这说明，当需求紧迫程度提升后，企业主导型协同创新面临的创新成本和扩散成本都会增加，为了规避风险和降低成本，主导企业会更倾向采取松散的合作方式，比如技术交易模式，这和前文博弈论模型得到的结论是一致的。从图 5-7（b）和（c）中可以看出，当需求紧迫程度增加后，企业主导型协同创新技术扩散和整体技术扩散效果随着时间的推移呈现明显的下移趋势。这表明，由于需求紧迫程度引起的扩散成本、合作紧密程度、企业协同创新意愿等一系列因素的变化，增加了对技术扩散的阻碍作用，从而对企业主导型协同创新的技术扩散及整体的技术扩散效果带来负面影响。

图 5-7（d）~（f）是将创新成果技术含量调高 20% 时的仿真结果，"technical"曲线表示创新成果技术含量调高后的情况。从图 5-7（d）中可以看出，当创新成果的技术含量增加时，合作紧密程度整体上也会有明显的增加，且随着时间的推移，增加的幅度越来越明显，但最终仍然稳定在一定的范围内。这和前文博弈论模型得到的结论是一致的，当创新成果技术含量增加时，创新成果的实际价值也会增加，则企业主导型协同创新会更偏好紧密一些的协同创新模式。从图 5-7（e）和（f）中可以看出，创新成果技术含量增加后，创新成果可能带来的收益也会增大，在利益的驱动下，相关成果的应用和技术的推广也会更好地在不同创新主体中实现，因此会促进企业主导型协同创新技术扩散的进行，从而为技术扩散的整体效果带来积极影响。

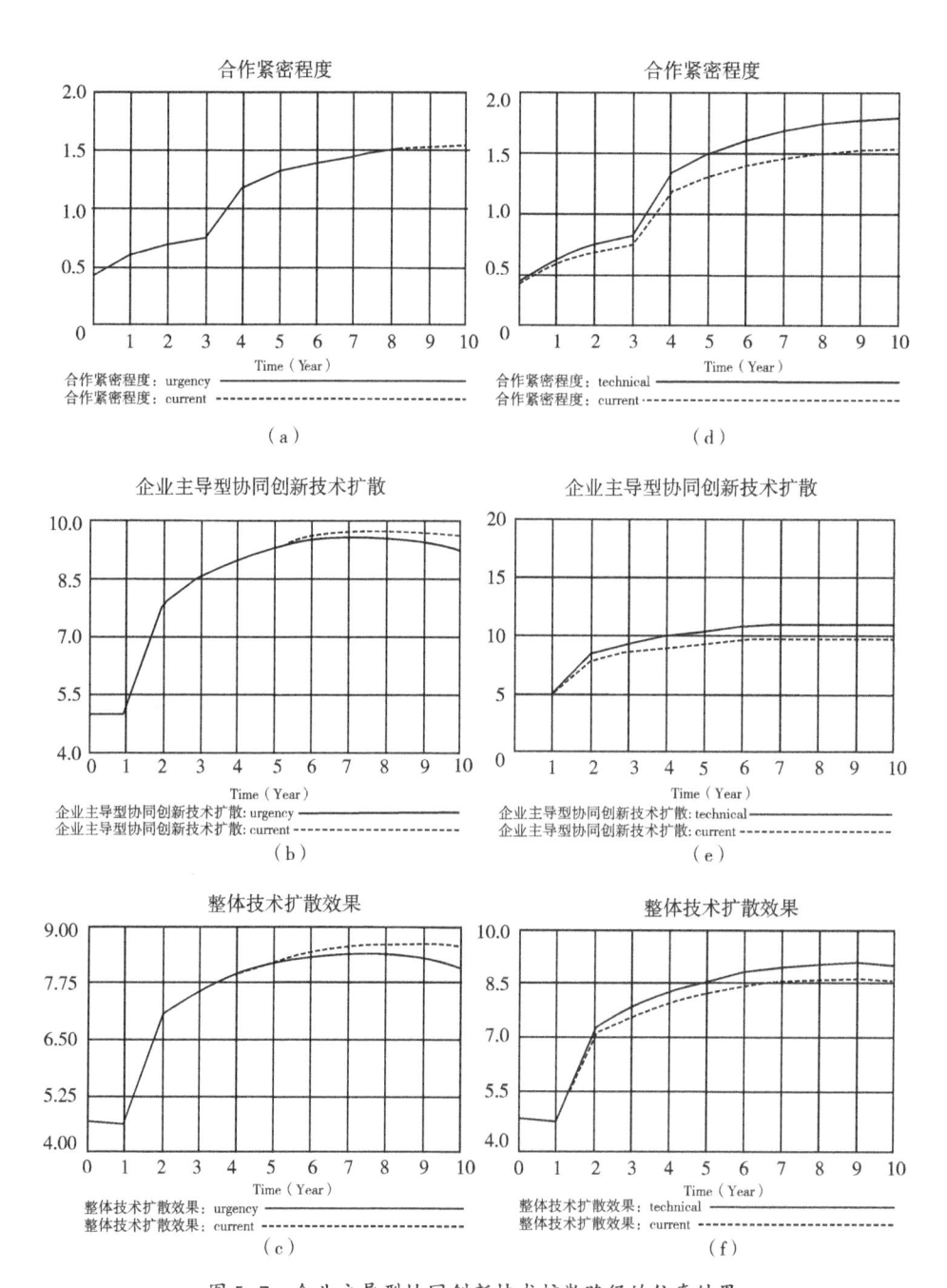

图 5-7　企业主导型协同创新技术扩散路径的仿真结果

5.3.3.2 学研主导型协同创新技术扩散路径的仿真结果分析

从前文的分析中可以知道，学研主导型协同创新技术扩散的路径主要受到知识性质、知识黏性、高校创新能力、高校扩散能力、企业吸收转化能力和企业创新能力等多方面因素的影响，为了对理论部分的分析提供进一步支持，本部分通过数据运算和仿真模拟，重点从知识黏性、高校创新能力和企业创新能力这三方面分析它们对学研主导型协同创新技术扩散路径的影响机制。

图 5-8 是知识黏性从初始状态 0.5 提升到 0.7 时的变化情况，其中，"current" 曲线表示知识黏性为初始状态时各变量的变化趋势，"sticky" 曲线表示知识黏性增加后各变量的变化趋势。从图 5-8（a）和（b）中可以看出，

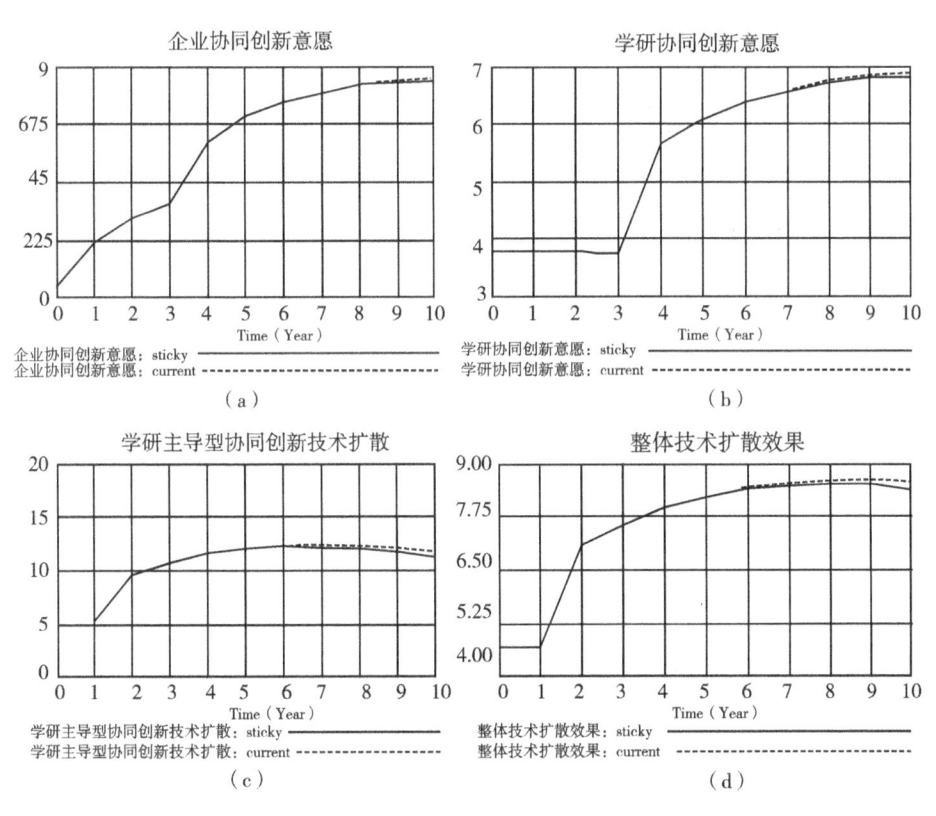

图 5-8 知识黏性的影响

当知识黏性增加后，企业和学研方的协同创新意愿均随时间变化呈现下降趋势，说明知识黏性增大了学研方的技术知识扩散成本和风险，也增加了企业进行技术知识吸收和转化的难度，从而降低企业和学研方进行技术扩散的积极性，也进一步导致学研主导型协同创新技术扩散效果的下降，如图 5-8（c）所示，这支持了前文博弈论模型中得到的结论。在上述因素的综合作用下，最终也将导致整体技术扩散效果的下降，如图 5-8（d）所示。

图 5-9 显示了企业创新能力和学研创新能力对技术扩散路径的影响。在此次仿真中，为了能够更明显地观察到创新能力因素的影响力度，本部分同时将企业创新能力和学研创新能力都在初始状态上增加 20%，仿真结果如图 5-9 所示，"current"曲线代表初始状态，"ability"曲线代表创新能力变动后的情况。从图 5-9 中可以看出，当企业和学研方的创新能力增加时，企业和

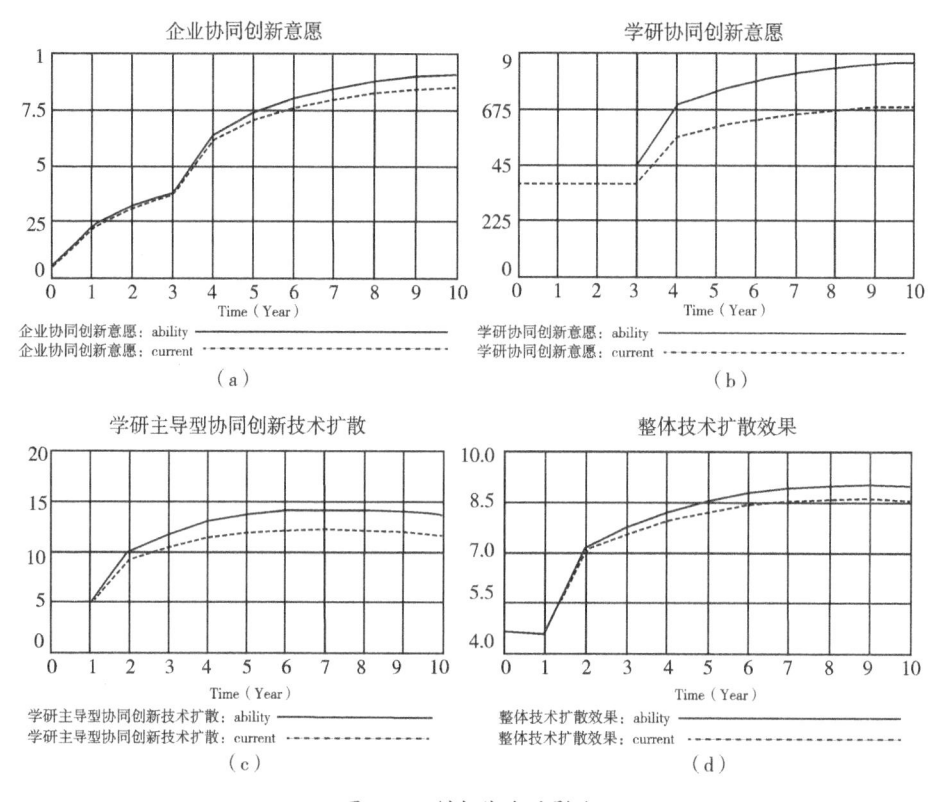

图 5-9 创新能力的影响

学研方的协同创新意愿都会随时间推移有明显的增加，企业和学研方都将积极参与到技术扩散中，这是因为，企业创新能力提升后，不仅能够增强自身的技术知识创造，还能增强对外部知识的学习和吸收；学研创新能力反映的是学研方的学术水平和综合实力，当其创新能力提升后，其在技术创新和技术扩散上都会有更突出的表现，这和前文博弈论模型中得到的结论一致。进一步的，在创新能力提升的带动作用下，学研主导型协同创新技术扩散和整体技术扩散的效果都会得到提升。

5.3.3.3 政府引导型协同创新技术扩散路径的仿真结果分析

为了观察政府引导力度很低时，政府引导型协同创新技术扩散的变化趋势，在下面的仿真分析中，本部分将政府的资金支持力度和优惠政策都降到了一个较低水平（分别下降90%和80%），初始状态用"current"曲线表示，变动后的状态用"capital"曲线表示。从图5-10（a）和（b）中可以看出，在较低的政府引导力度下，与初始状态的"U"型曲线不同，政府引导型协同创新的技术扩散效果变成了随着时间变化的递减函数，说明当政府引导力度很低时，政府并不能在协同创新技术扩散中起到积极作用，政府引导型协同创新的技术扩散效果并不理想，这也制约了整体技术扩散的效果，这个结果与前文中演化博弈模型得到的结论是一致的。

图5-10（c）和（d）描述了管理障碍因素增加时内部协同创新的变动情况。仿真中，将管理障碍因素增加20%，"manage"曲线代表管理障碍增加后的情况。从图5-10（c）和（d）中可以看出，当管理障碍增加时，政府引导型协同创新技术扩散的初始曲线向斜下方移动，政府引导发生积极作用的时间门槛增加，即使跨越时间门槛，积极作用也大打折扣，这也使得技术扩散的整体效果有所下降。这表明，当政府在管理方面存在不足时，会增大对技术扩散的制约作用，让政府引导的积极作用难以发挥，从而阻碍技术扩散的顺利进行。

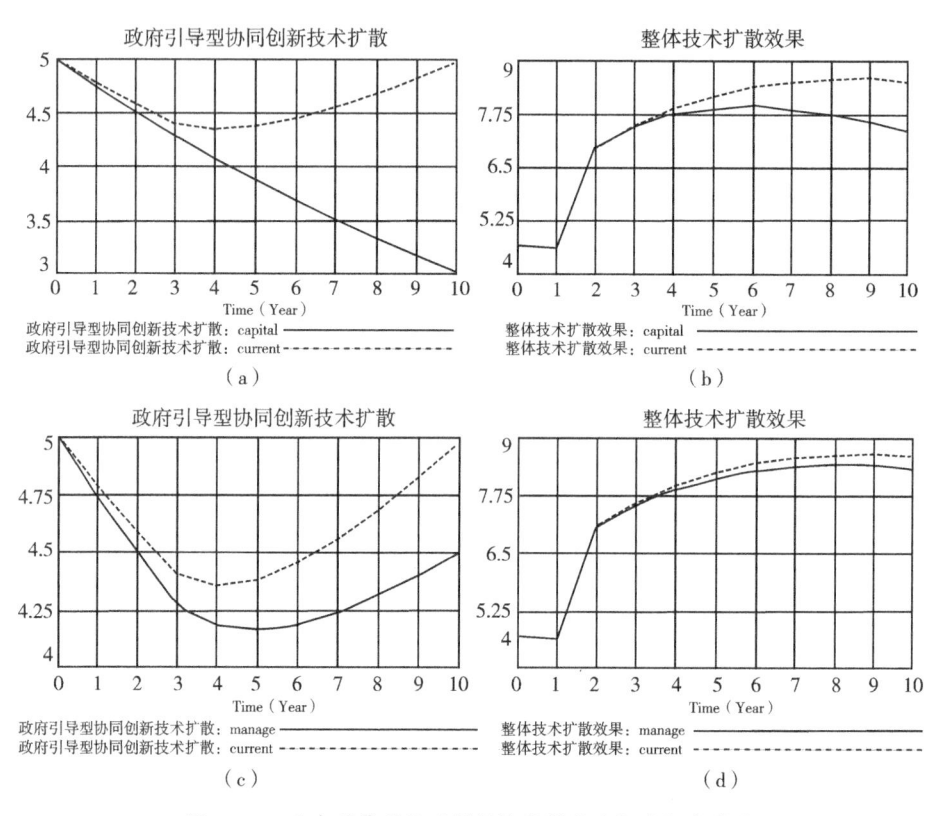

图 5-10 政府引导型协同创新技术扩散路径的仿真结果

6 协同创新促进产业技术升级的多重路径分析

6.1 协同创新模式下技术升级的直接路径

在过去,按照科学—技术—生产的一般技术扩散过程,一项科学成果从产生到应用要经过一段漫长的时间,几十年甚至上百年。原因在于,当新的科学思想出现以后,依据此才能创造出新技术和新发明,接着再进行批量生产和应用推广,每个阶段都要经历较长的时间间隔,以至于很难察觉到科学在技术进步中的重要作用。统计数据表明,在1900—1930年的75项重大发明中,从研发到转化为生产力的平均周期为36年,到了20世纪50年代,这一时间周期缩短到5~10年,直到20世纪末,从科学发现到生产应用的时间才实现了几乎同步。这种趋势的出现,与先进知识创新与市场导向的技术创新的紧密结合是息息相关的。

知识扩展是技术进步和技术升级的核心。在过去,知识扩展有时只需要通过简单的经验积累就可以实现,但在现代,知识拓展需要科学知识和技术知识的有机结合才能实现。换句话说,科学知识是技术创新的源头,只有通过科学知识的升华,才能实现科技创新和技术进步。因此,要想获得能够产生生产力的技术创新,就需要先实现科学知识向技术的转化。在这样的情况下,企业和高校、科研机构都有了结合知识创新和技术创新的动力,而协同创新则促进了这一过程的实现。协同创新模式的出现,使企业不仅在技术创新的应用中成为主体,还让企业进入新技术的孵化阶段,成为技术创新的参与者;也使高校、科研机构中的科学家能够以市场为导向,在以科学发现实现技术创新的先进性的同时也保证技术创新能够为市场所接受。

实践表明,技术扩散的顺利进行需要技术创新既具备先进性,又具备市场价值。在过去很长一段时间里,企业主要通过两种方式进行技术创新:一是依靠自身的技术和资源进行自主创新;二是进行技术引进。受困于自身资源和创新能力不足,企业自主创新的道路往往艰难而漫长,技术引进也难以取得良好的效果。在这种情况下,没有高校、科研机构的参与,企业几乎不可能得到兼具前沿性和市场价值的技术成果。目前,技术创新已经从工程师时代进入了科学家时代,即技术创新成果从发明到应用、推广既需要企业家这一主体的参与,解决市场的需求问题,也离不开科学家的介入,解决技术的前沿性问题。从这个角度来说,协同创新在一定程度上是对技术创新市场价值和技术创新先进性的协同,通过科学发现与市场的耦合互动实现技术升级。

进一步来说,协同创新在促进技术创新的市场价值与先进性相结合,实现技术升级的过程中有两个具体途径。

第一,协同创新实现了异质性资源的整合。资源整合是知识扩展和技术创新的基础。资源基础理论认为,大量的异质性知识资源是技术进步和技术扩散的支撑。协同创新使不同创新主体汇聚在一个相对开放的创新环境中,增加了企业获得互补性研究成果、掌握技术发展新趋势和获取市场信息的机会。而且,随着科学技术的不断发展,技术创新涉及的知识难度不断加深、领域不断扩展、学科交叉性更加突出,新技术的研究开发日益专业化、复杂化,要获得和整合这些不同领域、不同性质的资源、知识,离不开各有所长的创新主体的协同合作,如图6-1所示。协同创新不仅是在跨企业、跨部门和跨领域的前提下实现各种技术、知识的相互补充,更是在将互补性资源进行整合的过程中激发出其他资源,"刺激"创新主体不断对内部、外部知识进行整合和可持续创新,以实现创新能力的提升,带动区域创新的发展。

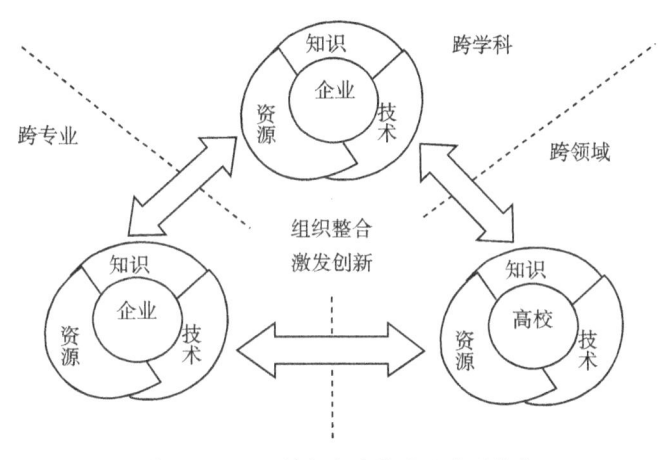

6 协同创新促进产业技术升级的多重路径分析

图 6-1 协同创新中的异质性资源整合

第二，协同创新的技术溢出效应。创新外溢是实现报酬递增、生产率提升和经济持续增长的重要原因。协同创新是创新外溢效应最强的形式之一，高校、科研机构和企业之间、企业和企业之间不仅能够互相溢出，更重要的是还能产生显著的空间外溢效益，即协同创新表现突出的地区能够对邻近区域的创新水平产生积极影响。白俊红和蒋伏心（2015）研究发现，协同创新是区域间创新要素组织和协调的重要方式，区域间创新要素的动态流动有利于知识的空间溢出，增加区域创新生产的要素规模，产生规模经济效益，改善区域创新生产的要素结构和规模，优化要素配置，提升区域创新绩效。赵增耀、章小波和沈能（2015）的研究进一步指出，世界经济发展不断趋于全球化和一体化，为了顺应经济发展趋势，应当加强区域创新资源的整合，加强区域创新的技术溢出，从制度、体制和机制等多方面着手，实现物质要素、生产要素、投资和创新要素在区域内的自由流动，充分发挥区域协同创新的溢出效应，促进不同区域之间的协同创新发展。这表明，协同创新的溢出效应会不断推动技术升级。

具体到不同的协同创新模式，企业主导型协同创新可以凭借接近市场的突出优势，让市场决定创新资源的配置，从而最大限度地提升协同效率和推动技术创新扩散；学研主导型协同创新具有科研实力雄厚、基础研究经验丰富和技术开发环境良好的优势，可以在产业重点领域的核心技术攻关上有突出表现，引领突破性技术的扩散；政府引导型协同创新通过政府在资金、政策等方面的引导作用，能够更有效地面对"市场失灵"问题，提高资源配置效率，推动新技术在产业和区域中的渗透。图6-2展示了协同创新对技术升级的直接影响路径。

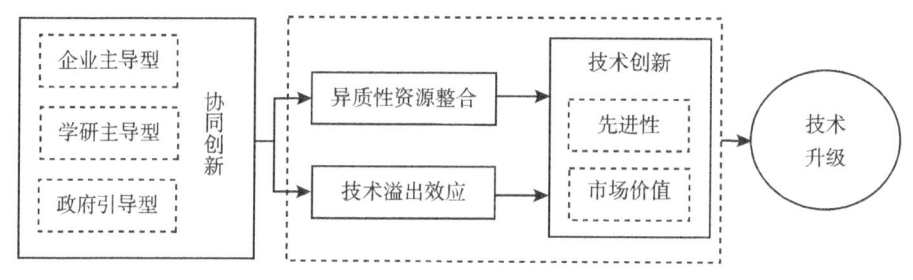

图6-2 协同创新的直接技术升级路径

根据上述分析，本部分提出以下假设：

H1：协同创新能够直接促进技术升级。

H1a：企业主导型协同创新能够直接促进技术升级。

H1b：学研主导型协同创新能够直接促进技术升级。

H1c：政府引导型协同创新能够直接促进技术升级。

6.2 协同创新模式下技术升级的间接路径

6.2.1 协同创新中的协同效应

协同和协同效应最早产生于自然科学领域，后来由Ansoff在1965年首次引入企业管理领域。Ansoff认为，协同是不同企业在资源共享的基础上相互依赖、共同发展的关系，并从投资收益率函数的超加性角度对协同问题进行分析，在此基础上构建了函数的超加性协同效应理论。随后，协同和协同理论又被拓展到很多领域。协同创新及其协同效应是协同理论与创新相关联所引申出来的概念，协同创新可以理解为不同创新主体在创新要素和创新资源耦合的基础上，产生要素和资源单独相加无法达到的非线性整体协同效应的过程。而协同创新中的协同效应则是指不同创新主体在实现各自战略目标的基础上，在资源整合和要素互补的过程中，使协同创新结合体产生的大于个体参与者的资源、要素之和的效应，即通过整合后产生"1+1>2"的作用效果，尤其是产生协同创新的互补性和外部性。

对于协同创新中协同效应的具体内容和维度，学者们的看法不尽相同。有学者认为，协同效应是企业与企业之间、企业与其他机构之间以突破自身技术瓶颈为目的，在跨技术、跨领域的协同创新过程中，实现资源禀赋的有效优化和创新系统的整体提升作用。Itami 和 Numagami（1992）则将协同效应的概念分为"互补效应"和"协同效应"两个方面，认为协同创新中的协同效应是各个创新主体在资源、关系、技术和信息等创新要素互补的基础上，对不同创新主体要素禀赋进行整合，进而在相互依赖和相互协作中形成的联合效应。解学梅（2013）在都市圈协同创新的中观层面，将协同创新中的协同效应分为4种：资源要素协同效应、创新主体协同效应、方式协同效应和空间协同效应。其中，资源要素协同效应指通过协同创新实现都市圈内技术、知识、人才、信息等创新要素的整合，使整合后的整体效应大于协同方本身的要素总和；创新主体协同效应是指不同创新主体在协同交互和耦合之后，实现创新主体的空间突破和效应增值；方式协同效应是指创新主体通过运用不同的协同方式所得到的效应增值；空间协同效应是指不同主体之间通过跨区域协同或创新要素之间跨区域空间配置实现的效应增值。姚艳虹和夏敦（2013）从协同剩余的角度进行分析，认为协同创新中的协同效应体现为新产品、新工艺与新设备的发明，创新型人力资本的提升，创新能力的增强，经济利润的实现及科研成果的产生等。顾菁和薛伟贤（2012）对高技术产业的协同创新进行了分析，他们认为其中的协同效应体现在3个层面：一是帮助高技术产业降低创新成本和创新风险，增加技术与市场的互动，提高生产效率，获得更多的协同剩余；二是增强系统柔性，提高信息流动性，减少创新系统中各个组织之间的摩擦，降低产业发展的风险，提高产业应变能力；三是增加创新效率，加速不同领域、不同学科技术知识的融合，实现隐性知识的转化和生产能力的提升，提高产业竞争力。

综合学者们的观点，本研究认为，协同创新中的协同效应主要包括知识创新效应、价值创造效应和人力资本提升效应3个方面，如图6-3所示。

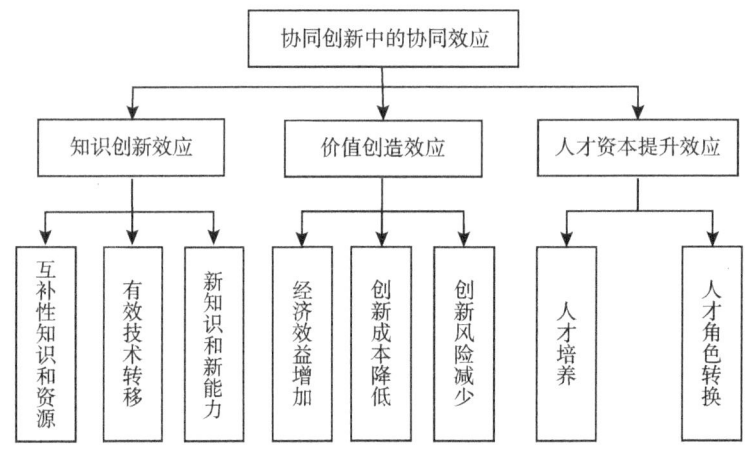

图6-3 协同创新中的协同效应

（1）知识创新效应，即知识的创新和增值效应。信息和知识是知识经济时代的主要财富创造者，而协同创新是提高区域创新水平和提升区域创新能力的重要方式之一，知识创新效应是协同效应中的首要体现。知识创新效应是指，通过协同创新进行资源共享、知识流动与交互学习，创新主体能够加速对新知识和科学原理的探索和发现，从而解决企业发展和产业升级的重大技术需求问题，获得知识优势和核心技术，提升区域的创新水平。

在协同创新中，知识创新效应主要体现在以下3个方面：一是帮助创新主体获得互补性知识和技术，形成组合优势和打下知识创新的基础；二是获取技术转移的机会，协同创新为有效的技术转移提供了一种新的方式，在协同创新过程中进行的技术转移往往更有效率，容易带来技术的跨越式发展；三是创造新的知识和形成新的核心能力，不同领域知识的结合和碰撞常常能够带来新的技术，产生新的能力。实现知识创新效应的相关活动，包括知识的搜寻和探索、知识的检索和提炼、知识的总结和分析、知识的学习和交流等。总的来说,在协同过程中,不同创新主体通过动态集结,在知识整合中各取所需、互补互存,共同以实现知识创新数量的增加和质量的提升为目标,在协同创新过程中将异质性知识进行融合,实现整体创新协同效应的非线性增加。

(2)价值创造效应,即价值增加与创造效应,是指通过协同创新活动和资源的关联与共享,实现创新绩效或经济效益的增加、企业成本的下降或企业盈利能力的提升。熊彼特认为,光有发明和新知识不是创新,真正的创新应该是新工具或新方法的应用,最重要的是能够创造出新的价值和产生经济作用(熊彼特,1990)。因此,价值创造效应是协同创新中必不可少的一个重要内容。

在协同创新过程中,不同创新主体可以发挥其在不同方面的优势,实现优化整合,提高科技成果转化的效率,从而实现规模效益和范围效益,为社会带来巨大的经济效益和社会效益。例如,在协同创新中,企业可以为高校、科研机构提供市场信息和资金支持,帮助学研方把握符合市场需求的研发方向;高校、科研机构可以为企业提供技术和人才支持,提高企业商品产业化的效率。

协同创新的价值创造效应还体现在创新成本的减少和创新风险的规避上。创新存在多种成本,大致包括4类:①过程成本,包括知识搜寻成本、技术开发成本、中试成本等;②组织成本,主要是在创新过程中的各种人力、物力投入以及管理费用;③风险成本,由于创新具有高度不确定性,若因此导致项目失败也会产生相应成本;④政治成本,主要是指创新主体由于制度创新而影响仕途发展所带来的成本。协同创新可以有效降低上述成本,主要体现在3方面:首先,当实现整体性协同后,不同创新主体之间经过一段时间的同向合作、互相配合和良好交流,则能够避免或者减少在非协同创新状态时可能出现的摩擦和负面影响,提高分工效率,减少沟通、协调所需的成本;其次,资源、信息和设备的共享,减少了内耗和重复研发造成的浪费，提高了创造资源的利用效率，节约了过程成本；最后，通过协同创新各个主体的优势互补，降低了创新的不确定性，同时分散了创新风险。

（3）人力资本提升效应。在协同创新中，人力资本提升效应主要体现在人才培养和人才角色转换两方面。洪银兴（2014）在其研究中指出，协同创新不仅涉及产业部门与高校、科研机构三方，还是产业发展、人才培养和科学研究三方功能的协同和集成化，即使是科研机构单独推进的协同创新也不能缺少人才培养的环节。人才培养是人力资本积累的重要方式，而协同创新则为人才培养提供了良好的基础。在传统的人才培养中，高校和科研机构往往只注重学生在科学知识学习能力或学术水平上的培养，而缺乏对学生实践能力和应用能力的培养；企业往往只根据自身需求对员工进行应用能力或操作水平的培训，而对员工科学技术知识的培训往往不足。协同创新弥补了这方面的不足，一方面，协同创新可以让学生进入企业中，了解社会的实际需求，提高自身的实践能力和动手能力，为企业储备相应的人才资源；另一方面，通过教授、科研人员担任企业顾问和对企业员工进行培训等方式，可提高企业员工的研发能力。

另外，协同创新可以通过实现人才角色的转化，从不同方面提升人才的素质和能力。在协同创新中，人才可以在不同创新主体间进行交流，那么他们在不同组织中将扮演着不同角色。例如，当高校人才团队进入企业共同进行协同创新时，教授和研究生则会以不同方式参与到企业的技术研发中，教授将在企业中转变为管理者，不仅负责项目的相关实施工作，也会涉及企业的管理问题；研究生则将在企业中转变为技术研究人员，不仅负责应用技术项目的研发工作，同时也会涉及产品中试、产品生产和营销方面的工作，这样就使得人才在不同方面的能力得到培养，同时也使人力资本水平得到提升。

6.2.2 协同效应与技术升级

协同创新中的技术升级是协同创新结合体将技术创新成果扩散到协同创新主体以外的区域和组织，以带动区域创新能力提升和区域经济水平发展的

6 协同创新促进产业技术升级的多重路径分析

过程，协同创新中的协同效应在这个过程中则发挥着极为重要的作用。

（1）知识创新效应是协同创新进行技术升级的源头。长期的实践经验表明，新知识、新发现越来越直接成为技术创新的源泉，通过前沿的科学知识和最新发现可以实现重大的技术跨越和变革，在此基础上的技术升级非常常见。当在协同创新的过程中发现了具有应用前景的新知识或者新发明，那么研发则会进一步深入进行，无论协同创新结合体是将这些成果进行转让，还是亲自开发，这些成果都成了技术升级发展的源头，因此，知识创新效应可以成为技术升级的前端驱动力。此外，协同创新中知识创新效应的良好发挥还有利于区域创新氛围的形成。不同创新主体在协同创新中积极互动交流、共同创新，会对协同创新结合体外部企业产生正面影响，带动外部企业也加入关于知识创新的交流中，有利于营造活跃的创新氛围，提升区域革新和开放的理念，促进知识的外部流动。北京的"中关村"模式就是国内很典型的案例。正是在中国科学院、北京大学、清华大学等高校、科研机构与北大方正、联想等一大批企业积极进行协同创新的过程中，中关村获得大量知识创新的同时也得到了区域创新效率的明显提升，并且带动了周边产业的发展。

（2）价值创造效应是协同创新推动技术升级的动力。区域创新绩效的增加和生产率的提升是技术升级的重要体现，而价值创造效应的本质则是通过资源共享和合作互动，使协同创新结合体的效率得到质的提升。可见，协同创新中价值创造效应的实现和技术升级的推进方向是一致的，而且可以说，价值创造效应是推动技术升级的内生力量。具体来说，价值创造效应推动技术升级的作用体现在以下两个方面：一方面，价值创造效应能够带动区域创新效率提升，使新技术、新工艺向外部区域推广，从而促进技术扩散。当协同创新结合体通过新技术和新工艺获得了更多的剩余价值，得到了更多的经济效益和市场份额时，就会加剧市场竞争，在市场的力量下，区域内的其他企业则会纷纷跟进和模仿，学习和掌握新技术、新工艺，一些企业还会进一步加入协同创新中，借助区域协同创新网络实现技术交流和生产率的提高，这将增强价值创新效应对技术升级的作用。另一方面，价值创造效应提高了创新主体的技术升级积极性，从而提高了技术升级的效率。对于高校和科研机构来说，知识的资本化、产业化增加了科研经费，这将有利于高校和科研机构更积极地去探索和发现符合市场需求的新知识、新技术；对于企业来说，创新绩效和经济利益的增加增强了企业的实力和影响力，使协同创新成果能更好地在市场中推广；对于政府来说，价值创造效应带来的财税收入的增加，有利于实现资源和经济的可持续发展，为技术升级提供更好的保障；对于中介机构来说，价值创造效应则为搭建更好的创新交流平台提供了资金基础。

（3）人力资本提升效应是技术升级顺利进行和持续推进的重要条件。技术升级归根结底是人才对技术的领悟和发展。在企业的生产经营过程中，拥有了掌握新技术、新工艺的高素质人才，就等于掌握了核心技术。因此，在技术升级的过程中，关键载体在于人才。协同创新能够为区域培养出理论知识和实践知识相结合的创新型人才，提高当地的劳动者素质，为人力资本的提升和积累打下基础，这一方面将有助于区域对外部知识的吸收和学习，尤其是对隐性知识的吸收和学习；另一方面，将在专业人才区域流动的过程中，让相关技术知识得到更深入、有效的传播。

根据以上讨论，本书提出以下假设，如图6-4所示。

H2：协同创新中的协同效应能够促进技术升级。

H2a：知识创新效应能够促进技术升级。

H2b：价值创造效应能够促进技术升级。

H2c：人力资本提升效应能够促进技术升级。

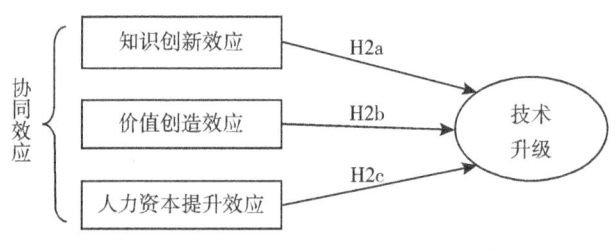

图6-4 协同效应与技术升级的假设

6.2.3 协同效应作用下技术升级的间接路径

6.2.3.1 协同创新模式、知识创新效应与技术升级

高校和科研机构是知识创新的主体，在国家基础研究、前沿技术研究和社会公益性技术研究中发挥带头和主力作用。高校和科研机构的学术资源充足、知识储备完善、科研经验丰富，并且具有先进的研发设施和创新平台，因此，学研主导型协同创新更容易创造新知识、获得新发现。尤其是某些具备行业特色的高校，依托其关键的实验设备和重大创新平台，能够在特定产业链条的关键环节上做出重大知识创新，实现企业核心技术的突破。在高校主导型协同创新中，高水平的研究型大学在协同创新的知识创新效应中有着重要的意义。例如华中科技大学实施的大企业合作战略，与武汉钢铁集团、神龙汽车公司和海尔集团等百余家大中型企业进行协同创新，共承担了超过4000项的企业委托项目；华中科技大学开发的数字化设计软件向6000多家制造企业推广了超过10万套，带动了制造企业信息化的发展。科研机构主导型协同创新目前相对少见，但中国科学院主导的协同创新也体现了其在知识创新中的重要作用。中国科学院在国家经济贸易委员会的支持下，先后建立了"沈阳自动化所工业机器人应用技术产学研合作示范点"、工程热物理所"全三维公司"等，都促进了相关产业的知识创新。

知识创新不仅要瞄准科学前沿问题，还需要关注国民经济发展的现实问题。与学研主导型协同创新相比，企业主导型协同创新能在立足市场信息和市场需求的基础上，创造出更加符合现实需求和市场发展趋势的新知识、新成果。根据企业营销学的观点，市场导向是企业在组织范围内对客户需求和竞争者市场信息的产生、扩散，以及整个组织对市场信息变动的反应能力。因此，以市场为导向的企业主导型协同创新更擅长知识的搜集和获取，由此更容易产生符合市场需求的知识创新。例如，供应商具备产品创新和成本减少的专业性知识和关键信息，企业与供应商的协同创新能够通过获得这种专

业知识和关键信息加快研发速度、找到新的创新领域；企业与竞争企业协同创新能够获取支持性技术和互补性知识，共同进行知识创新，解决面临的技术问题。

但是，在产业的发展中，一些共性技术和基础研究具有高风险、高投入和高不确定性的特点，仅凭学研主导型协同创新和企业主导型协同创新难以实现，而这些知识的创新对社会、经济发展都有重大意义。这时候，政府引导型协同创新就显得十分重要。政府可以通过设立专项基金、制定支持政策等方式，吸引其他创新主体为促进技术进步和区域经济发展积极进行协同创新，正如波特（2003）所说："当竞争的基础转为创造和知识积累时，国家的作用就变得日益重要"。因此，政府引导型协同创新对于知识创新效应也有重要的积极意义。

综合上述讨论以及6.2.2节的分析，本部分提出以下假设，如图6-5所示：

H3：不同协同创新模式能够通过知识创新效应间接促进技术升级。

H3a：企业主导型协同创新能够通过知识创新效应间接促进技术升级。

H3b：学研主导型协同创新能够通过知识创新效应间接促进技术升级。

H3c：政府引导型协同创新能够通过知识创新效应间接促进技术升级。

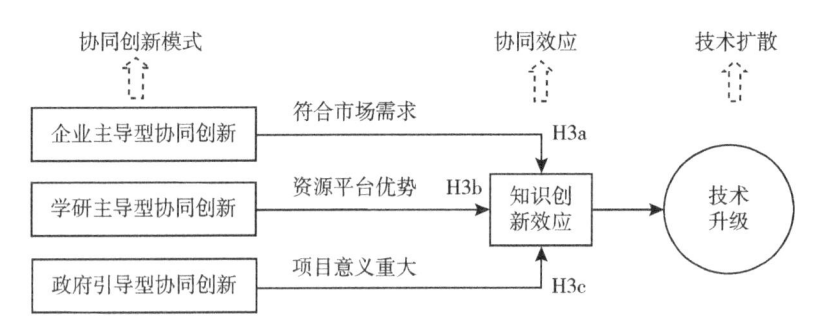

图6-5 协同创新模式与知识创新效应的假设

6.2.3.2 不同协同创新模式、价值创造效应与技术升级

将新技术、新产品进行开发和产业化，获取市场回报和经济价值，提升

6 协同创新促进产业技术升级的多重路径分析

效率和竞争能力，是企业参与协同创新的最终目标。而这其中的关键在于如何能将知识创造与知识的生产力转化相协同。这一方面要解决原始创新知识的商业化价值问题，另一方面要解决研发风险的投资问题。企业主导型协同创新符合经济发展的内在要求，在企业的主导下，这种协同创新模式能够了解市场的需求，以市场为导向，让企业在高校、科研机构的帮助下，向技术孵化的领域延伸，有利于企业对新技术、新产品的商业价值和产业化价值的把握与选择，面对新技术、新产品的不确定性风险，企业也能够成为主要的资金来源，承担协同创新平台和孵化器的建设费用。企业与企业之间的协同创新也是企业主导型协同创新的主要形式之一，对于这种协同创新模式，企业可以通过与客户进行技术沟通和信息交流，获取产品资讯和市场信息，降低产品创新的市场风险；通过与供应商协同创新，有助于发现协同创新中产品设计的潜在问题；通过与竞争者合作能够使企业与之共享研发设备、专门技术和咨询信息等关键资源。

就学研主导型协同创新来说，高校和科研机构不再局限于创造知识，包括基础研究、发表论文或申请专利等，而是主动与产业界进行合作，将科学研究成果推向应用。通过建立技术转移中心、大学园区和校办企业等方式，学研主导型协同创新为创业企业提供孵化平台和技术转移平台，加速了科研成果的产业化。对于学研机构内的研究人员来说，学研主导型协同创新可以产生激励作用，一方面为研究人员带来经济方面的收益，另一方面也增强了研究人员的实践能力，这都将对价值创造效应产生良性循环。另外，由于学研主导型协同创新模式中有相当一部分项目更注重基础性和公益性的研究，并且学研机构在管理、考核机制上与一般企业有很大不同，因此，学研主导型协同创新的成果转化将对地区经济结构和自主创新能力的影响更大，但是对区域经济效益的影响作用可能相对企业主导型协同创新模式较小。

政府引导型协同创新涉及的项目往往在经济战略方面具有重大意义，因此政府引导型协同创新的成果产业化往往对区域经济产生较强的驱动效应，有利于区域经济结构的优化和产业的可持续发展，价值创造效应显著。例如，在科技部和上海科技委员会引导下，同济大学和华普汽车制造公司共同进行混合动力汽车的协同创新。在提倡产业绿色环保化和可持续发展的背景下，该项研究具有重要意义并且符合未来的发展趋势，但同时也具有较高的难度和风险，政府的引导使高校和企业能够结合起来共同攻关，最终实现了混合动力汽车的批量生产，并且对区域汽车产业的发展形成了示范效应，带来了可观的经济效益。另外，由于研究与开发活动具有公共品的性质，因此协同创新活动存在着"市场失灵"问题，而政府作为一种非市场的力量，通过资金支持和政策引导，可以促进创新要素和资源的合理流动，降低创新中的风险和交易成本，从而提高协同创新的价值创造效应。

综合上述讨论以及6.2.2节的分析，本部分提出以下假设，如图6-6所示：

H4：不同协同创新模式能够通过价值创造效应间接促进技术升级。

H4a：企业主导型协同创新能够通过价值创造效应间接促进技术升级。

H4b：学研主导型协同创新能够通过价值创造效应间接促进技术升级。

H4c：政府引导型协同创新能够通过价值创造效应间接促进技术升级。

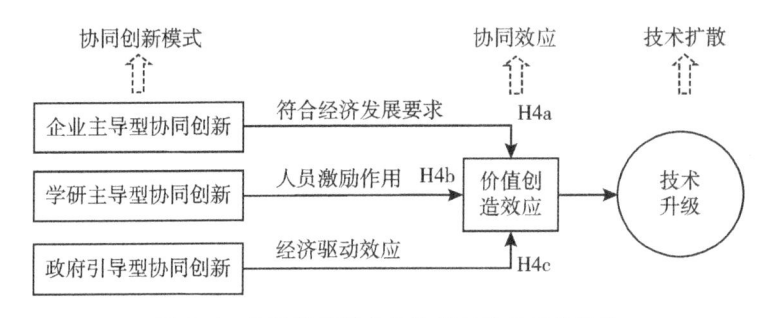

图 6-6 协同创新模式与价值创造效应的假设

6.2.3.3 不同协同创新模式、人力资本提升效应和技术升级

在企业主导型协同创新中，为了更好地应对市场变化、吸收外部知识和整合异质性资源，企业会加大对员工相关技能和管理经验的培训力度，增强员工与其他创新主体的沟通和交流，这不仅将增加应用型人才的数量，

还会在人才流动的过程中，提升区域劳动者的整体素质。另外，企业主导型协同创新实现了研发人员在高校和企业之间的流动，一是加强了科研人才的本地化就业与培养，增加了区域人才储备水平；二是让企业家与科学家在进行角色转换和协同的过程中，素质和能力获得更加全面的提升，企业家更加清楚某项技术创新的先进性和前沿性，科学家更能培养其市场价值思维。

高校本身就具有人才培养职能，因此，学研主导型协同创新模式在人才培养方面具有独特优势，主要表现在协同创新的主体——高校很熟悉教育规律，能够主导教学进度安排和教学计划修订，主动对专业设置进行调整，可以根据学生的实际需求制定人才培养制度和调整培养方案，保证人才培养的效果；学研主导型协同创新可以通过搭建人才交流平台、设立人才培养专项基金、大学生在企业实习和企业人员在高校或科研机构培训等方式，实现"教学—科研—生产实践"一体化的教育培训模式，让学生在参与企业实习的过程中增强实际操作能力，从与企业经验丰富的管理人员的交流中培养企业家精神。而且，作为知识创新领域的主体，高校不仅要承担人才培养和科学研究的职能，还应将人才培养和科学研究的职能延伸到技术孵化领域，即学研主导型协同创新要为孵化新技术培养出相应人才。因此，学研主导型协同创新在人力资本的提升效应中发挥着重要作用。

对于政府引导型协同创新来说，政府对创新资源的合理配置也包括对人才资源的配置。由于中国建立社会主义市场经济体制的时间较短，很多企业的市场化识别人才、吸引人才和集聚人才的能力有限，所以需要政府的主动参与和适当引导，以克服市场机制的不足。政府的引导，可以提高人才类型与地方产业需求的匹配程度，使某些特殊专业和紧急学科的人才在协同创新中可以得到重视和优先培养，并且通过自上而下的人才工作规划和政策保障，实现人才的吸引和集聚。此外，政府利用科技计划和科技政策形成的引导机制，增加基础设施投资，形成高质量的硬环境；通过营造良好的技术创新氛围，形成较好的软环境，都将有利于人力资本的提升。

综合上述讨论以及 6.2.2 节的分析，提出以下假设，如图 6-7 所示：

H5：不同协同创新模式能够通过人力资本提升效应间接促进技术升级。

H5a：企业主导型协同创新能够通过人力资本提升效应间接促进技术升级。

H5b：学研主导型协同创新能够通过人力资本提升效应间接促进技术升级。

H5c：政府引导型协同创新能够通过人力资本提升效应间接促进技术升级。

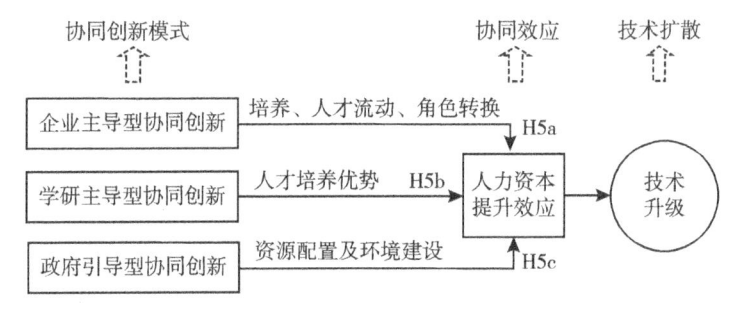

图 6-7 协同创新模式与人力资本提升效应的假设

6.3 协同创新模式下技术升级环境要素的影响

6.3.1 经济环境

经济环境是影响技术升级的重要环境因素，它包括区域的经济发展水平、市场活跃程度和市场化进程等因素。经济环境良好的地区往往经济发展水平比较高，经济体制也比较完善，这意味着创新主体将从技术扩散中获得更多的经济利益上的激励。在完善的经济体制下，企业是自主经营的实体，为了追逐利益最大化，需要提升技术水平、提高生产效率，这就为企业积极获取新技术提供了动力。另外，良好的经济环境还能促进新技术、新成果的转化和利用，能通过市场及时、准确和灵活地调节新技术、新成果的供求关系，有效实现技术升级。良好的经济环境还意味着区域内的技术交易活跃、市场开放，这些都能进一步促进技术升级的实现。

市场化进程也是经济环境的重要部分，其决定了区域内企业的经营模式和面临的竞争环境。首先，市场化程度高的地区，市场竞争更充分，企业会更有动力获取新技术和新知识，以形成核心竞争力、抢占市场份额；其次，市场化进程快的区域，往往产品市场和要素市场的发育程度更高，这意味着市场能够更有效地传递新技术，以及推进人力资本和要素资本的转移，有利于先进技术的扩散（张云和赵富森等，2017）；最后，市场化水平的提升还能缓解政府干预对市场带来的不良影响，弱化行政性垄断对资源配置的扭曲，提高资源配置的效率，这对技术升级也将产生促进作用。因此，本书提出以下假设：

H6a：良好的经济环境对技术升级有促进作用。

6.3.2 资源禀赋

区域的原始资源禀赋是协同创新实现技术升级的必要支撑条件，包括区域的基础设施、研发基础和科技资源等因素。区域基础设施是外部技术扩散的基本条件，是地方行为主体在长期的社会经济发展过程中形成的比较稳定的系统，没有基础设施的保障，技术升级根本无法进行。一方面，由于新技术、新工艺的引进仍具有不确定性和较高风险，因此技术的外部扩散对于区域的机器设备、生产条件，甚至周围环境都有一定要求；另一方面，技术供给主体和技术需求主体之间的有效交流和对接需要技术升级渠道畅通，如果基础设施不完善，双方之间将不能顺利进行沟通交流，技术升级也必然受阻。所以，完善的基础设施是技术升级必不可少的条件。

技术升级还会受到区域研发资源禀赋的影响，包括人力、物力和财力等因素。研发资源禀赋的影响主要体现在以下三方面：第一，区域内需要有足够的研发资本、研发投入，才能保证技术升级的进行；第二，区域内要存在一定的研发基础、技术基础，才能顺利对新技术进行承接；第三，区域内需要相当数量的科研人员、技术人员，才能将新技术进行吸收和转化。如果一个地区研发基础薄弱，科技资源缺乏，那么即便新成果、新技术出现了，企业也没有能力或不能有效进行承接和吸收。因此，本书提出以下假设：

H6b：资源禀赋对技术升级有促进作用。

6.3.3 政策环境

政策环境是指政府对区域经济的干预程度，政府制定的相关计划、政策法规，以及政府基本职能的执行情况所共同反映出来的技术升级环境。政策环境对技术升级有着重要影响。政府干预经济发展、制定相关政策法规等，出发点是为了给技术创新和技术扩散的主体提供有利条件和营造一个良好的外部环境，促进技术升级的顺利进行。尤其是在技术升级的渠道中，会涉及知识产权转让、专有技术交易和新技术工业设备制造等问题，这些过程都需要在良好的交易秩序下才能进行，并且需要相应的政策和法律法规来规范市场和提供保障。如果政府不为此做出工作，那么协同创新的知识成果很可能被别人侵权使用，侵占原本属于创新者的利益，技术供需市场必然会出现混乱，协同创新结合体会不愿意向外传播新技术、新成果，技术升级也难以进行。相关的法律法规主要包括知识产权法、专利法、商标法和技术合同法等，这些法律法规的制定在保护知识创新成果的同时也致力于技术升级的加速进行，既对原创者的利益进行保护，又促进创新成果的合法扩散。例如，专利法规定实行尽早公开制度；对专利活动的环节有相应的规定，规定权利人可以依法实施或者转让专利技术；对某些专利技术实行强行扩散；超过专利保护限期之后，社会可以自由应用相关技术等。

但是，保护政策的实施也一直面临着引致市场扭曲和有损社会福利的指责，尤其是建立在收益递增和垄断竞争基础上的理论很可能带来的是潜在的保护贸易政策，政府的有意识干预能够在短时间内让本土企业活动收益递增和取得规模效应，但是并不利于经济和技术的长期发展。因此，政府的干预存在适度性的问题，但总体来看，良好的政策环境仍然对技术升级有重要的积极影响。因此，本书提出以下假设：

H6c：良好的政策环境对技术升级有促进作用。

6.3.4　社会环境

技术升级发生在一定的社会系统中，它离不开社会环境的支持，也会受到社会环境的制约。技术升级的顺利进行需要适当的社会文化参照体制，与资本转移不受严格的条件限制不同，技术升级要更加复杂，它不仅是为了实现某种目的而去寻找合适的技术方法，而且要使这些技术方法适合社会的具体特征，例如社会的价值观、消费者的偏好、习惯、社会的开放氛围等都会影响一项新技术的采用和扩散情况。

社会环境中涉及很多隐性因素，比如意识形态、文化传统和个体行为的社会化等，这些属于价值规范体系的因素经常会和社会习惯相联系，对技术升级的各个环节和各个层面显示出无所不在的影响力，尤其是对从事相关技术创新活动的人员和企业家的思维方式和价值观产生影响，延伸开来就会进一步对技术升级的时间点产生影响。例如，上海、深圳等地区拥有良好的创新创业氛围，形成了鼓励创新、支持企业家精神的社会风气，因此这些地区的技术创新更加突出、产品和服务种类更丰富，实现技术升级也更容易，技术扩散时间更短。

人口的流动也是社会环境和氛围的一部分。大规模的人口流动促进了不同地区之间的沟通和交流，改变了不同区域技术人员和企业家的文化观念，加速了发达地区向非发达地区的技术传播和辐射，对技术升级将产生深远影响。而且，在信息和技术加速交流和转换的过程中，人口的频繁流动也使得不同地区间的文化加速融合，让企业的观念更加开放，也更容易接受新知识、新技术。

综上，本书提出以下假设：

H6d：良好的社会环境对技术升级有促进作用。

6.4 基于协同创新模式的技术升级路径理论模型构建

根据本章节的分析，可以进一步构建协同创新模式下技术升级路径的理论模型，如图6-8所示。从图中可以看出，理论上看，在不同协同创新模式下，技术升级路径主要分为直接路径和间接路径，其中直接路径有3条，即

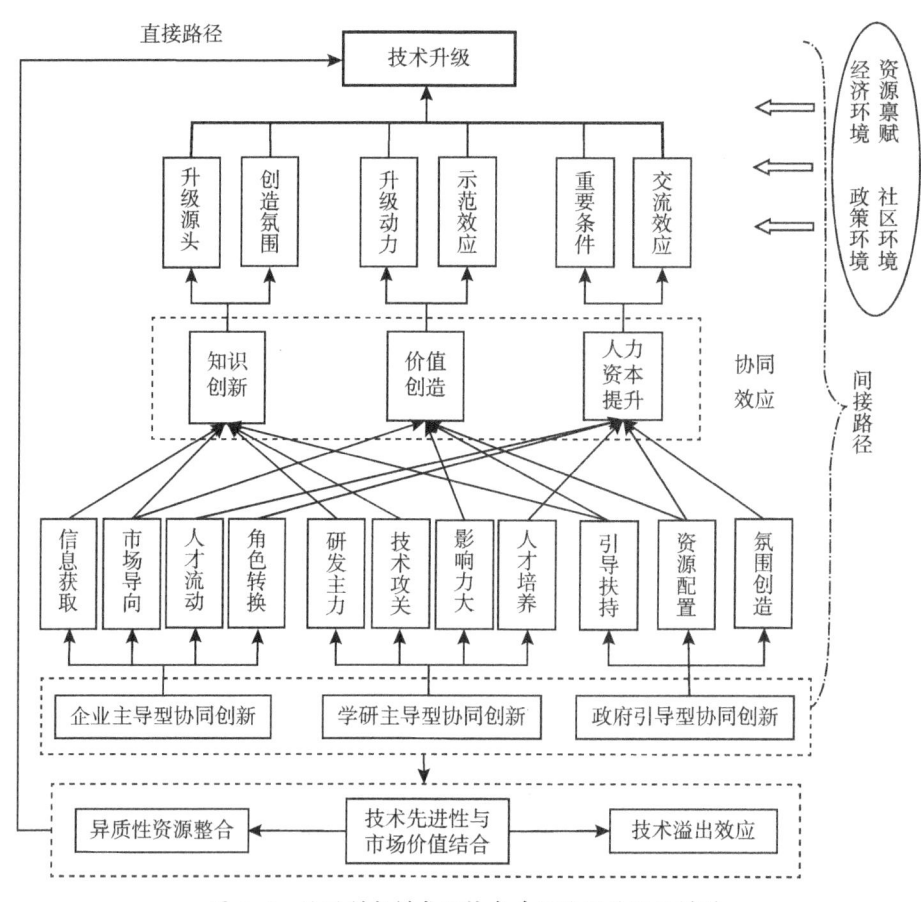

图6-8 协同创新模式下技术升级路径的理论模型

6 协同创新促进产业技术升级的多重路径分析

企业主导型协同创新→技术升级、学研主导型协同创新→技术升级、政府引导型协同创新→技术升级；间接路径有9条，分别是企业主导型协同创新→知识创新效应→技术升级、学研主导型协同创新→知识创新效应→技术升级、政府引导型协同创新→知识创新效应→技术升级、企业主导型协同创新→价值创造效应→技术升级、学研主导型协同创新→价值创造效应→技术升级、政府引导型协同创新→价值创造效应→技术升级、企业主导型协同创新→人力资本提升效应→技术升级、学研主导型协同创新→人力资本提升效应→技术升级和政府引导型协同创新→人力资本提升效应→技术升级，技术升级的路径受到环境因素的影响。

7 基于 PLS-SEM 模型的协同创新技术升级路径检验

7.1 PLS-SEM 方法与协同创新技术升级路径模型

7.1.1 PLS-SEM 方法简述及应用性分析

结构方程模型（SEM）是当前经济管理和社会科学领域研究中常见的一种重要分析工具，其估计方法主要有两种：一种是基于协方差矩阵估计的结构方程模型（Covariance-based SEM，CB-SEM），一种是基于主成分形式的结构方程模型（Component-based SEM）。主成分形式的结构方程模型，是以变量的线性整合定义出一个主成分结构后，再利用回归原理来对主成分间的解释关系和预测关系进行检验，使用的技术是偏最小二乘法（Partial Least Squares，PLS），因此，又可以把基于主成分形式的结构方程模型称为 PLS-SEM 路径模型。

PLS-SEM 路径模型最早由 Herman Wold（1975）提出，现已在经济管理、资料管理和心理学等众多领域得到广泛应用。PLS-SEM 路径建模以方差为基础，通过寻找出所有最小残差方差来构建模型。在 CB-SEM 建模中，为了保证整个结构方程模型的识别性，会有多项严格的假设，如果模型设定稍有问题，就会导致模型无法识别，因此 CB-SEM 模型并不适合用于宏观数

7 基于 PLS-SEM 模型的协同创新技术升级路径检验

据的分析。与之相比，PLS-SEM 路径模型对于观测变量的分布、残差和参数都没有严格的限制，对样本量的要求更宽松，而且对于包含多个结构和多个路径关系的复杂模型的估计拥有较高的稳健性，能够在最大程度上实现预测效力，一般不存在模型无法识别的问题（Hair 和 Sarstedt 等，2014）。在对两种方法的选择上，学者们认为应该根据研究目的进行分析，CB-SEM 模型更适合理论模型的验证性分析，而 PLS-SEM 路径模型更适合对理论模型构建的探索性分析。

本部分研究主要是对不同协同创新模式下技术升级的直接路径和间接路径进行实证分析。与协同创新技术扩散实证研究不同的是，研究对象由微观层面的创新主体变成了宏观层面的区域创新主体，相关的宏观数据相对容易获得，加上不同层面上的理论分析视角不同，因此对于技术升级路径的实证分析不需要采用系统动力学方法，而更适合采用计量方法并利用宏观数据进行实证检验。

对于计量方法中 CB-SEM 模型和 PLS-SEM 路径模型的选择，从理论研究上看，当前并没有成熟的基于协同创新模式的技术升级路径分析框架，而且本书构建的理论框架也需要在实证中加以验证，这种情况适合使用 PLS-SEM 路径模型。从模型结构上看，PLS-SEM 路径模型能够对模型进行灵活的设定，对含有多个关键目标结构和多个重要影响变量的模型进行有效识别。从数据上看，PLS-SEM 路径建模方法非常适合对于宏观经济数据问题的分析。因此，综合考虑，本部分采用 PLS-SEM 路径建模方法进行分析。

7.1.2 基于 PLS-SEM 方法的协同创新技术升级路径模型构建

PLS-SEM 路径模型主要由测量模型和结构模型构成。测量模型是用来描述显变量和潜变量之间关系的模型，结构模型是用来描述潜变量之间的关系的模型。本部分研究的测量模型为：

$$x_{jh} = \lambda_{jh}\xi_j + \varepsilon_{jh} \qquad (7-1)$$

$$y_{ih} = \lambda_{ih}\eta_i + \varepsilon_{ih} \qquad (7-2)$$

其中，j 为外生变量分组的编号，i 为内生变量分组的编号，本部分研究中一共有 7 组外生显变量组，分别为 *enterprise*、*uni-research*、*govern*、*economic*、*resource*、*policy* 和 *social*，令它们分别编号为 1，2，3…，7，即 $j=1$，2，3…，7；有 4 组内生显变量组，分别为 *knowledge*、*profit*、*human* 和 *diffusion*，令它们分别编号为 1，2，3，4，即 $i=1$，2，3，4。x_{jh} 为第 j 组中第 h 个显变量，y_{ih} 为第 i 组中第 h 个显变量，ε_{jh} 和 ε_{ih} 为随机误差项，均值为 0，$cor(\varepsilon_{jh}, \xi_j) = 0$，$cor(\varepsilon_{ih}, \eta_i) = 0$；$\xi_j$ 为第 j 组的外生潜变量，η_i 为第 i 组的内生潜变量。

接着是不同协同创新模式下技术升级结构模型的构建：

$$\eta_i = \sum_{i=1}^{3}\sum_{j=1}^{3}\beta_{ji}\xi_j + \zeta_i \qquad (7-3)$$

$$\eta_4 = \sum_{i=1}^{3}\alpha_{i4}\eta_i + \sum_{j=4}^{7}\beta_{j4}\xi_j + \zeta_4 \qquad (7-4)$$

其中，ζ_j 为随机误差项，均值为 0，且 $cor(\zeta_j, \xi_i) = 0$。

对上述测量模型和结构模型的估计一般采用的是迭代算法。首先，要对潜变量的外部近似值进行估计。

$$X_j^{t+1} = f_j^{t+1}\sum_{h=1}^{k_1}(w_{jh}^t \cdot x_{jh}) \qquad (7-5)$$

$$Y_i^{t+1} = g_i^{t+1}\sum_{h=1}^{k_2}(w_{ih}''^t \cdot y_{ih}) \qquad (7-6)$$

其中，X_j^{t+1} 和 Y_i^{t+1} 分别为潜变量 ξ_j 和 η_i 经过第 t 次迭代后得到的外在估计值向量，w_{jh}^t 和 $w_{ih}''^t$ 分别为显变量的权重，f_j^{t+1} 和 g_i^{t+1} 为标量，令 $Var(X_j^{t+1}) = Var(Y_i^{t+1}) = 1$，$t$ 为迭代次数。

其次，要对潜变量的内部近似值进行估计。潜变量的内部估计值公式为：

$$\xi_j^{t+1} = f_j'^{t+1}\sum_a (\theta_{ja}^{t+1} \cdot X_a^{t+1} + \lambda_{ja}^{t+1} \cdot Y_a^{t+1}) \qquad (7-7)$$

$$\eta_i^{t+1} = g_i'^{t+1} \sum_a (\theta''^{t+1}_{ia} \cdot X_a^{t+1} + \lambda''^{t+1}_{ia} \cdot Y_a^{t+1}) \qquad (7\text{-}8)$$

其中，ξ_j^{t+1} 和 η_i^{t+1} 分别为潜变量 ξ_j 和 η_i 经过第 t 次迭代后得到内在估计值向量，θ_{ja}^{t+1}、λ_{ja}^{t+1}、θ''^{t+1}_{ia} 和 λ''^{t+1}_{ia} 为潜变量的内部权重，$f_j'^{t+1}$ 和 $g_i'^{t+1}$ 为标量，令 $Var(\xi_j^{t+1}) = Var(\eta_i^{t+1}) = 1$，t 为迭代的次数。

接着，需要对显变量的权重进行计算。对于反映型测量模型，其权重估计为：

$$x_{jh} = w_{jh}^{t+1} \xi_j^{t+1} + \varepsilon_{x,jh}^{t+1} \qquad (7\text{-}9)$$

$$y_{ih} = w'^{t+1}_{ih} \eta_i^{t+1} + \varepsilon_{y,ih}^{t+1} \qquad (7\text{-}10)$$

当进行完一次潜变量外部近似估计、内部近似估计和显变量权重估计后，需要判断是否要继续迭代，否则要进行下一轮的迭代，停止迭代的条件一般为：

$$|(w_{jh}^t - w_{jh}^{t+1})/w_{jh}^t| < 10^{-5} \text{ 和 } |(w'^t_{ih} - w'^{t+1}_{ih})/w| < 10^{-5} \qquad (7\text{-}11)$$

根据迭代结果确定的权重值，就能得出潜变量的估计值：

$$\xi_j^A = \sum_{h=1}^{k_1} (w_{jh}^A \cdot x_{jh}) \qquad (7\text{-}12)$$

$$\eta_i^A = \sum_{h=1}^{k_2} (w'^A_{ih} \cdot y_{ih}) \qquad (7\text{-}13)$$

其中，A 表示停止迭代后得到的最后计算值。

7.2 数据来源与变量处理

7.2.1 数据来源

本部分实证研究的考察对象为中国大陆 29 个省（自治区、直辖市），其中重庆市与四川省的数据进行合并分析，西藏自治区的数据由于缺失值较多，予以剔除。市场化指数的数据来自中国改革基金会国民经济研究所编制的中国分省份、自治区和直辖市的市场化相对指数，其余数据均来自历年《中国统计年鉴》《中国科技统计年鉴》《中国劳动力统计年鉴》、中经网统计数据库和国家统计局网站，时间跨度为2001—2015年。

7.2.2 变量选择与处理

本部分研究的主要变量包括协同创新模式、协同效应、技术扩散和环境因素等，具体的变量指标衡量方法如下。

（1）协同创新模式。在区域协同创新中，创新主体的要素地位主要体现在两个方面：一是该创新主体与其他创新主体的联系和交流的程度；二是创新主体在区域创新中的参与程度（李习保，2007）。将创新主体的要素地位同创新主体与其他参与主体的联系进行综合考虑，即可对协同创新的模式进行衡量。根据白俊红和蒋伏心（2015）的研究，协同创新是创新主体在资源、人员和知识等方面的交流和互动，但受制于数据的可得性问题，主要从资金往来的角度对协同创新的模式进行度量。基于此，本部分研究选择企业研发资金中企业资金的比重、企业研发资金中其他机构资金的比重和区域研发经费中企业资金的比重来对企业主导型协同创新模式进行衡量；选择高校研发经费中企业资金的比重、科研机构研发经费中企业资金的比重、高校和科研机构总研发经费中企业资金的比重、区域研发经费中高校资金的比重和区域研发经费中科研机构资金的比重来对学研主导型协同创新模式进行衡量；选择企业研发经费中政府资金的比重、高校研发经费中政府资金的比重、科研机构研发经费中政府资金的比重、高校和科研机构总研发经费中政府资金的比重和区域研发经费中政府资金的比重来对政府引导型协同创新模式进行衡量。

（2）协同效应，包括知识创新效应、价值创造效应和人力资本提升效应。知识创新包括理论知识创新和技术知识创新。对于理论知识创新，本部分研究用国外主要检索工具收录科技论文数之和来表示。对于技术知识创新，由于专利数的通用性、一致性和易得性，因此本部分研究采用专利申请数来衡量。根据理论部分的分析，采用企业新产品销售收入和企业主营业务收入对价值创造效应进行综合衡量。对于人力资本提升效应，本部分研究主

7 基于 PLS-SEM 模型的协同创新技术升级路径检验

要采用人力资本水平和每万人拥有的本科生在校生人数来进行综合衡量。对于人力资本水平的度量，常见的指标包括公共教育开支、平均教育年限和全社会文盲率等。此处，根据黄新飞和舒元（2010）的研究，采用受教育年限法来对人力资本水平进行计算，计算公式为：

$$y_{31i} = p_{i1} \times 6 + p_{i2} \times 9 + p_{i3} \times 12 + p_{i4} \times 16 \tag{7-14}$$

其中，p_{i1}、p_{i2}、p_{i3} 和 p_{i4} 分别代表 i 地区受教育程度为小学、初中、高中、大专及以上的就业人口比重，各阶段的受教育年限为相应的权重。

（3）技术升级。目前，对于技术升级水平的量化测度仍然是一个难题。在相关研究中，最常见的是技术升级的间接测度方法，与经济增长研究中将全要素生产率的提高看作生产率的改善类似，这些研究也常常用技术接收方的全要素生产率变化情况来对技术升级的效果进行评价（Fu 和 Gong，2011；Wang 和 Hu，2017）。还有学者指出，由于技术升级可以带来产业利润率的增加、利润规模增大，劳动生产率的提高、生产成本的降低，新产品利润的增加等，因此劳动生产率、企业利润和企业市场价值等都可以作为技术升级效应的衡量指标（洪联英、韩峰和唐寅，2016；徐晔、陶长琪和丁晖，2015；陈丹，2006；范爱军和刘强，2011）。梁玺和吴贵生（2008）则认为，技术市场是实现区域技术扩散的重要方式，而技术市场合同交易额是较少能够对扩散进行直接度量的数据，且具有统计口径和单位一致的优点，因此可以采用技术市场合同交易来测度技术扩散。刘璇和刘军（2010）也采用了类似指标。借鉴这些研究，又考虑到研究目的差异和数据上的限制，以及为了尽可能全面地反映技术升级的水平，本研究选择了 4 个指标对技术升级进行衡量：全员劳动生产率、全要素生产率、技术市场成交合同金额、企业利润额。在本部分中，将采用基于 DEA 的非参数 Malmquist 指数法对全要素生产率进行计算，该种方法具有诸多优势，包括无须设定具体的生产函数形式，受参数估计方法假设的限制少，不用考虑要素相关价格和指标单位等。根据 Caves 等（1982）的方法，基于投入的 Malmquist 生产率指数的表达式如下：

$$M_i^t = \frac{D_i^t(x^t, y^t)}{D_i^t(x^{t+1}, y^{t+1})} \qquad (7-15)$$

其中，D_i^t 为距离函数，当且仅当 $D_i^t(x^t, y^t) = 1$ 时，(x^t, y^t) 为技术前沿面上的点，该指数可以计算出在 t 时期的技术条件下，全要素生产率从 t 到 $t+1$ 时期的变化率。

同理，在 $t+1$ 时期的技术条件下，全要素生产率从 t 到 $t+1$ 时期的变化率为：

$$M_i^{t+1} = \frac{D_i^{t+1}(x^t, y^t)}{D_i^{t+1}(x^{t+1}, y^{t+1})} \qquad (7-16)$$

最后，用上述两个 Malmquist 生产率指数的几何平均值对生产率变化进行最后测算，这是为了减少前沿技术参照系选择时的随意性，计算公式如下：

$$M_i(x^{t+1}, y^{t+1}; x^t, y^t) = \left[\frac{D_i^t(x^t, y^t)}{D_i^t(x^{t+1}, y^{t+1})} \times \frac{D_i^{t+1}(x^t, y^t)}{D_i^{t+1}(x^{t+1}, y^{t+1})} \right]^{\frac{1}{2}} \qquad (7-17)$$

当 Malmquist 生产率指数大于 1 时，表示全要素生产率从 t 到 $t+1$ 时期不断增长；否则，全要素生产率是降低的。

在 Malmquist 生产率指数的计算过程中，还涉及产出值、劳动力投入和物质资本存量等指标。其中，产出值为各省份按不变价进行平减后的 GDP（2001=100）；劳动力投入为各省份年末就业人员数；资本存量的估计方法为永续盘存法，资本折旧率假设为 9.6%。

（4）环境因素，主要包括 4 个方面：经济环境、资源禀赋、政策环境、社会环境。对于经济环境，这里从经济发展水平、经济开发程度、市场化进程和经济活跃程度几个方面选择了相关指标进行测度。对于资源禀赋，一定的基础设施建设、相关研发基础和资源是需要考虑的因素，因此本部分选择了人均邮电量、地区从业人员中科技活动人员的占比和研发投入存量进行衡量。由于当期的研发投入带来的积极效应可能会累积到下一期研发活动中，因此，研发投入采用永续盘存法进行估计：

$$RD_{it} = (1-\delta) RD_{i(t-1)} + E_{it} \qquad (7-18)$$

7 基于 PLS-SEM 模型的协同创新技术升级路径检验

RD_{it} 和 $RD_{i(t-1)}$ 分别表示各地区 t 时期和 $t-1$ 时期的 R&D 资本存量；δ 为折旧率，其值按前人的研究设定为 15%；E_{it} 表示各地区的实际研发经费内部支出，是 R&D 经费支出按研发价格指数进行平减而得。初始资本存量的计算公式为：

$$RD_{i0} = E_{i0} / (g+\delta) \qquad (7-19)$$

其中，RD_{i0} 和 E_{i0} 分别表示期初的研发资本存量和 R&D 经费支出。

对于政策环境，主要从国际行政的干预程度、公共服务水平和知识产权的保护力度等方面来进行衡量。对于社会环境，主要从区域中互联网的普及程度、人口流动水平和创新创业氛围等方面来进行衡量，具体计算指标如表 7-1 所示。

表 7-1 变量说明

变量	潜变量	测量变量
协同创新模式（mode）	企业主导型协同创新（enterprise）	企业研发资金中企业资金的比重（$x11$）
		企业研发资金中其他机构资金的比重（$x12$）
		区域研发经费中企业资金的比重（$x13$）
	学研主导型协同创新（uni-research）	高校研发经费中企业资金的比重（$x21$）
		科研机构研发经费中企业资金的比重（$x22$）
		高校和科研机构总研发经费中企业资金的比重（$x23$）
		区域研发经费中高校资金的比重（$x24$）
		区域研发经费中科研机构资金的比重（$x25$）
	政府引导型协同创新（govern）	企业研发经费中政府资金的比重（$x31$）
		高校研发经费中政府资金的比重（$x32$）
		科研机构研发经费中政府资金的比重（$x33$）
		高校和科研机构总研发经费中政府资金的比重（$x34$）
		区域研发经费中政府资金的比重（$x35$）

续表

变量	潜变量	测量变量
协同效应 (effect)	知识创新效应 (knowledge)	专利申请数（$y11$）
		国外主要检索工具收录科技论文数之和（$y12$）
	价值创造效应 (profit)	企业新产品销售收入（$y21$）
		企业主营业务收入（$y22$）
	人力资本提升效应 (human)	人力资本水平（$y31$）
		每万人拥有的本科生在校生人数（$y32$）
技术升级 (diffusion)	全员劳动生产率	工业增加值/年均从业人数（$y41$）
	全要素生产率	根据DEA-Malmquist法测算（$y42$）
	技术市场扩散	技术市场成交合同金额（$y43$）
	企业利润	企业利润额（$y44$）
经济环境 (economic)	经济发展水平	人均国内生产总值（$x41$）
	经济开放程度	进出口总额/国内生产总值（$x42$）
	市场化进程	市场化指数（$x43$）
	经济活跃程度	非国有工业销售产值/工业销售产值（$x44$）
资源禀赋 (resource)	基础设施水平	人均邮电量（$x51$）
	科技资源	地区从业人员中科技活动人员占比（$x52$）
	区域研发基础	研发投入存量（$x53$）
政策环境 (policy)	国家行政力量	国内生产总值/财政收入（$x61$）
	公共服务	医院卫生院人均床位数（$x62$）
	知识产权保护	专利申请数/科技人员数（$x63$）
社会环境 (social)	网络普及程度	国际互联网用户数（$x71$）
	人口流动性	全社会客运量/地区人口数（$x72$）
	创业氛围	个体户和私营企业家数量/全体就业人数（$x73$）

7.2.3 变量的描述性统计与分析

根据所选变量的相关指标，可以得到变量的描述性统计特征。主要变量的描述性统计特征如表 7-2 所示。

表 7-2 主要变量的描述性统计特征

变量	均值	标准差	最小值	最大值	变量	均值	标准差	最小值	最大值
$x11$	0.894	0.068	0.502	0.998	$x35$	0.244	0.122	0.073	0.619
$x12$	0.050	0.055	0	0.359	$y11$	37066.62	68641.19	124	504500
$x13$	0.674	0.140	0.246	0.904	$y12$	8622.273	11699.18	9	81896
$x21$	0.289	0.130	0.004	0.570	$y21$	2.34e+07	3.89e+07	53	2.45e+08
$x22$	0.045	0.044	0.000	0.365	$y22$	1.85e+08	2.58e+08	1607694	1.47e+09
$x23$	0.141	0.078	0.002	0.410	$y31$	9.073	1.200	6.177	13.388
$x24$	0.084	0.043	0.022	0.260	$y32$	96.779	50.721	10.470	334.577
$x25$	0.162	0.119	0.012	0.673	$y41$	2.308	1.809	0.179	11.460
$x31$	0.054	0.044	0.002	0.318	$y42$	0.926	0.255	0.304	1.692
$x32$	0.629	0.131	0.343	0.983	$y43$	1295469	3485842	1885.29	3.45e+07
$x33$	0.799	0.108	0.342	0.997	$y44$	1294.235	1664.914	-91.89	9686.84
$x34$	0.734	0.098	0.393	0.963	$x41$	25026.94	16945.17	3290.564	82791.88

7.3 协同创新模式下技术升级路径实证结果分析

7.3.1 模型拟合效果检验

7.3.1.1 测量模型检验

本部分研究采用 SmartPLS 2.0 软件对构建的协同创新模式下的技术升级 PLS-SEM 路径模型进行实证分析。参数估计方法为路径加权法（Path

Weighting Scheme），该估计方法可以较好地对模型中的内生变量进行解释。参数估计后对得到的因子载荷系数进行 Bootstrap 检验，该检验的原假设认为被检验的变量系数值为零，拒绝原假设时则认为该系数不能通过显著性检验，其系数显著不为零，此时则需要对模型进行修正。通过软件分析，可以得到模型显著性检验结果和观测变量的因子载荷系数，如表 7-3 所示。

表 7-3　显著性检验及因子载荷系数（修正前）

潜变量	观测变量	T 值（修正前）	因子载荷系数	潜变量	观测变量	T 值（修正前）	因子载荷系数
企业主导型协同创新	$x11$	99.369	0.934		$y32$	117.811	0.945
	$x12$	46.930	−0.851	技术升级	$y41$	66.971	0.804
	$x13$	18.398	0.705		$y42$	5.237	0.416
学研主导型协同创新	$x21$	3.094	0.893		$y43$	12.073	0.578
	$x22$	1.470	0.391		$y44$	25.261	0.770
	$x23$	2.460	0.943	经济环境	$x41$	97.061	0.882
	$x24$	0.942	0.280		$x42$	34.612	0.775
	$x25$	0.633	−0.280		$x43$	214.431	0.948
政府引导型协同创新	$x31$	8.499	0.604		$x44$	25.226	0.724
	$x32$	4.819	0.487	资源禀赋	$x51$	43.483	0.851
	$x33$	8.077	0.677		$x52$	27.555	0.773
	$x34$	10.500	0.808		$x53$	65.318	0.867
	$x35$	13.649	0.814	政策环境	$x61$	38.256	−0.798
知识创新	$y11$	70.071	0.893		$x62$	36.640	0.774
	$y12$	68.173	0.889		$x63$	82.651	0.875
价值创造	$y21$	286.625	0.980	社会环境	$x71$	55.868	0.846
	$y22$	283.410	0.979		$x72$	4.309	0.367
人力资本提升	$y31$	36.682	0.887		$x73$	28.615	0.774

从表 7-3 中可以看出，在初始模型中，观测变量 x24 和 x25 的因子载荷

7 基于 PLS-SEM 模型的协同创新技术升级路径检验

系数 Bootstrap 检验的 T 值分别为 0.942 和 0.633，未能通过 10% 统计水平下的显著性检验，此外，其他观测变量的因子载荷系数均通过了显著性检验，因此，我们将不显著的因子载荷系数删除后，重新对结构方程模型进行参数估计和显著性检验。初次修正后，所有观测变量的因子载荷系数均通过了 Bootstrap 检验，但潜变量政府引导型协同创新和社会环境的平均因子载荷系数较低（初次修正的结果略），为了保证测量模型的效果，在不影响内容效度的情况下，对模型进行了最终修正，表 7-4 显示了最终修正后的显著性检验结果和观测变量的因子载荷系数。可以看出，经过最终修正，模型中所有观测变量的因子载荷系数均通过了 10% 统计水平下的显著性检验，且大部分观测变量的因子载荷系数大于 0.7，说明观测变量的测量结果较好。

表 7-4　显著性检验及因子载荷系数（修正后）

潜变量	观测变量	T 值	因子载荷系数	潜变量	观测变量	T 值	因子载荷系数
企业主导型协同创新	x_{11}	97.686	0.934	技术升级	y_{41}	65.788	0.803
	x_{12}	47.498	−0.851		y_{42}	5.112	0.473
	x_{13}	18.364	0.705		y_{43}	12.714	0.579
学研主导型协同创新	x_{21}	38.740	0.926		y_{44}	25.284	0.772
	x_{22}	4.147	0.354	经济环境	x_{41}	99.930	0.882
	x_{23}	40.298	0.927		x_{42}	35.798	0.775
政府引导型协同创新	x_{31}	12.440	0.680		x_{43}	214.632	0.948
	x_{33}	8.032	0.684		x_{44}	25.255	0.724
	x_{34}	8.917	0.711	资源禀赋	x_{51}	44.018	0.850
	x_{35}	22.505	0.883		x_{52}	28.885	0.772
知识创新	y_{11}	90.171	0.891		x_{53}	62.109	0.867
	y_{12}	76.266	0.891	政策环境	x_{61}	37.274	−0.798
价值创造	y_{21}	290.537	0.980		x_{62}	35.779	0.774
	y_{22}	295.868	0.979		x_{63}	82.084	0.875
人力资本提升	y_{31}	49.935	0.889	社会环境	x_{71}	68.333	0.862
	y_{32}	173.961	0.944		x_{73}	39.280	0.797

表 7-5 展示了潜变量的平均方程提取率 AVE、组合信度（CR）和 Cronbachs α 值。对测量模型的检验主要包括信度检验和效度检验。信度检验主要是对测量工具对于所测指标的一致性和可靠性进行检验，信度系数的范围在 0～1 之间，数值越大，表示测评效果越可靠，主要评价指标有组合信度和 Cronbachs α 值。通常情况下，组合信度大于 0.7 时，Cronbachs α 值大于 0.6 时，被认为信度较高。从表 7-5 的结果来看，大部分潜变量都满足了要求，说明模型具有较好的信度。对于效度检验，在本部分研究中，所有潜变量的 AVE 值均超过 0.5 的基准值，说明模型中的观测变量具有较好的收敛效度，对潜变量具有较高的解释度。

表 7-5 潜变量的 AVE 和信度系数

潜变量	AVE	CR	Cronbachs α
企业主导型协同创新	0.697	0.406	0.783
学研主导型协同创新	0.614	0.808	0.703
政府引导型协同创新	0.554	0.831	0.746
知识创新	0.794	0.885	0.741
价值创造	0.959	0.979	0.958
人力资本提升	0.841	0.913	0.815
技术升级	0.734	0.745	0.565
经济环境	0.760	0.903	0.856
资源禀赋	0.697	0.870	0.780
政策环境	0.670	0.421	0.752
社会环境	0.689	0.816	0.551

7.3.1.2 结构模型检验

拟合优度 R^2 是 PLS 路径模型中用来评价结构模型中内部关系解释效果的重要指标，该值用来表示当前模型中的自变量对因变量变异的解释程度。在本部分研究构建的协同创新模式下的技术升级路径模型中，知识创造效应、价值创造效应和人力资本提升效应的 R² 分别为 0.130、0.269 和 0.196，表示模型分别解释了知识创造效应的 13.0%，价值创造效应的 26.9% 和人力资本提升效应的 19.6%，说明模型对协同效应的解释程度为中等。而技术扩散的 R² 为 0.843，说明协同效应及其他环境变量能够很好地解释和预测技术扩散效果。另外，Wetzels 和 Odekerken-Schroder 等（2009）、Vinzi 和 Chin 等（2010）指出，适配度 GOF 可以对测量模型和结构模型的整体情况和预测效用进行评价，当 GOF 大于 0.36 时，则认为适配度强；当 GOF 在 0.25~0.36 之间时，适配度为中等。适配度 GOF 的计算公式为：

$$GOF = \sqrt{com \cdot \overline{R^2}} \qquad (7-20)$$

根据式（7-20），计算出本模型的 GOF 值为 0.512，说明基于协同创新模式的技术升级 PLS-SEM 路径模型具有很高的适配度，测量模型和结构模型的整体设置合理。

7.3.2 假设检验及路径分析

表 7-6 展示了协同创新模式下的技术升级 PLS-SEM 路径模型的路径系数及假设检验结果。从表 7-6 中可以看出，在不同协同创新模式的直接技术升级路径检验中，只有政府引导型协同创新模式能够直接促进技术升级（路径系数为 0.063，P<0.05），而企业主导型协同创新和学研主导型协同创新对技术升级的直接路径均未通过显著性检验，H1c 得到支持，H1a 和 H1b 未得到支持。在协同效应中，知识创新效应对技术升级的影响不显著，价值创造效应和人力资本提升效应对技术升级路径的系数分别为 0.457 和 0.208，均通过了 1% 统计水平的显著性检验，说明价值创造效应和人力资本提升效应能够对技术升级有显著的促进作用，H2b 和 H2c 得到支持，H2a 未得到支持。在不同协同创新模式对协同效应的影响路径检验中，企业主导型协同创新、学研主导型协同创新和政府引导型协同创新的路径系数分别为 0.288、0.286 和 0.139，分别通过了 1%、1% 和 10% 统计水平的显著性检验，说明这 3 种协同创新模式均能显著地实现知识创新效应，且企业主导型协同创新

和学研主导型协同创新对知识创新的促进作用相当，H3a、H3b 和 H3c 均得到支持。在协同创新模式对价值创造效应的路径检验中，3 种模式的路径系数均通过了 1% 统计水平下的显著性检验，但是政府引导型协同创新的路径系数为 -0.169，企业主导型协同创新和学研主导型协同创新的路径系数分别为 0.390 和 0.144，这说明企业主导型协同创新和学研主导型协同创新均能产生积极的价值创造效应，且企业主导型协同创新的价值创造效应尤为突出，而政府引导型协同创新则对价值创造效应产生了显著的负面影响，H4a 和 H4b 得到支持，H4c 未得到支持。在协同创新模式对人力资本提升效应的路径检验中，3 种协同创新模式的路径系数分别为 0.355、0.354 和 0.318，路径系数均通过了 1% 统计水平的显著性检验，说明每种协同创新模式均能对人力资本提升产生显著的积极影响，且不同创新模式对人力资本提升的影响力度是接近的，H5a、H5b 和 H5c 均得到支持。从环境要素对技术升级的影响来看，经济环境的路径系数为 0.266，通过了 1% 统计水平下的显著性检验；资源禀赋的路径系数为 0.229，通过了 1% 统计水平下的显著性检验；政策环境和社会环境的路径系数均没有通过显著性检验，说明从全国整体情况来看，良好的经济环境和一定的资源禀赋都能显著地促进技术升级，但是政策环境和社会环境对技术升级的影响作用还不显著，H6a 和 H6b 得到支持，H6c 和 H6d 未得到支持。

表 7-6　路径系数及假设检验结果

假设及变量关系	路径系数	T 值	检验结果
H1a：企业主导型协同创新→技术升级	0.019	0.854	不支持
H1b：学研主导型协同创新→技术升级	-0.040	1.847	不支持
H1c：政府引导新协同创新→技术升级	0.063*	2.152	支持
H2a：知识创新→技术升级	-0.002	0.029	不支持
H2b：价值创造→技术升级	0.457***	6.602	支持
H2c：人力资本提升→技术扩散	0.208***	5.134	支持
H3a：企业主导型协同创新→知识创新	0.288***	8.661	支持

7 基于PLS-SEM模型的协同创新技术升级路径检验

续表

假设及变量关系	路径系数	T值	检验结果
H3b：学研主导型协同创新→知识创新	0.286***	7.405	支持
H3c：政府引导新协同创新→知识创新	0.139*	2.229	支持
H4a：企业主导型协同创新→价值创造	0.390***	17.738	支持
H4b：学研主导型协同创新→价值创造	0.144***	3.944	支持
H4c：政府引导新协同创新→价值创造	−0.169***	4.958	不支持
H5a：企业主导型协同创新→人力资本提升	0.355***	8.683	支持
H5b：学研主导型协同创新→人力资本提升	0.354***	8.588	支持
H5c：政府引导新协同创新→人力资本提升	0.318***	6.834	支持
H6a：经济环境→技术升级	0.266***	4.799	支持
H6b：资源禀赋→技术升级	0.229**	2.738	支持
H6c：政策环境→技术升级	−0.040	1.145	不支持
H6d：社会环境→技术升级	−0.023	0.402	不支持

注：*、** 和 *** 分别表示在10%、5% 和1% 水平上显著。

图7-1进一步直观地展示了协同创新模式下技术升级的直接路径和间接路径，图中的实线表示该路径系数通过10%统计水平下的显著性检验，虚

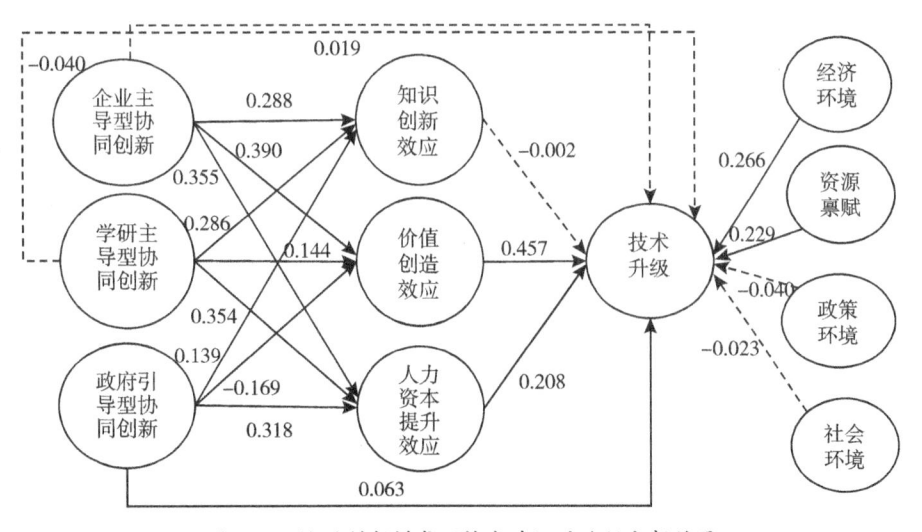

图7-1 协同创新模式下技术升级的路径分析结果

线表示该路径系数未通过显著性检验。从图中可以看出，对于技术升级的直接路径，只有政府引导型协同创新能够直接促进技术升级。对于技术升级的间接路径，企业主导型协同创新和学研主导型协同创新的间接路径主要有两条：一是价值创造路径，通过不断创造新的价值，推动技术升级的实现；二是人力资本提升路径，通过促进人力资本的发展和提升，实现技术升级。而政府引导型协同创新促进技术升级的间接路径只有一条，即人力资本提升路径。

表7-7列示了不同协同创新模式对技术升级直接路径和间接路径的影响效应。从表中可以看出，企业主导型协同创新主要通过价值创造路径实现技术升级，其影响效应为0.178，是人力资本提升路径影响效应的两倍多；学研主导型协同创新实现技术升级的两条路径影响效应力度相当；政府引导型协同创新的价值创造路径会对技术升级带来负面效应，但其能通过直接路径和人力资本提升路径促进技术升级。可见，在间接路径中，最能够促进技术升级的路径是企业主导型协同创新的价值创造路径，不同模式的人力资本路径对外部技术的影响效应是接近的。

表7-7 协同创新模式下技术升级路径的影响效应

协同创新模式	直接路径	间接路径 价值创造	间接路径 人力资本提升
企业主导型协同创新	—	0.178	0.074
学研主导型协同创新	—	0.065	0.073
政府引导型协同创新	0.063	−0.077	0.066

总的来说，对上述实证结果可能的解释有以下3点。

第一，目前，中国通过协同创新实现技术升级主要依赖的是价值创造和人力资本提升的间接路径，而难以从协同创新的知识创新效应中实现技术升级，且企业主导型协同创新在通过价值创造实现技术升级的过程中发挥着突出作用。可能的原因是，首先，原始知识从产生到新技术的形成、应用、传播和推广，本身就是一个漫长而艰难的过程，创新驱动从外生到内生的转变非一日之功，相比之下，通过经济利益和市场回报的驱动、人才流动和人力资本的提升更容易在区域中实现技术的推广和应用。其次，目前对于知识创新的衡量主要来自专利和学术论文的数量，这种衡量方式虽能从一定程度上反映出区域的知识创新水平，但是却不能对知识创新的质量有科学的评估，因此，在每年申请、获得的众多专利和发表、引用的学术论文中，究竟有多少是高质量、有价值和能够切实推动技术发展的知识仍然是一个问题。最后，以市场为导向的企业主导型协同创新符合经济发展的内在要求，因此能够更有效率地利用资源并将技术、产品产业化，从而在价值创造上显得比学研主导型协同创新和政府引导型协同创新更有优势。

第二，从全国范围来看，政府在协同创新和技术升级中仍然发挥着重要的引导作用，但其在价值创新效应中的消极影响要引起注意。在政府引导型协同创新中，政府在资金、政策等方面的引导能够应对"市场失灵"问题，提高资源配置效率，推动产业技术的渗透。但是根据美国等西方发达国家的理论和经验，政府对创新的支持在基础研究中比较适用，而不应直接介入技术开发活动中，否则会影响竞争的公平性，扰乱市场秩序和影响创新收益。

第三，学研主导型协同创新和企业主导型协同创新并不能直接促进技术升级，这可能是因为，这些创新模式为技术扩散提供的互补性、异质性知识资源，以及需要凭借协同效应的良好发挥才能实现技术扩散的溢出效应。

7.3.3 地区差异分析

由于中国区域发展不平衡，沿海地区和内陆地区在很多方面都存在较大差异，因此在不同地区，协同创新模式的技术升级路径很可能不同。下面进一步将全国样本分为沿海地区和内陆地区两组进行实证分析，试图得到更多可供参考的经验和结论。其中，沿海地区包括北京市、天津市、河北省、辽宁省、上海市、江苏省、浙江省、福建省、山东省、广东省和海南省11个省（直辖市），剩余其他省份则都划分为内陆地区。

表7-8显示了沿海地区和内陆地区的模型拟合的相关参数。结果显示，大部分潜变量的AVE和组合信度都相对较高，说明测量模型的设定较为合理。从拟合优度R^2来看，沿海地区技术扩散的R^2为0.819，说明模型解释了技术扩散效果的81.9%；内陆地区技术扩散的R^2为0.872，说明模型解释了技术扩散效果的87.2%，结构模型的构建效果较好。沿海地区和内陆地区的 GOF 值分别为0.513和0.540，说明模型的适配度强，测量模型和结构模型的整体情况和预测效用较好。

表7-8 不同地区的模型拟合效果

潜变量	沿海地区				内陆地区			
	AVE	CR	Cronbachs α	R^2	AVE	CR	Cronbachs α	R^2
企业主导型协同创新	0.633	0.771	0.451		0.846	0.917	0.819	
学研主导型协同创新	0.460	0.300	0.070		0.561	0.824	0.704	
政府引导型协同创新	0.524	0.811	0.737		0.472	0.748	0.719	
知识创新	0.737	0.848	0.643	0.062	0.892	0.943	0.879	0.255
价值创造	0.957	0.978	0.955	0.360	0.940	0.969	0.936	0.221
人力资本提升	0.840	0.913	0.815	0.409	0.774	0.873	0.709	0.357
技术升级	0.409	0.721	0.482	0.819	0.546	0.563	0.092	0.872

7 基于 PLS-SEM 模型的协同创新技术升级路径检验

续表

潜变量	沿海地区				内陆地区			
	AVE	CR	Cronbachs α	R^2	AVE	CR	Cronbachs α	R^2
经济环境	0.523	0.778	0.622		0.755	0.902	0.839	
资源禀赋	0.610	0.824	0.682		0.442	0.654	0.386	
政策环境	0.611	0.305	0.933		0.681	0.521	0.525	
社会环境	0.727	0.842	0.625		0.610	0.756	0.367	
GOF	0.513				0.540			

　　表7-9列示了沿海地区和内陆地区协同创新模型下技术升级 PLS-SEM 路径模型的路径系数和假设检验结果，图7-2和图7-3是对路径分析结果更直观的展示，表7-10进一步列示了沿海地区和内陆地区不同协同创新模式下技术升级的路径影响效应。结果显示：在沿海地区，通过学研主导型协同创新可以直接促进技术升级，其促进效应为0.338；实现技术升级的间接路径为企业主导型协同创新的价值创造路径，其促进效应为0.367；此外，企业主导型协同创新的知识创新效应和人力资本提升效应显著，学研主导型协同创新的人力资本提升效应显著，而政府引导型协同创新的全部协同效应均不显著。在内陆地区，通过政府引导型协同创新可以直接促进技术升级；3种协同创新模式均对知识创新效应、价值创造效应和人力资本提升效应有显著的促进作用；实现技术升级的间接路径有6条，即企业主导型协同创新的价值创造路径、企业主导型协同创新的人力资本提升路径、学研主导型协同创新的价值创造路径、学研主导型协同创新的人力资本提升路径、政府引导型协同创新的价值创造路径和政府引导型协同创新的人力资本提升路径。此外，经济环境、政策环境和社会环境对技术升级有显著的积极影响。

表7-9 路径系数和假设检验结果（分地区）

假设及变量关系	沿海地区 路径系数	T值	检验结果	内陆地区 路径系数	T值	检验结果
H1a：企业主导型协同创新→技术升级	0.090	1.076	不支持	0.074	1.927	不支持
H1b：学研主导型协同创新→技术升级	0.338**	2.755	支持	−0.052	1.469	不支持
H1c：政府引导新协同创新→技术升级	−0.068	0.770	不支持	0.091*	2.044	支持
H2a：知识创新→技术升级	−0.318	1.841	不支持	0.016	0.184	不支持
H2b：价值创造→技术升级	0.600**	2.587	支持	0.278***	3.607	支持
H2c：人力资本提升→技术扩散	0.093	1.002	不支持	0.113**	2.774	支持
H3a：企业主导型协同创新→知识创新	0.311**	2.259	支持	0.468***	5.839	支持
H3b：学研主导型协同创新→知识创新	0.184	1.143	不支持	0.344***	5.259	支持
H3c：政府引导新协同创新→知识创新	0.163	0.608	不支持	0.444***	4.466	支持
H4a：企业主导型协同创新→价值创造	0.612***	11.698	支持	0.582***	9.887	支持
H4b：学研主导型协同创新→价值创造	−0.055	0.374	不支持	0.217***	3.759	支持
H4c：政府引导新协同创新→价值创造	0.082	0.438	不支持	0.189*	2.439	支持
H5a：企业主导型协同创新→人力资本提升	0.203*	2.106	支持	0.697***	8.109	支持
H5b：学研主导型协同创新→人力资本提升	0.783***	5.026	支持	0.354***	4.652	支持

续表

假设及变量关系	沿海地区			内陆地区		
	路径系数	T值	检验结果	路径系数	T值	检验结果
H5c：政府引导新协同创新→人力资本提升	-0.024	0.142	不支持	0.535***	4.782	支持
H6a：经济环境→技术升级	0.870***	3.213	支持	0.180***	3.304	支持
H6b：资源禀赋→技术升级	-0.052	0.308	不支持	0.100	1.403	不支持
H6c：政策环境→技术升级	-0.066	0.374	不支持	0.164***	4.080	支持
H6d：社会环境→技术升级	-0.156	1.323	不支持	0.197**	2.735	支持

注：*、** 和 *** 分别表示在10%、5% 和 1% 水平上显著。

表7-10 协同创新模式下技术升级路径的影响效应（分地区）

协同创新模式	路径类型					
	沿海地区		内陆地区			
	直接路径	间接路径	直接路径	间接路径		
		价值创造		价值创造	人力资本提升	
企业主导型协同创新	—	0.367	—	0.162	0.079	
学研主导型协同创新	0.338	—	0.060	0.040		
政府引导型协同创新	—	—	0.091	0.053	0.060	

造成以上差异的原因可能在于，沿海地区的市场化程度较高，市场机制和产权制度都相对完备，这不仅有利于企业遵循市场规律，在追求经济利益最大化的过程中自主选择创新项目、合作伙伴和实施各种策略，也有利于高校和科研机构发挥异质性知识的作用和技术溢出效应，而此时政府进行干预则容易干扰这种过程，并不能给技术升级带来积极作用。而对于内陆地区，

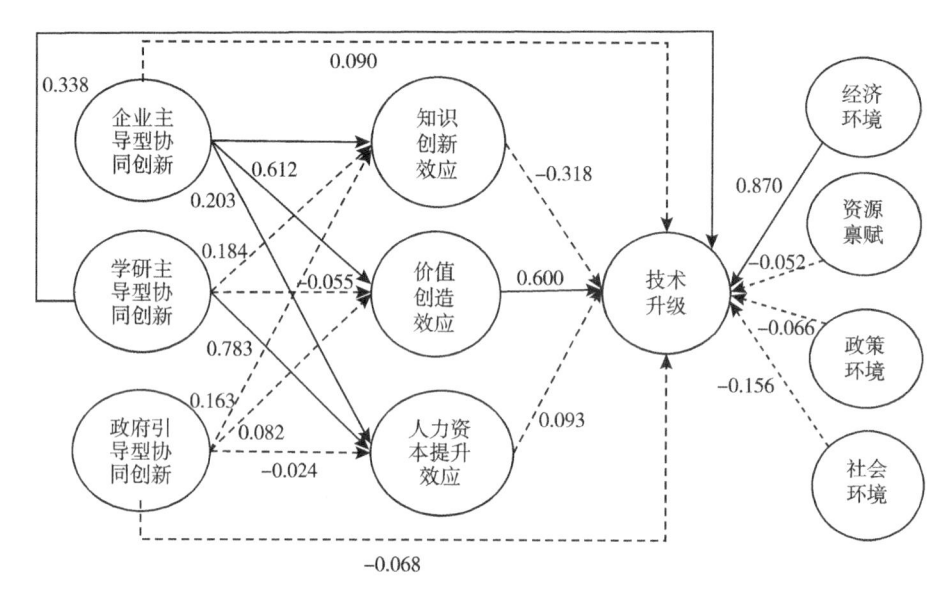

图 7-2　协同创新模式下技术升级的路径分析结果（沿海地区）

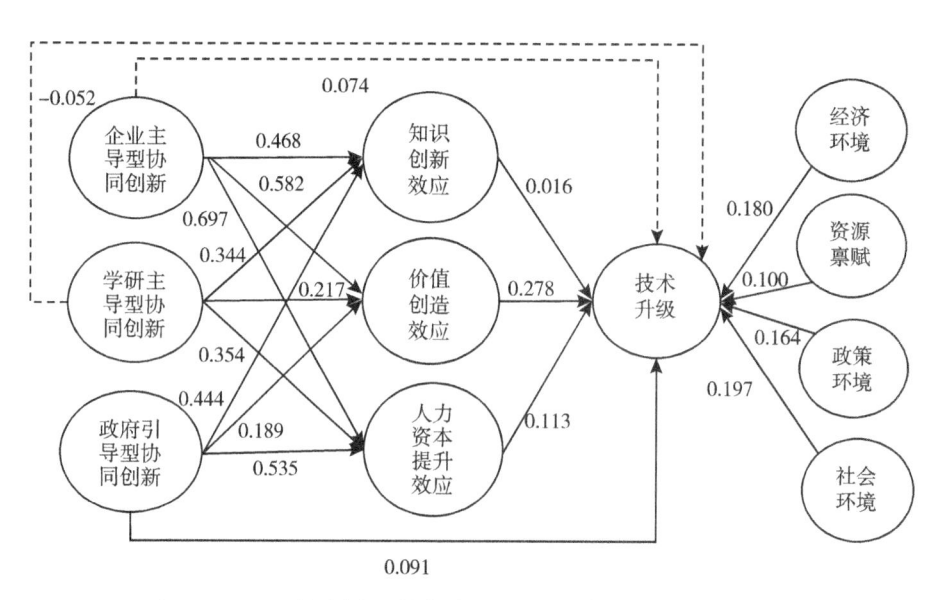

图 7-3　协同创新模式下技术升级的路径分析结果（内陆地区）

7 基于PLS-SEM模型的协同创新技术升级路径检验

在市场机制相对不够完善的情况下,政府在政策和资金方面的适当引导仍然能够给资源合理流动和有效配置带来积极效应,从而促进技术升级的实现。从总体上来看,全国样本和内陆地区的情况是类似的,这表明了实证结果的稳健性,内陆地区的情况具有全国代表性。

8 协同创新促进产业技术升级的政策创新

8.1 国内产业技术升级相关政策的梳理

优化产业结构、促进产业技术升级是当前及未来一个时期中国需要解决的棘手问题,而技术进步及合作研发的平稳进行是产业升级问题的重中之重。进一步来看,产业政策又会直接影响产业技术创新的效果并为产业技术的进步提供保障,因此对中国产业技术政策进行梳理是十分必要的。目前,中国产业技术创新推动力不足的情况较为普遍,政府政策对协同创新及产业技术创新的激励和支持作用还需进一步强化。经济发达国家产业发展较为成熟,因此在促进协同创新及产业技术升级的相关政策方面起步较早,而中国的产业经济在改革开放后才得以突飞猛进地发展,相关政策的制定实施紧追产业发展的脚步,目前也已初步形成中国特色的政策体系。

8.1.1 基于协同创新的国内相关政策及计划

自 1970 年以来,中国政府开始重视通过法律法规、政策及计划促进协同创新的开展,而这些重大政策及计划大体分为三类:一是基本法律,主要包括《中华人民共和国科学技术进步法》《中华人民共和国促进科技成果转化法》《中华人民共和国合同法》《中华人民共和国专利法》《中华人民共和国著作权法》《中华人民共和国中小企业促进法》。二是规章及规范性文件,如《国家科学技术奖励条例》《关于加速科学技术进步的决定》《关于加强技术创新发展高科技实现产业化的决定》《国家中长期科学和技术发展规划纲要（2006—2020年）》《关于大力发展科技中介机构的意见》《关于国有高新技术企业开展股权激励试点工作的指导意见》《关于动员广大科技人员服务企业的意见》《关于国家科研计划项目研究成果知识产权管理的若干规定》等。三是地方性法规及政策，以《中华人民共和国科学技术进步法》为基础，制定促进合作研发的具体实施策略。这些具体措施的实施已经覆盖了协同创新的大部分领域，但是依然存在一些问题：一是在宏观调整上还存在一定的不足，法律法规的出台带有许多原则性的规定，实践性欠缺，且法律间衔接困难；二是协同创新的专门法律机制还不健全，系统性和针对性还有待提高。

下面对推动中国协同创新的重要政策进行概述。

8.1.1.1 《中华人民共和国科学技术进步法》

《中华人民共和国科学技术进步法》（以下简称《科学技术进步法》）是以推动科技进步为目的而制定的法律，旨在推动社会各界充分运用科学技术，通过将科技成果转化为生产力来加快经济发展的速度，从而实现科技服务经济的目标。《科学技术进步法》由第八届全国人民代表大会常务委员会第二次会议于1993年7月2日修订通过，自1993年10月1日起施行。这是中国科技领域的第一部基本法，是指导和推动中国新时期科技事业发展的基本准则。为20世纪90年代和21世纪制定中国科技发展的方针、政策、法律、法规提供了基本依据，对于保障和促进中国科技进步起到极为重要的作用（毕科法，1993）。1993年《科学技术进步法》的基本原则有3项：①促进科技进步原则；②科学技术研究自由原则；③科技与经济和社会协调发展的原则。这3项基本原则，是该法成为促进科技进步的坚实基础（易继明和周琼，2006）。

但随着政治与经济体制改革，该法不能够完全适应新的政治和经济发展形势，并且在法律涉及的对象和范围、与其他法律的协调、法律制裁手段等方面都有缺陷，因此人们开始呼吁修改该法。全国人大常委会执法检查组对《科学技术进步法》的实施情况进行了两次检查，并提出了改进意见。另外，在第十届人大一次会议收到科技议案中涉及最多的也是关于该法的修订，《科学技术进步法》确实已落后于发展要求，因此2004年修订《科学技术进步法》的事宜开始提上日程（吴建南和温挺挺，2005）。该法于2007年12月29日进行了修订，自2008年7月1日起施行；后又于2021年12月24日进行了修订，自2022年1月1日起施行。

该法调整的是科技劳动者、科技组织和科技管理机构的内部关系及相互之间在科技进步过程中的社会关系，推动合作研发的有效开展。自《科学技术进步法》颁布后，其促进科技事业发展的目标得到有效实现，技术促进经济发展已成为共识，该法是产业技术升级的根本，是提升企业创新能力的基础，是以技术推动产业发展的原动力。修订后的《科学技术进步法》更是着眼于提升创新能力、建设创新型国家，促进产学研协同创新的深入展开，成为产业技术升级的坚实后盾。

8.1.1.2 《中共中央关于科学技术体制改革的决定》

为改革科学技术体制，中共中央于1985年3月13日发布《中共中央关于科学技术体制改革的决定》。该决定指出，改革科学技术体制，是中国目前经济发展的迫切要求，也是实现科技人员地位提升、科技成果应用普及等目标的重要举措。该决定是中国改革开放后较为正式地提出的科学技术方面的改革，标志着中国科学技术体制将进入有组织的新阶段，并且事实已经证明了该决定对科技运行机制、科技组织结构和科技人事制度等方面的改革起到了宏观把握全局的作用，是中国科学技术事业蓬勃发展的奠基石。

首先，在运行机制上需要改革拨款制度，拓宽技术市场的发展，改变目前通过行政部门管控科技活动的局面，下放国家管理的权力，对重大项目进行计划管理的同时，通过市场经济调节高校、科研机构等的自我发展和合作意识，促进经济建设和社会发展表现出高度的活力。其次，在组织结构上要促进企业与科研机构的合作，减少两者的分离，改善研究、设计、教育与生产相脱节的局面，进一步提高企业的技术开发及吸收、技术成果转化为生产力的能力，加强科研机构、高校与企业间的联合协作，促进产学研三方面科技力量的有效整合和分配。最后，在人才流动方面要减少对科技人才的限制，为从事科学技术研究的人才提供基本保障，促进各主体间人才的合理流动，以提高技术扩散效率，营造融洽的科技创新氛围，进而促进科研成果向实际生产力转化效率的提高，以加快技术进步和科技发展。

8.1.1.3 "863计划"

"国家高技术研究发展计划"简称"863计划"，是邓小平同志在王大珩、王淦昌、杨嘉墀和陈芳允四位科学家的建议和朱光亚的极力倡导下，做出"此事宜速作决断，不可拖延"的正式指示，在得到权威、专业和极为审慎的论证后于1986年3月正式启动实施的。该计划的重点是发展前沿技术、高技术应用和产业化，积极适应技术引导经济和社会发展的新趋势，目标是在计划领域内瞄准世界前沿，缩小与国际先进水平的差距，以科学技术发展带动经济发展并为未来打造高技术产业铺垫基础。20世纪80年代以来，各国逐渐认识到科技实力是增强综合国力的重要砝码，中国在邓小平同志的领导下，紧随国际步伐，制定相关技术计划。

"863计划"以强战略、重前沿为原则，以切实提升自主创新能力为目标，为中国科技发展奠定了坚实的基础。"863计划"是中国共产党的重大战略部署，是中国科学技术发展的伟大旗帜，为中国在世界各国中的地位打下基础。"863计划"的实施，不仅加快了社会进步的节奏，提高了人民的生活质量，也使人才得到重用、企业得到发展，使政府、企业、高校和科研机构之间形成合作互补的态势。"863计划"开拓了技术发展产业化的道路，使中国得以在国际竞争激烈的今天在世界技术领域拥有一定的地位。更为重要的是，"863计划"所取得的成就对于中国自主创新能力的提高、核心技术研发力度的提升、自主知识产权的树立等发挥了不可替代的作用。

8.1.1.4 "973计划"

1997年，国家重点基础研究发展计划（以下简称"973计划"）实施，这一规划将重心放在经济、社会、国家安全、科技发展等重要方面，大力促进基础研究与国家目标相结合，推动基础研究发展，通过从源头供给高新技术、增强科学发展基础，为中国自主创新能力提供不竭动力，从而实现经济的可持续发展（周光召，2007）。

"973计划"从宏观角度提出国家的发展目标，是一项带动国家发展和科技进步的基础研究发展计划。该计划通过解决国家发展过程中的重大科学问题及科技前言疑惑，加强自主创新能力，进而促进中国高技术产业加速发展。

"973计划"自实施以来，围绕农业、能源、信息、资源环境等方面的研发合作和技术升级展开部署，2006年又落实《国家中长期科学和技术发展规划纲要（2006—2020年）》（以下简称《纲要》）的部署并阐释了"以人为本、科学发展"的理念，启动了包括蛋白质研究等在内的4个重大科学研究计划，共立项384项。《纲要》体现出政府在科学和技术发展中的首要作用，为国家科技发展构建宏伟蓝图。另外，《纲要》的若干配套政策也保证了《纲要》的具体实施。

原有计划虽然在中国的发展中起到了不可忽视的作用，但同时也存在重复、低效等问题，国务院于2014年部署国家科技计划管理改革。其中，国家重点研发计划是科技计划布局构架改革的重大举措，也是5类计划中启动最早的一项改革。2016年2月16日《国家重点研发计划首批重点研发专项指南》发布，这标志着整合了多项科技计划的国家重点研发计划正式启动实施，也意味着"973计划""863计划"成为历史名词。

8.1.1.5 "2011计划"

"2011计划"全称为高等学校创新能力提升计划，是继"985""211"

工程后的又一项加强产学研协同创新的重要战略措施。该项目由教育部和财政部共同研究制定并实施。该项计划于 2013 年公布首批参与名单，共对 4 大类 14 个高端领域展开认定和联合研发活动，确立首批工程建设体。

根据"2011 计划"的需求可将协同创新中心划分为面向文化传承、面向科学前沿、面向产业和面向区域发展 4 类创新类型。"2011 计划"以人才、学科和科研的创新能力提升为主要目标，以建立健全协同创新机制为工作重点，以不断深化体制改革为本质要求，以推动和引导相结合为重要特点，力求实现现有教育体制的改革，为高校、企业和科研机构发展注入新的获利，为成为世界一流创新主体提供核心竞争优势。"2011 计划"是提高中国高等院校创新能力，促进产学研深度合作，推进并深化科技体制改革的又一重大行动。

8.1.2 国内现有政策的实施情况

对产业技术升级及产学研合作起到推动作用的政策有很多，按不同的分类标准可以划分成不同类型。按政策内容可分为技术创新政策、人才政策和财政税收政策。

8.1.2.1 技术创新政策

1986 年国务院制定"863 计划"，确定了中国高技术研发重点领域。1988 年又制定了"火炬计划"。进入 90 年代后，国家更重视技术的产业化，在计算机和航空航天领域取得了众多成就。随后 1991 年的《中华人民共和国科学技术发展十年规划和"八五"计划纲要》、1997 年的"973 计划"、2006 年的《国家"十一五"科学技术发展规划》等都在大力推进中国技术产业的发展。党的十七大曾明确指出要提高自主创新能力，建设创新型国家，十八大则指出要深化科技体制改革，推动科技和经济紧密结合。以目前的国际形势看来，中国必须对技术密集型产业给予高度重视和扶持，提高企业自主创新能力。

表 8-1 展示了规模以上工业企业的 R&D 活动情况。从表中可以看出，2020 年中国有 R&D 活动企业数达 146691 个，占比 36.7%，有 R&D 活动企业数量及比重均超过 2013 年的两倍。企业的专利申请数量也能反映企业的技术创新情况，表 8-2 列示了 2005—2020 年国内专利授权数，其中实用新型占比较高，总体涨幅明显。创新技术政策的实施促进了企业的 R&D 活动，激励企业进行专利申请。由此可见，中国技术创新政策取得了卓越成效。

表 8-1 2013—2020 年我国规模以上工业企业 R&D 活动情况

指 标	2013 年	2014 年	2015 年	2016 年	2017 年	2018 年	2019 年	2020 年
有 R&D 活动企业数（个）	54832	63676	73570	86891	102218	104820	129198	146691
有 R&D 活动企业所占比重（%）	14.8	16.9	19.2	23.0	27.4	28.0	34.2	36.7

数据来源：历年《中国科技统计年鉴》。

表 8-2 2005—2020 年国内三类专利授权数

项 目	2005 年	2010 年	2015 年	2016 年	2017 年	2018 年	2019 年	2020 年
发明（个）	53305	135110	359316	404208	420144	432147	452804	530127
实用新型（个）	79349	344472	876217	903420	973294	1479062	1582274	2377223
外观设计（个）	81349	335243	482659	446135	442996	536251	556529	731918
合计（个）	214003	814825	1718192	1753763	1836434	2447460	2591607	3639268

数据来源：历年《中国科技统计年鉴》。

8.1.2.2 人才政策

人才问题是关系国家发展的重要问题，一切活动的主体都是人，因此人才是产业技术升级及产学研合作的重要推动力。早在 1995 年，中国便有《关于回国（来华）定居专家工作有关问题的通知》的人才政策，2001 年出台引进国外杰出人才管理办法，2007 年颁布《关于进一步加强国家重点领域紧缺人才培养工作的意见》，2011 年提出创新人才推进计划实施方案等。

自 1995 年起，中国针对科技人才颁布的政策共 28 项，其中还不包括其他政策中涵盖的人才政策，可见中国对科技人才的重视程度。

研发人才是产业技术升级的核心，研究与试验发展（R&D）人员数量如图 8-1 所示。从图中可以看出，企业、高校与研究院所的 R&D 人员数量逐年上升，且企业 R&D 人员数量增幅明显，2016—2020 年，企业 R&D 人员数量增幅达 29%。可见中国正在从人才大国逐渐向人才强国转变。

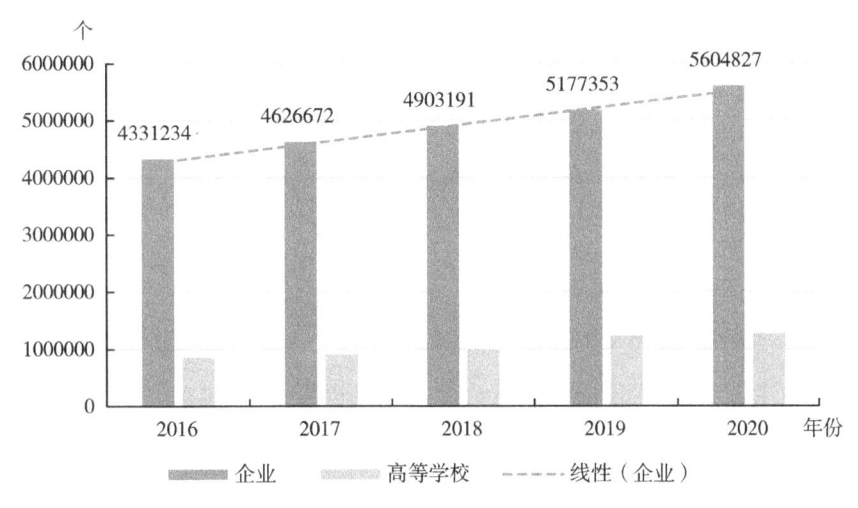

图 8-1　研究与试验发展（R&D）人员数量

数据来源：作者根据《中国科技统计年鉴（2017—2021）》绘制。

8.1.2.3　财政税收政策

英国经济学家帕萨·达斯库帕塔等人的研究结果表明，技术绩效依赖于经济和制度环境，良好的经济环境和财政扶持无疑对产业技术升级发展具有促进作用。财政资助主要是加大对技术产业的投入，对知识密集、技术密集型企业和项目进行扶持，还包括对国家科技计划的投入。

图 8-2 展示了 1990 年以来国家财政科技拨款的情况。从图中可以看出，1990—2020 年，国家财政科技拨款走势经历了大幅的增长，尤其是 2005 年之后，国家财政科技拨款增幅较大。其中，国家财政科技拨款主要分为中央拨款和地方拨款，且在 2010 年左右，地方拨款增幅逐渐明显超过中央拨款，

协同创新促进产业技术升级的路径研究

图 8-2　1990—2020 年国家财政科技拨款趋势图

数据来源：作者根据历年《中国科技统计年鉴》绘制。

成为财政科技拨款的主要来源。

表 8-3 展示了中国 R&D 经费的来源、执行部门和研究类型，以及与日本、韩国和美国的比较情况。从表 8-3 中可以看出，2019 年中国来源于企业的资金占比较低，但是 2020 年来源于企业的资金占比已经和日本、韩国 2019 年的企业资金占比相当。从执行部门来看，企业部门仍然是各个国家执行 R&D 经费的主力，但从高等教育部门对 R&D 经费的执行情况来看，美国的高等教育部门执行 R&D 经费的占比是最高的。从研究类型来看，中国在基础研究方面的投入占比明显要低于日本、韩国和美国，中国大部分的 R&D 经费均用于试验发展，这说明中国在基础研究方面还应加大重视程度。

表 8-3　R&D 经费的国际比较

单位：%

项目		国家			
		中国	日本	韩国	美国
		2020 年	2019 年	2019 年	2019 年	2019 年
按经费来源	来源于企业资金	77.5	20.5	78.9	76.9	63.3
	来源于政府资金	19.8	76.3	14.7	20.7	25.9
	来源于其他资金	2.8	3.2	6.4	2.4	10.7

续表

项目		国家				
		中国		日本	韩国	美国
		2020年	2019年	2019年	2019年	2019年
按执行部门	企业部门	76.6	76.4	79.2	80.3	73.9
	政府部门	14.0	13.9	7.8	10.0	9.9
	高等教育部门	7.7	8.1	11.7	8.3	12.0
	其他部门	1.8	1.6	1.4	1.4	4.2
按研究类型	基础研究	6.0	6.0	13.0	14.7	16.4
	应用研究	11.3	11.3	19.4	22.5	19.0
	试验发展	82.7	82.7	67.6	62.8	64.5

数据来源：历年《中国科技统计年鉴》。

在税收方面，中国有税收优惠、投资抵免与扣除、加速折旧与退税等政策。例如，对于国务院批准的在高新区和经开区内的高新技术企业，可减少15%的税率征收所得税；服务于技术成果转让、技术培训、咨询、服务、承包的科研院所、高等院校取得的关于技术性的服务收入免收所得税；单位和个人从事技术转让、开发及相关的技术咨询、技术服务收入免征营业税；对于个人转让著作权免征营业税收；对于单位和个人转让技术投资入股取得的收入不征收营业税；企业配置在新产品、新技术、新工艺上的研发费用，应当遵循管理费用处置，而不应受到比例约束（杨希，2015）。由此可见，中国在财政税收政策方面对技术进步的激励和推动是全面且细致的。

8.1.3　政策实施的总体效果及不足

8.1.3.1　政策总体效果

2006年，国务院颁布了《国家中长期科学和技术发展规划纲要（2006—2020年）》（以下称《规划纲要》），并从科技投入、税收激励、金融支持、人才队伍等10个方面对《规划纲要》制定实施若干配套政策，旨在营造全国范围的创新环境，充分调动企业的创新热情，促使企业成为技术创新的主力军，从而实现创新型国家的建设目标。《规划纲要》是对国家政策和发展目标的宏观把握，落到实处的则是一些小政策，但无论政策大小，无论政策出台的背景、目标和措施如何，总体来看，其都对中国技术创新发展起到推进作用。

图 8-3 反映了 2015—2020 年规模以上工业企业的新产品产出情况。从图中可以看出，2015 年规模以上工业企业的新产品开发项目数为 326286 项，5 年时间后到 2020 年，这一数值增长近 1.5 倍；新产品销售收入增长趋势明显，从 2015 年约 150856.5473 亿元增长到 2020 年的 238073.6642 亿元。这几年的数据只是改革开放几十年来的一个缩影，反映的是中国长期注重技术创新，实行一系列推动产业技术升级的政策，加快中国产业转型升级，加快经济增长方式转变，使经济增长更多依靠需求拉动，中国经济进入新常态时期。

图 8-3　2015—2020 年新产品开发和销售情况

数据来源：作者根据历年《中国科技统计年鉴》绘制。

当前，在全球价值链中，中国产品处于低附加值环节，虽然中国已渐渐从依靠劳动密集来发展经济的情况过渡到依靠知识密集、技术密集来推动经济发展，但这个过程仍需政府给予大力支持。当前中国提出供给侧结构性改革、经济新常态等新的发展方向，这些都离不开产业的转型和升级，未来政策将更加全面、更有针对性地推动产业技术升级。

1990年以来,在政府的大力支持和市场机制的积极引导下,学校、研究机构和企业间形成了多种形式的产学研协同创新模式,主要包括技术转让模式、技术开发模式、共建实体模式、人才联合培养与交流模式、技术联盟模式、科技园区模式、公共技术服务平台模式等,对中国科技成果转化为现实生产力产生了积极的促进作用,在先进制造技术、新材料、新能源等多个领域催生出大批拥有自主知识产权的产品,推动了产业结构的调整和升级,促进了传统产业的再发展和高技术新兴产业的产生。目前,协同创新已经逐渐成为中国科技创新体系的重要运作形式之一,这是高校、研究机构和企业的内在需求,且随着企业在产学研合作中的地位日益提高,主体间的合作模式也逐渐由以往的分散型转变为紧密型,并逐步形成向深层次、实体化发展的趋势。

8.1.3.2 现有政策的不足

在中国推动协同创新和产业技术升级的过程中,虽然现行的相关政策得到不断完善,但仍存在一些不足。

一是中国产学研协同创新在体制机制上呈现出短期化、形式化现状。当前中国产学研协同创新模式还处于松散状态,体制机制上还存在一定的不足,目前的政策环境还不足以支持协同创新的高效开展,企业、高校、研究机构之间的合作行为大多处于短期化、形式化环境中,大多数合作模式是企业与科研人员直接签订合作合同,管理部门只负责盖章和经费使用等相关问题,出现以项目数量和经费驱动研究活动开展的现象,导致合作项目不能及时完成。这样短期化、形式化的合作模式严重阻碍了合作研发的高效开展,相关政策还需进一步完善。

二是企业与高校、研究机构之间存在创新理念的差异,存在一定程度的合作屏障。在产学研合作的过程中,高校、研究机构与企业间的合作目标往往存在很大的差异,高校和研究机构更注重技术创新和升级,以加快科技发展为研究目标,更注重研发成果所产生的技术价值,忽略协同创新过程中所产生的市场效应和成本效应。企业的首要合作目标是经济利益,其将技术研发作为拓宽市场渠道和产生经济利益的方法,更注重产品生产的成本以及如何实现市场化。因此,高校和研究机构同企业间的目标差异,将会在一定程度上阻碍主体间的协同创新,降低产学研协同创新的积极性。因此,相关政策应在此方面进行宏观调控,以减轻主体间的合作屏障,将科研技术与实践有效结合。

三是企业与高校、研究机构之间的利益分配机制不健全。在签订协同创新合同的初期,研发成本往往相对较低,利益分配相关问题不容易显现。然而,随着合作项目在各阶段的展开,所产生的利益问题逐渐增多。以市场为导向的合作研发过程中,经济利益将是项目按期进行的纽带,因此不完善的利益分配机制将严重影响协同创新的有序进行。从目前中国的合作研发发展情况来看,缺乏行之有效的利益分配机制,利益分配方式和比例都不够科学规范,缺乏法律约束,对合作研发的绿色健康发展产生了较严重负面影响。

四是在人才政策和财政税收方面,目前国家和各省市都有人才引进计划,但是人才政策不能仅限于引进人才,更重要的是培养人才。引才计划固然重要,但是不能解决根本问题。中国应从教育入手,培养高层次人才和专业人才。另外,财政税收政策上,虽然国家财政对技术创新大力支持,但从现实情况来看,企业进行技术创新的资金大部分来自企业自有资金,政府资金仅占20%左右。企业对资金的需求与政府对企业的资金供给出现了不对称现象,造成这种现象的原因包括申请政府资金过程烦琐、拨款滞后等,这就需要政府完善政策体系,简化办事流程,增强对企业的信任,从财政角度推进合作研发的有效开展,进而实现产业技术的升级。

8.2 经济发达国家的相关政策

技术是提升一国竞争力的重要因素之一,是产业升级的关键推动力,所以各国都在加快产业技术升级的步伐,力求提升本国国际竞争力并嵌入全球价值链的高附加值环节当中。科学技术进步能够推进一国的经济发展，而科学技术的进步又需要不断地升级才能满足社会的需要，在当前中国产业处于全球价值链低端的形势下，我们需要学习和借鉴经济发达国家的政策与手段来改变当前局面。因此，对经济发达国家产业技术升级的政策进行梳理，对于分析和完善中国相关政策具有重要意义。

8.2.1 美国推动产业技术升级的相关政策

美国是世界最发达的国家之一，其产业发展与国家发展一样，历史较短但发展迅猛。自19世纪开始工业化进程之后，美国的科学技术活动与工业发展便始终保持相互推动促进的作用。作为典型的市场经济国家，美国在"二战"还未结束时便开始研究如何让政府以专利政策驱动产学研的合作。1945年，凡涅瓦·布什（Vannevar Bush）博士以"曼哈顿计划"及实证调研为基础，提出通过产业投资学校及研究机构的基础研发加快经济发展和知识扩散。1963年，肯尼迪总统提出由联邦政府所有和管控政府出资取得的科研成果权益。而在接下来几十年的发展中，美国出台的推动产学研合作的政策有很多，表8-4列举了一些法案。

表8-4 美国推动协同创新及产业技术升级的政策

年　份	法　案	意　义
1980年	《史蒂文森·怀德勒技术创新法案》	促进产业创新、技术转移和成果转化
1981年	《经济复兴税法》	税收优惠措施，促进高新技术产业发展
1982年	《小企业创新发展法》	鼓励政府资助中小企业创新
1986年	《联邦技术转移法案》	形成政府与大学和企业合作研发基本框架
1994年	《科学与国家利益》	确定在各个科学领域前沿地位的战略思想
2000年	《技术转让商业化法》	使技术向产业方向的移动更加规范
2009年	《美国经济复苏和再投资法案》	吸引和培养人才，鼓励研发和创新

8.2.1.1 政策背景

在"二战"以前,美国较少对社会科研活动进行干预,而在"二战"之后,这一情况发生了转变。美国政府开始重视科学技术对产业发展的影响,从最初只侧重军事方面的技术发展到20世纪60年代前后开始干预其他科学技术的发展。70年代中期,美国经济发展陷入低谷,在政治、经济、社会多重压力下,国会想方设法通过科技研发振作国家发展。在《拜杜法案》实施之前,很少有美国大学主动申请专利,主要是因为当时大学不具备联邦资助发明的专利所有权,大多专利申请主要基于公众利益或者声望,并非商业价值。当时联邦政府的这一政策无疑阻碍了技术产业化的发展。1980年,美国联邦政府有2.8万项专利,但却只有约1400项被成功引用至产业界。

由于当时联邦政府实行的"谁出资、谁拥有"的政策,致使大量科研成果无法及时转化和共享,造成了科研资源的严重浪费。在此情形下,普渡大学在时任印第安纳州资深参议员博区·拜的辅助下,证实问题的根源在于普遍性政策的实施。为了激励研发成果向产业界流动,促进经济的发展,带动科技成果的产业化、科技化、社会化,《拜杜法案》应运而生。

8.2.1.2 政策实施情况

《拜杜法案》的主要内容是确保小企业和非营利性机构的专利使用权利,即在法律范围内,允许其以自身名义申请已参与并结项的联邦资助项目产生的科技成果,并继续享有使用权,而政府只发挥介入作用。《拜杜法案》以通过产学研合作中专利权所带来的促进作用激励美国科技研发及国际竞争力的提升为目标,以期通过合作研发实现经济复苏。同时,抑制当时研发机构人才流失及专利项目搁置和资源浪费等现象的逐渐发酵,通过研发合作实现产业的调整与升级发展。《拜杜法案》主张将专利权分配给高校及研究机构,刺激研发活动的开展及市场机制的有效运转,并有效促进中小企业的发展。

法案具体规定了涉及学研机构专利的权利归属、由何人管理及成果收益如何分享等重要问题，也充分说明了经济是推动合作研发与专利政策实施的重要动力。

法案实施仅两年就取得了良好效果。1982年，里根总统发布行政命令将该法案扩大到大企业，两年后，美国国会又将实施范围扩展到由合同商管理的全部研究机构。法案实施后，积极参与专利申请的大学由1972年的30个左右达到1997年的275个，大学申请专利数量由1980年的250件达到1999年的3661件，多个行业越来越高度依赖大学的研究成果。该法案将高校纳入技术使用体系，通过知识产权的转移，使大学能够获取科研成果。这不仅能将个人的创新力转化为社会生产力，而且充分调动了科研人员转移技术的热情（宗晓华和唐阳，2012）。

由政府出资的产学研合作在《拜杜法案》生效后取得了极大的发展，在研发经费分散、技术扩散、专利申请与授权等各个方面均实现了不同程度的进步，且通过产学研的合作催生了大量新兴产业的产生和传统产业的再发展，同时提供了大量的就业机会。该法案出台后的10年里，美国技术转让收入增加了约8.5亿美元，创造了26万个就业岗位，更是创造了400亿美元的经济价值（李宏舟，2003）。该法案为美国大学在美国科学技术领域的地位奠定了坚实的基础，也为美国的高科技和经济发展做出了突出贡献，更是为如今美国大学与工业界之间强大的联系起着决定性的作用。

8.2.1.3 对中国的启示

中国经济飞速发展，已成为世界制造大国，随着中国技术的不断进步、创新能力的不断增强，知识产权问题也日益凸显。美国政府及各大企业的科技主要力量很多都来源于高校和科研机构，美国官产学研模式起步较早，并且在国际金融危机后加大了发展力度，这有利于制造业的发展与升级（杜琼，2014）。当前，中国与美国的官产学研发展具有很大差距。美国的《拜杜法案》表面上看虽然只是专利权归属的变革，却对知识和技术的产业化起到了巨大的推动作用，它是连接官产学研四方的基础。虽时隔久远，却仍对中国的协同创新推动产业技术升级具有借鉴意义。

美国《拜杜法案》的出台取得了立竿见影的成果，随着 OECD 等国际组织对此法案的推崇，目前世界上有超过 16 个国家或地区通过并实施了类似于美国《拜杜法案》的法律规制。而中国 1993 年和 1996 年先后出台了《科学技术进步法》与《促进技术成果转化法》两部重要法律，2007 年和 2015 两部法律分别进行修订，有效促进了科技成果向现实生产力的转化，形成明确的科技成果转化机制，加快科学技术的创新和发展，进而推进中国经济建设和社会发展。中国借鉴《拜杜法案》，基于高校专利利用率的现实情况，借鉴美国成功经验，也确定了财政资助的专利产权归属，即中国的"拜杜规则"，但是高校专利申请量的增加到底多大程度上是因为"拜杜规则"还不能够确定（张军荣和袁晓东，2014）。因此，这对中国协同创新的发展，仍有两点启示：一是目前中国大学科研经费的主要来源是政府资助，因此，激励大学的技术产业化就需要相关法律制定明确的专利权归属、利益分配和风险防范的条例，目前中国停留在"拜杜规则"层面，缺少完善系统的法律；二是中国大学，尤其是研究型大学需要设立技术转移和知识转移机构，有效地管理高校的研究成果，使其多元化、活力化，做到物尽其用。

8.2.2　日本推动产业技术升级的相关政策

日本政府以技术革新作为日本产业政策的核心，吸收和培养高技术人才，并积极构建产学研研究体制。图 8-4 为日本产业技术升级相关政策发展的时间轴。总体来看，日本已经做到了逐步放弃劳动密集型产业，产业技术升级的方向更加国际化，更具有国际竞争力。在日本促进产业技术升级的相关政策中，1995 年颁布的《科学技术基本法》最具代表性（李娟，2005），下面将对此进行具体分析。

8 协同创新促进产业技术升级的政策创新

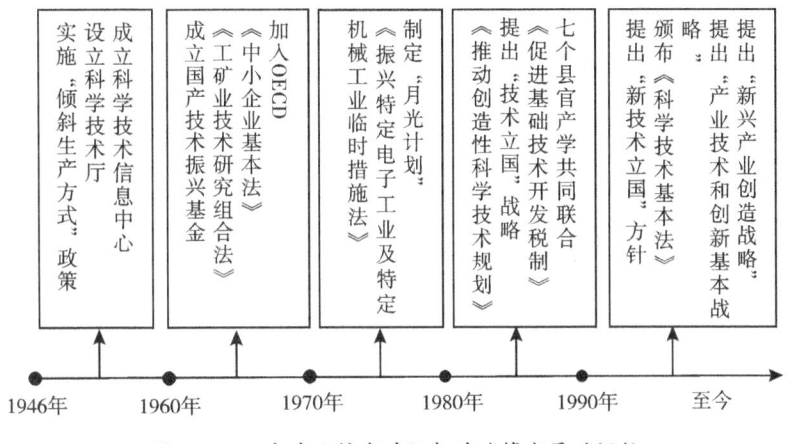

1946年	1960年	1970年	1980年	1990年	至今
成立科学技术信息中心；设立科学技术厅实施"倾斜生产方式"政策	加入OECD；《中小企业基本法》《工矿业技术研究组合法》；成立国产技术振兴基金	制定"月光计划"；《振兴特定电子工业及特定机械工业临时措施法》	提出"技术立国"战略；《促进基础技术开发税制》；七个县官产学共同联合	提出《推动创造性科学技术规划》；颁布《科学技术基本法》；提出"新技术立国"方针	提出"新兴产业创造战略"；提出"产业技术和创新基本战略"；

图 8-4 日本产业技术升级相关政策发展时间轴

8.2.2.1 政策背景

20世纪70年代之前，日本的研发能力很不足。20世纪80年代，日本下决心发展科技战略，提出"技术立国"战略，并出台《80年代通商产业政策构想》，政府打算在发展科技战略的同时，大力加强科技投资力度，并强调建设企业、大学、政府联合的合作研发体制。此时，日本的产学研合作与美国相比仍具有明显差距，表现为相关政策明显不够完善、主体不明确、涉及产业面不够广、合作拘于表面形式等。

1994年6月，日本提出"新技术立国"战略，随后建成官产学合作促进办公室，并颁布了《科学技术基本法》，这一法律是建立在"科技创新立国"战略之上的科技的根本法。1996年，《科学技术基本计划》发布，此时核心战略从"新技术立国"转变为"科技创新立国"。

8.2.2.2 政策实施情况

《科学技术基本法》明确指出日本的科技创新要以提升国际竞争力为目标，提出"科技创新立国"为核心战略指导方针，要求日本全国增强基础研究能力，提高自主创新能力。该法案提出要将研究者的创造性摆在首位，将基础研究与发展应用研究更好地结合在一起，控制各项研究的比重，实现科技、人类社会及自然和谐发展。《科学技术基本法》主要包括以下3个方面的内容：①全面、综合制定基础研究、应用研究和开发研究的发展方针；②政府为推进研究开发进程完善实施设备、创造良好环境；③与科学技术发展有关的其他必要事项。同时，该基本法的实施必须制定5年期的《科学技术基本计划》，截至目前，《科学技术基本计划》已进行到第5期，具体如图8-5所示。

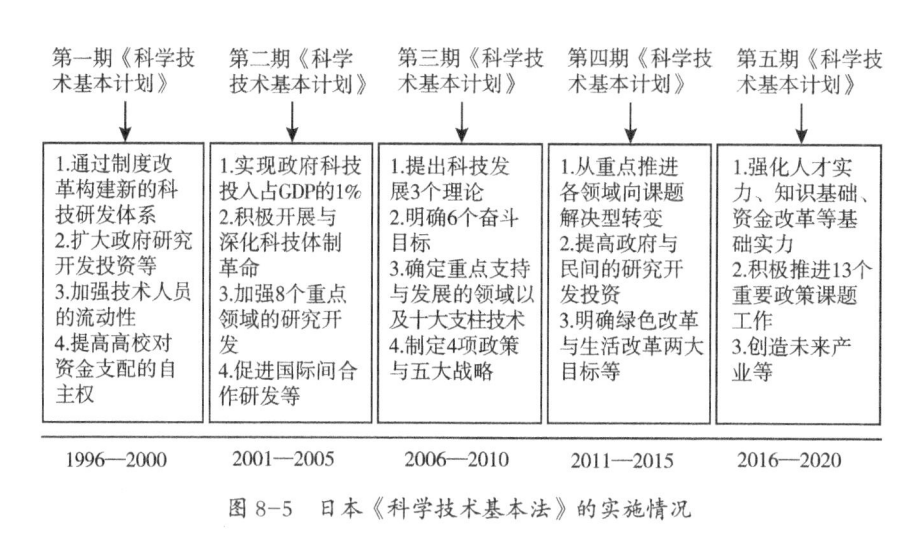

第一期《科学技术基本计划》	第二期《科学技术基本计划》	第三期《科学技术基本计划》	第四期《科学技术基本计划》	第五期《科学技术基本计划》
1.通过制度改革构建新的科技研发体系 2.扩大政府研究开发投资等 3.加强技术人员的流动性 4.提高高校对资金支配的自主权	1.实现政府科技投入占GDP的1% 2.积极开展与深化科技体制革命 3.加强8个重点领域的研究开发 4.促进国际间合作研发等	1.提出科技发展3个理论 2.明确6个奋斗目标 3.确定重点支持与发展的领域以及十大支柱技术 4.制定4项政策与五大战略	1.从重点推进各领域向课题解决型转变 2.提高政府与民间的研究开发投资 3.明确绿色改革与生活改革两大目标等	1.强化人才实力、知识基础、资金改革等基础实力 2.积极推进13个重要政策课题工作 3.创造未来产业等
1996—2000	2001—2005	2006—2010	2011—2015	2016—2020

图8-5 日本《科学技术基本法》的实施情况

通过为期5年的第一期科学技术基本计划的实施，日本在研发资金投入、研究人员数量等方面均取得了显著的增长，并在基础研究领域与一系列新领域方面达到了世界顶尖水平。日本已于2016年提出第五期科学技术基本计划，强调要切实改善研究开发环境，加大基础研究投入力度，在保持经济持续增长的情况下为人民提供绿色、优质的生活环境。因此，纵观日本《科学技术基本法》的实施情况可以看出，日本通过科技政策的实施已经成功从技术落后、严重依赖技术引进向自主研发转变，并能根据经济发展的不断变化积极调整科技政策，为日本的科技发展提供动力与活力。

8.2.2.3 对中国的启示

通过上述政策分析和梳理可以发现美国和日本在产业技术升级相关政策

上的确有一些不同，如表 8-5 所示。

表 8-5 美国与日本产业技术升级相关政策比较

比较项	美国	日本
技术政策目标	强调市场的灵活性，重视产业技术转移和官产学研合作研发	政府干预作用比较大，政策目标广泛，以部分产业带动全面产业发展
技术升级效果	美国有多类型政策直接或间接地鼓励制造业技术的研发与升级，从20世纪80年代的只有少量技术产业化到现在建立多个高技术工业园，总体效果良好	日本在技术的研发与创新方面有长足发展，但是与产业的结合上不如美国完善，有部分工业、电子产品、新能源行业有飞跃进步，产业技术升级不够全面
技术政策主要特点	重视技术转移和技术商业化，十分看重大学在官产学研合作机制中的作用，R&D 投入巨大	核心战略是"技术立国"到"科技创新立国"，技术政策主要集中在鼓励技术创新和新兴产业的科技研发上
官产学研合作程度	起步较早，有多个法案支持，合作程度较深	起步并不晚，但是发展速度逊色于美国
技术环境	国家对技术十分重视，有多个政策支持技术的研发创新并且吸收和培养技术人才，良好的技术环境有利于产业技术升级	国家对技术十分重视，亟须高技术人才，在财政、税收、专利等角度均保护技术的升级发展，技术环境优良

在对比美国和日本的基础上，可以进一步得出相关产业技术政策对中国的启示。

第一，强化政府在产业技术升级中的作用。由于中国企业目前科技投入能力还较弱，政府应充分发挥其在科技投入中的主导作用，引领产业技术升级。

第二，提升自主创新能力。虽然近年来中国在多个领域已达到世界领先水平，但中国长期依赖技术引进的方式已无法实现对发达国家的赶超。因此，要针对不同企业的发展现状制定适宜的技术创新模式，鼓励企业进行自主创新的自发性。

第三，日本具有较为完善的专利制度，这能够刺激技术升级，促进技术的创新与提高。中国也应该不断加强知识产权的保护力度，保护专利的转化。

第四，完善产学研合作机制。虽然产学研模式在中国已提出多年，但发展情况始终不理想，企业、高校和科研机构间的技术互动、人才交流仍存在一定的阻碍。

第五，重视人才的引进和培养。综合国力的竞争体现在技术创新的竞争上，技术创新的竞争体现在人才的竞争上，因此，中国必须要把人才的吸收和培养放在首要地位，深化教育改革，为科学技术的进步提供新鲜动力。

8.2.3 欧洲的相关政策创新

8.2.3.1 英国——以KTP计划为例

英国自两次工业革命后，至今为止仍然在高技术、新能源等领域处于世界领先地位（邓寿鹏和胡海棠，1992）。但英国在早期并没有对技术与产业结合带来的优势有足够重视，直到20世纪90年代，英国政府对于产业技术的扶持才有了实质性进展。1993年，英国政府联合科技界、工业界有关部门对创新政策进行梳理，并出台了被视为英国科技政策总领的"白皮书"（邓天佐，1995）。此后，英国政府开始重视企业与高校、科研院所之间的协同创新，在原有的曼彻斯特和剑桥大学两个科技园的基础上，进一步促成工业界与科技界的联合攻关，提出了"英国科技联合开发计划"。

英国政府为进一步支持产学研协同创新，在1975年确立的"教学公司计划"（TCS）和1996年确立的"高校—企业合作伙伴计划"（CBP）基础上，英国贸易与工业部于2003年提出"知识转移合作伙伴计划"（Knowledge Transfer Partnerships Scheme，简称KTP计划）。KTP计划主要由地方管理委员会、企业、知识库、研究生，以及第三方组织构成，在地方管理委员会管理和第三方组织评估下，将企业科研项目作为媒介，致力于提升企业竞争力（胡立等，2014）。该计划由英国技术战略委员会向企业提供部分资助，由大学研究生在企业中协助企业实现科技成果产业化。尽管计划集中在中小企业中开展，但所获得的收益是巨大的。据测算，政府投入可获得4倍以上的收益以及相应的工作岗位，并且KTP项目已经超过1000个，资助资金额高达2000万英镑。其中比较有代表性的是"连接计划"（LINK），它主要是产学研合作研发与工业相关的项目，其成果丰硕。这一方面得益于中小企业与大学研究生之间实现了良好的优势互补，提高了资源的配置效率；另一方面则是政府对于合作研发的大力倡导和有效监督。将高质量技术人才引入中小企业，解决了中小企业在人才、资金、管理等问题上的短板，有效提高了企业创新绩效水平。政府通过地方管理委员会参与管理KTP计划，对项目进行审核、管理和监督，保障合作项目在企业中高效、合理地运行，并定期进行项目评估，保障了项目实施的成功率。

8.2.3.2 法国——以《技术创新与科研法》为例

作为欧洲的技术大国和经济强国，法国为提高国内中小企业的国际竞争力，鼓励企业间进行协调合作而倡导集群发展。截至2012年，已经有7000家以上的科研机构和企业加入集群中，部分高校也参与其中。法国政府向集群提供财政支持，向其输入政府科研机构的研究成果（李荣等，2014）。总体上来看，法国采取了多种政策提升技术水平，提高企业界与科技界之间的合作水平，加快技术产业化进程，但并没有突出的特点和成效。尽管如此，20世纪末所制定和实施的一系列法律法规与政策仍有许多值得借鉴与参考之处。

自20世纪80年代以来，法国制定并有效实施若干重大技术开发计划，其中主要包括核技术、空间技术、国防技术等。1999年，法国政府颁布了《技术创新与科研法》，旨在通过立法来加强产学研合作，促进本国经济的稳定发展。该法案在法国技术发展进程中起到了重大的推动作用。法案中明确提出了要精简合作研发审批流程,为高校科研成果创造便利的推广环境,并力促公共科研机构敞开大门,发展支持合作研发,并且允许研究人员的自由流动,研究人员可以以协作者、领导者等身份进入企业,在企业工作后依旧可以回归公共部门,加强了科技界与企业界之间的合作。法国的大学与研究院所大多有着深厚的科研基础,其科研实力较强,政府通过在待遇、晋升等方面提供鼓励政策,鼓励引导大学、研究人员向企业流动,还可以签订合同培养研发人员。为促进两者之间的交流与协作,法国建立了产学研的合作机制,为企业提供了良好的创新环境,《技术创新与科研法》为合作研发奠定了法律基础,这些极大地推进了法国产业技术的发展。

8.2.3.3 德国——以《德国高技术战略》为例

德国政府十分重视合作研究的技术支援政策,政府一般负担全部或部分共同研究项目的开发费用。考虑到德国的历史背景,其人才分布是均匀的,并不是集中在大城市,这为企业与大学的协同创新提供了良好的基础。

与法国一样,德国的中小企业具有较大的竞争力,在国际市场上占有重要份额。德国政府出台了一系列扶持政策激励中小企业的发展,指导中小企业的科研成果转化,但德国的协同创新产业多集中于机器制造、微电子、汽车等行业,例如对于精密仪器等新产业,德国的合作研发时间并不是很长(余桂铃,2009)。

21世纪初,德国政府希望通过高速发展科技的方式来保证经济处于全球领先水平,为此德国于2006年出台《德国高技术战略》。该战略是德国高技术发展的基础,旨在为德国未来的高技术发展明确发展战略。该战略采取追加科研经费、设立"高科技创业基金"和明确重点攻坚领域等一系列措施,大力推动高科技研究及产研结合,以促进就业增长,经济结构转型升级和社会的可持续发展。具体聚焦于提高国家科研投入、成立高科技创业基金、确定重点科研领域和项目、促进中小企业科技创新四个方面,以此明确德国致力于促进本国研发和革新的可持续发展的决心，巩固德国经济的世界领先地位。

此后，在该战略的基础上，德国于2010年发布《思想·创新·增长——德国2020高技术战略》，该发展战略提出了通过科研技术产业化来助力德国经济发展的目标。而实现科研技术产业化的一个有效途径便是产学研协同创新。目前，德国的高技术战略是工业4.0计划，工业4.0的生产方式由"集中"转向"分散"，是物联网、数据和服务发展趋势的第四次工业革命（盛朝迅和姜江，2015）。该计划对于制造业的转型升级提出了更高的要求，而技术升级作为产业升级的根本，面对工业4.0将更有压力，这势必需要德国科技界与企业界的通力协作来完成。

8.3　推动产业技术升级的政策着力点

从政策角度推动产业技术升级最重要的是要有恰当的着力点，只有找准着力点，政策才能切实可行地实施并取得良好效果。协同创新是推动产业技术升级的重要方式，本书认为其政策着力点主要包括提高技术创新能力、重视人才培养、选择协同创新模式、鼓励应用技术研发4个方面。

8.3.1　提高技术创新能力

为摆脱长期的技术引进依赖，在中国自主创新能力较弱、关键核心技术对外依存度较高的情况下，开展协同创新已成为推动产业技术升级的重要方式。其中，技术创新能力就是各主体合作开展过程中通过投入研发资金、人力资本与资源等进行创新而形成的创新能力，是协同创新促进产业技术升级的根本。但由于中国协同创新活动起步较晚，导致开展协同创新的过程中由于环境不确定性、文化冲突等造成研发效率低下，甚至合作失败。因此，在《中国制造2025》提出从要素投入和投资规模驱动向创新驱动转变的前提下，技术创新能力已成为协同创新推动产业技术升级的关键内在推动力。

这里以企业主导型协同创新为例，对如何提高技术创新能力，促进产业技术升级进行分析。企业主导型协同创新以企业为主体，由企业与高校和科研院所等其他主体通过契约等形式合作开展研发活动，最终实现资源互补、技术成果转化等目标。考虑到目前中国的科技资源主要集中在高校和科研院所，而大部分企业的自主创新能力较弱、关键核心技术对外依存度较高，长期依赖技术引进很容易陷入"引进—落后—再引进—再落后"的"怪圈"（吕一博、韩少杰和苏敬勤，2017）。而企业主导型协同创新能有效实现企业、高校与科研院所之间的资源共享与信息互动，进而提高技术创新能力，推动产业技术升级。因此，为了加快推进产业技术升级进程，提高技术创新能力和实现产学研合作的顺利、高效开展已成为关键，具体如图8-6所示。

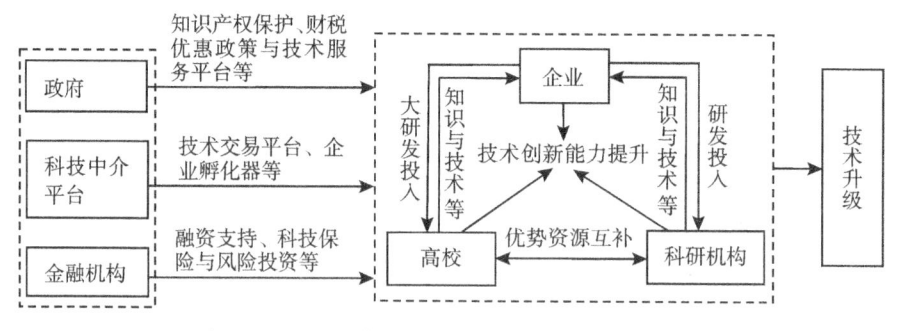

图8-6　企业主导型协同创新的技术创新能力提升

从图8-6中可以看出，企业是企业主导型协同创新中的技术需求方，高校和科研机构是产学研合作研发中的技术供给方，政府、科技中介平台与金融机构是推动企业主导型协同创新顺利开展的关键推动力。在此推动力作用下，企业、高校和科研机构通过彼此间的资源互补与技术互动来实现技术创新能力的提升。具体而言，企业运用自有资源进行研发活动的同时，通过加大对高校和科研机构的研发投入以弥补现有的研发资金缺口。同时，高校和科研机构运用获取的研发资金进行新技术和成果的研发，为企业提供新知识、新技术及先进的科技设备等，进而实现企业、高校和科研机构间的资源共享、知识溢出及技术互动，提高技术创新能力。另外，政府、科技中介平台与金融机构虽然不直接参与创新活动,但为企业主导型协同创新的开展提供了有力的支持和良好的科技创新环境。其中,政府作为各主体进行合作研发的重要推动力,能有效通过加强知识产权保护、增加财税优惠政策,以及建立科技服务平台等保证产学研合作研发的顺利开展。科技中介平台为企业主导型协同创新提供了技术交易平台、企业孵化器等加快科技成果转化的相关服务。而金融机构能为各创新主体提供融资支持、科技保险与风险投资等,以实现资源的优化配置。因此,为提升技术创新能力,不仅要加强企业、高校和科研机构间的资源共享和技术互动,更需要政府、科技中介平台与金融机构为企业主导型协同创新的开展提供有利的政策和制度保障,形成良好的科技创新环境,从而进一步促进企业、高校与科研机构技术创新能力的提升,最终推动产业技术升级。

8.3.2 重视人才培养

虽然产业技术升级的核心是技术,但是技术的基础是人才。因此,要促进产业技术的升级,政府的政策必须落在人才的吸收和培养上。很多发达国家为吸引全球范围内的精英人才,不断提高优惠待遇,甚至修改移民法来吸纳人才。20世纪80年代以来,美国正是通过从全球范围吸纳人才,取得了高科技产业的迅猛发展。相比之下,中国等发展中国家的人才流失状况尤为严重,必须引起高度重视。虽然协同创新是围绕着企业、高校、科研院所等主体开展的,但微观上还是表现为各主体内部人才之间的交流与合作。因此,在深刻分析中国人才培养现状的基础上制定针对协同创新的人才培养战略,对产业技术升级具有重大现实意义。

8.3.2.1 中国人才培养现状

在人才培养方面,中国应一直遵循"层次性"原则,对于初等教育、中等教育、高等教育,分别以不同的政策加以支持,全面深化教育体制改革,培养创新型人才。表8-6列示了2020年中国各类学历教育毕业生人数,可以看出，虽然中国博士人才数量达到 6 万以上、硕士人才数量超过 66 万，但所占同年毕业生的比例仍很微弱。

表 8-6　2020 年学历教育学生情况

单位：人

受教育程度	博士	硕士	普通本专科	成人本专科	中等教育	初等教育
人数	66176	662451	7971991	2469562	28159684	16653674

数据来源：2021 年《中国统计年鉴》。

发达国家为了在全球范围吸纳人才，实施了一系列人才优惠政策。对中国这样的发展中国家而言，顶尖优秀人才存在流失的现象，但是随着中国经济的逐渐发展，优秀人才在国内实现自身价值的机会不断增多，因此近年来中国人才流失现象逐渐得到缓解。

图 8-7 列示了 2000 年以来中国学成回国留学生人员占出国留学生人员的百分比。从图中可以看出，2000—2012 年，该比值呈现显著的上升趋势，2013 年之后，比值出现短暂下滑，之后都维持一个较高值，接近甚至超过 80%。在 2013 年以后，即中国经济进入新常态之后，这一比例曾出现下滑趋势，这点必须引起重视，依靠经济增长形势吸引人才在未来一段时间将不

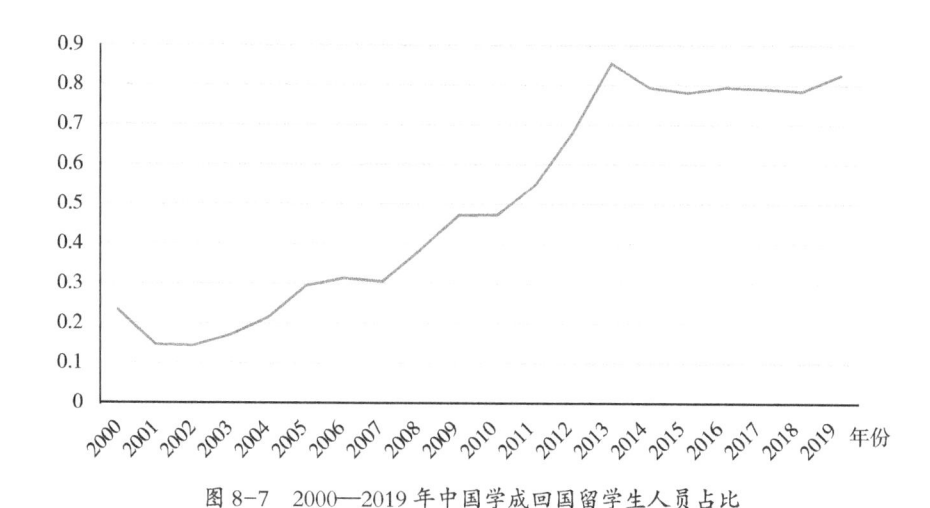

图 8-7　2000—2019 年中国学成回国留学生人员占比

数据来源：作者根据 2021 年《中国统计年鉴》绘制。

8 协同创新促进产业技术升级的政策创新

可靠，必须有针对性地制定相关人才补贴、优惠机制以维稳本国人才，同时建立合理的政策体系积极吸收国外高端人才，提供先进的设备和优渥的待遇，鼓励他们在国内进行技术研发。政策对人才的影响是直接的，良好的政策能够吸引众多人才，但是吸引人才也不可盲目，必要的筛选和甄别是基础。

将培养的人才合理配置在国家需要的研发岗位上是实现技术升级的重要前提。改革开放以来，中国凭借着比较优势不断吸引外资，逐渐嵌入全球价值链体系中，这为中国吸收国外先进技术提供了有利条件。事实证明，发展中国家通过后发优势不断引进、改造先进技术可以实现经济腾飞。然而，长期的技术引进与技术模仿抑制了中国自主创新能力的提升。长期以来，中国的 R&D 人员主要配置在应用研究与试验发展方面，对基础研究的人员配置不足。

图 8-8 显示了 2016—2020 年 R&D 人员全时当量在基础研究、应用研究与试验发展中的分配，明显可以看出存在分配严重不均衡的情况。随着中国经济进入新常态，依靠创新驱动实现经济增长是必行之路，因此，调整人才培养方向、合理引导人才就业是未来国家必须充分重视的。

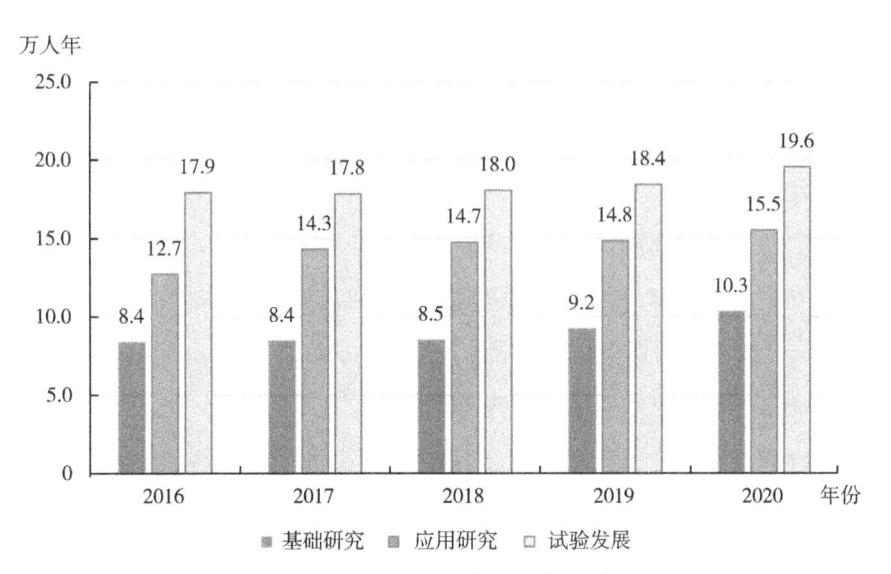

年份	基础研究	应用研究	试验发展
2016	8.4	12.7	17.9
2017	8.4	14.3	17.8
2018	8.5	14.7	18.0
2019	9.2	14.8	18.4
2020	10.3	15.5	19.6

（单位：万人年）

图 8-8　2016—2020 年中国人员全时当量

数据来源：作者根据历年《中国统计年鉴》绘制。

8.3.2.2 基于协同创新的人才培养模式

中国高校往往实行行政划分档次管理，导致国内高校的办学目标与模式同质化现象日益严重，大部分高校在人才培养上都存在重科研、轻实践的不足。另外，产业技术升级对中国新型人才的培养提出了重大挑战。因此，国家培养出来的人才往往与社会需求不相匹配。所以推动高校、科研院所与企业联合培养人才有利于满足中国合作研发驱动产业技术升级的人才需求。然而，推动高校、科研院所与企业联合培养人才需要探求适宜的人才培养模式。

目前中国高校、科研院所与企业联合人才培养模式主要存在以下三点不足：第一，政府方面。政府作为推动产学研协同创新的重要动力，发挥着重要的引导与保障功能。虽然国家出台了一系列相关政策推动产学研协同创新，但是相关文件缺乏实施细则与可操作性，难以具体落实。此外，联合人才培养模式的探索需要大量的资金支持，政府缺乏相关的优惠政策。第二，学校方面。学校不能提供技能培养所需的实践环境，还是以课堂、书本为中心，考核时主要以理论知识为主。第三，企业方面。由于不够重视与缺乏资金支持，在人才联合培养过程中，企业参与度较低。相比之下，企业更希望与高校之间进行成果合作，所以不倾向于向学生提供实践平台。

因此，探索适合中国国情的人才培养模式刻不容缓。图8-9显示了基于协同创新的人才培养模式。在这个模式中，政府、企业、高校及科研院所为人才培养主体，政府在人才培养中发挥着导向功能，必要时实施人才培养优惠政策、分摊人才培养中所需的成本，为产学研联合人才培养提供保障服务。企业则在市场与政府的引导下明确所需人才应具备的技能与特征，并为人才提供相应的技术支持、资金支持与实践平台。高校与科研院所主要负责提供优秀的、具有潜力的人才，通过分析市场对人才、科技的需求，找准相关企业建立合作。在构建合作联盟的基础上，各主体需要在人才培养目标的指导下共同制定人才培养计划与方案，以确保通过合作培养出相应的目标人才。

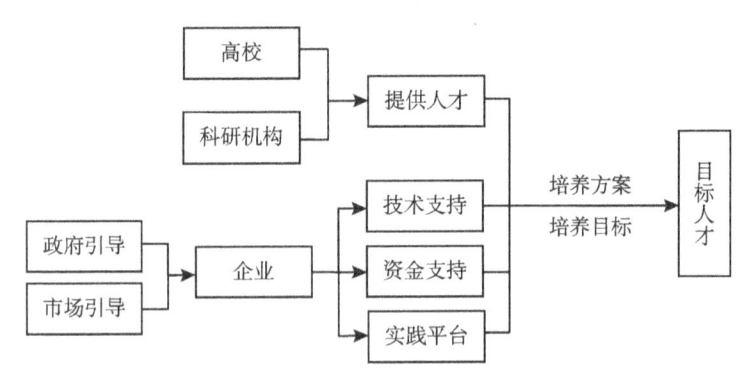

8 协同创新促进产业技术升级的政策创新

图 8-9 基于协同创新的人才培养模式

8.3.3 鼓励应用技术研发

虽然国家不断引导企业与高校、科研院所进行协同创新，但是协同创新的动力以及成果却未能达到预期。原因之一是企业一般只在乎能为其带来效益的可应用技术，而高校、科研院所由于缺乏市场导向，不能及时研发出符合市场需求的可应用技术，这就导致合作研发缺乏动力。因此，鼓励应用技术研发应成为协同创新推动产业技术升级的着力点之一，需要政府给予正确的引导。

8.3.3.1 应用技术研发现状

先进应用技术的研发可以直接改善企业的生产、经营活动，为企业带来经济效益。因此，国家不断推动各单位加强应用技术的研发。图 8-10 显示了近 10 年中国各类研发经费支出占 R&D 经费支出的百分比。从图中可以看出，应用研究与试验发展几乎占据了经费支出的绝大部分，相比之下，基础研究的经费支出仅占了 5% 左右，直至 2019 年之后该比例才勉强超过 6%，由此可见国家对应用型技术的支持力度之大。

企业是推动技术进步的重要主体，事实表明，大部分科技转化成果都来自企业。在市场和政府的双重引导下，企业开始着手进行应用技术研发，但是这些企业主要是中国规模较大的企业，而中小型企业由于缺乏人才、技术基础与资金支持，很难参与到应用技术的研发过程中。根据 2021 年《中国

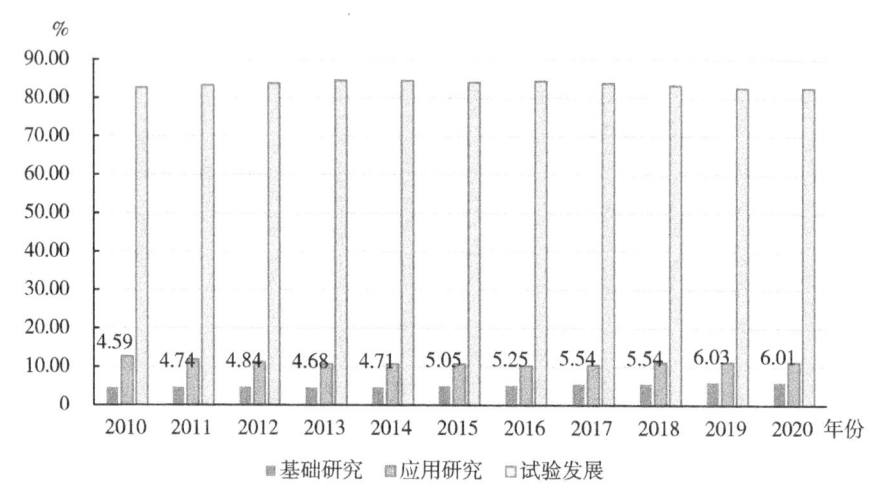

图8-10 2010—2020年各类研发经费支出占R&D经费支出的百分比

数据来源：作者根据2021年《中国科技统计年鉴》绘制。

科技统计年鉴》的数据，2020年，全国R&D经费内部支出24393.11亿元，其中来源于企业的约为18673.75亿元，而企业资金中来源于规模以上工业企业的资金约为15271.29亿元。这说明，虽然企业已经成为研发投入的主体，但大型企业和中小型企业的参与度分化很大，中小型企业在技术研发中的参与度严重偏低。

为了能够在激烈的竞争中生存，中小企业对市场风向更加敏锐，对先进应用技术十分渴望。但困于人才、资金、技术等因素，难以实现技术升级。协同创新作为技术研发的重要渠道之一，可以有效针对中国中小型企业人才紧缺、技术基础薄弱等现状，为企业应用技术研发提供新的可能。然而现阶段，市场导向下的企业对应用技术的需求更大，而高校和科研院所并不能有效解决企业需求问题，导致大量企业不愿意选择与高校、科研院所合作研发。因此，鼓励基于应用技术研发的协同创新成为推动企业、高校与科研院所合作的关键。

8.3.3.2 基于产教融合的应用技术研发的推进

产学研协同创新中，企业、高校和科研机构通过开展技术创新活动来实现优势资源互补、降低研发成本等目的，但仅通过协同创新来培养人才、提高企业技术能力，并不能满足企业、高校，甚至社会的真正需求。因此，鼓励企业与高校开展应用技术研发不仅能有效提高企业的技术创新能力、降低研发投入成本，更能为企业提供以市场需求为导向的高素质人才，具体如图8-11所示。

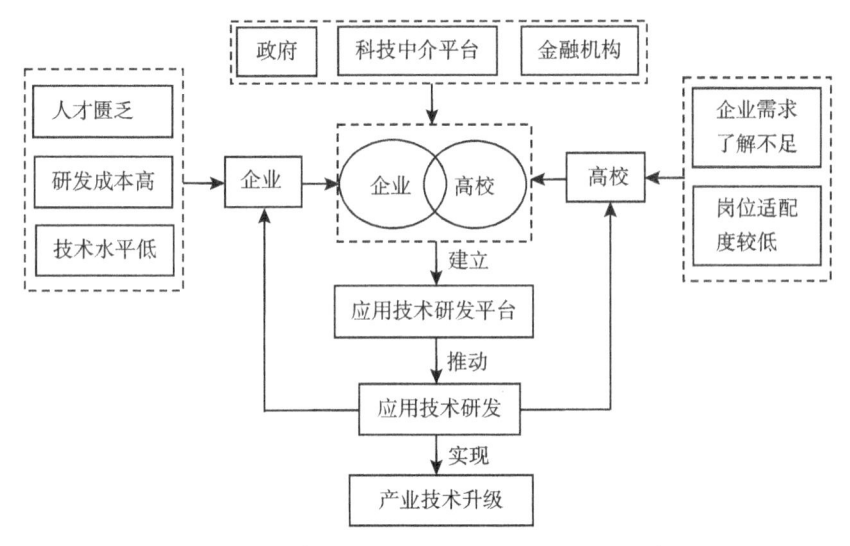

图 8-11 基于产教融合的应用技术研发的推进

考虑到具有自主研发机构的大型企业一般不具有与高校合作的意愿，因此，开展应用技术研发的主体主要是中小企业与高校。从图8-11可以看出，由于中小企业存在人才匮乏、研发投入成本较高、自身技术能力水平不足等问题，阻碍了其进一步发展壮大。而现阶段，高校虽然具有良好的科研团队和高素质人才，但由于对企业需求了解不足、实践经历较少等导致岗位适配度较低，造成了严重的资源配置不合理问题。因此，为解决这一现实问题，应推进产教融合，加强企业与高校之间的合作互动，通过建立应用技术研发平台来推动应用技术研发进程。

建设应用技术研发平台是指充分运用企业与高校的资源优势，依托高校中的科技人才与先进设备来实现企业相关技术的应用研发，并培养应用技人才。应用技术平台的建设能有效增强企业与高校之间的技术交流和人才互动，企业通过应用技术研发平台提出自我需求，高校的老师、学生及企业的科技人员通过共同参与，高效、准确地完成相关技术的应用研发。但由于应用技术研发平台的建立需要充足的资金支持、良好的科研团队及稳定的研发环境，所以为保证企业与高校应用技术研发的顺利开展，政府、科技中介平台及金融机构应在其中发挥重要的推动作用。尤其是政府作为引导、支持和监督企业与高校研发过程的重要领导者，应积极建立人才激励政策、提供研发资金补贴并切实保护企业与高校的知识产权，为应用技术研发的开展提供良好稳定的环境。

科技中介平台和金融机构能加快科技成果转化，有效解决中小企业的融资约束问题，保证企业与高校应用技术研发平台的顺利运行。在政府、科技中介平台和金融机构的共同推动下，企业与高校可共同建立应用技术研发平台来推动应用技术研发进程。因此，在协同创新过程中鼓励中小企业与高校开展应用技术研发，不仅能有效提高企业技术创新能力、高技术人才水平，更能为企业培育应用型和专业型人才，满足市场需求。

8.4 开展协同创新的政策创新

8.4.1 政策创新的目标、框架和思路

梳理相关政策便可以发现，目前中国虽然具有推动产业技术升级的政策和计划，但是依旧不够健全，例如缺少建设科技中介服务平台的政策法规。另外，目前的宏观政策在针对性和可操作性方面还有欠缺，没有从根本上解决制造业在发展过程中的阻碍，因此要想切实推进产业技术升级，政策的创新是十分必要的。本部分将从政策创新的目标、框架和思路入手，分析如何营造有利于协同创新的政策环境。

8.4.1.1 推动产业技术升级的政策创新目标

（1）激励企业的自主创新能力，摆脱低水平重复性生产。近年来，中国创新能力稳步上升，但我们仍需意识到，中国企业的自主创新能力还有很大的提升空间，政府在针对企业自主创新能力的提升方面应进行相应的政策创新，以激励企业将自主创新作为核心目标。

目前中国大型企业和中小企业之间存在较大差距，无论是政府的支持、人才的分布，还是资金的保障方面，中小企业都处于较弱的地位。但中小企业却具有较大的活力和创新意识，政府应合理利用中小企业灵活的特点，对中小企业的自主创新给予大力扶持，有效带动产业自主创新能力的提升。另外，当前多个产业存在低水平重复性生产现象，不仅毫无创新意识还加大了产业库存，造成恶性循环。因此，激励企业提高自主创新能力，摆脱低水平重复性生产是政策创新的目标之首，只有从此着手，才能从根本上促进产业技术升级。增强自主创新能力、建设创新型国家，是党中央在新的历史时期提升中国国际地位的重大战略举措，推动产业技术升级的政策也应紧跟国家大步伐，以新政策激励新的创造力。

（2）全面促进协同创新，提高相关政策的针对性。仅企业独立的自主创新还不能高效地发挥作用，协同创新能够有效地帮助企业开发新技术、吸引新人才，因此促进协同创新也应作为政策创新的目标之一。现实中，企业由于受到资金、人才、实验室资源等条件制约，独立开展技术创新比较有难度，因此与其他企业、高校和科研机构合作是一条有效提高企业自主创新效率的路。协同创新模式之所以能够发挥作用，是因为无论是企业与企业、企业与高校、还是企业与科研机构之间都存在互补关系，可以互相弥补、互相促进。高校和科研机构完成的大量科技成果需要企业来提高科技成果转化率，使科技产品产业化；而企业的产品创新、技术创新需要高校和科研机构的扶持，并且在整个协同创新的过程中还需要高校和科研机构进行人才输送。

中国协同创新情况始终不理想的原因包括企业之间、企业与高校和科研机构之间的信任问题及利益分配问题等，但从政府层面来看，协同创新政策的针对性欠缺也是原因之一。政府应从宏观角度进行调控，学习国外成功的法律法规经验，提供科技服务平台，完善政府调节机制，进而达到全面促进协同创新的目标。

（3）助力产业技术升级，促进产业升级转型。如图 8-12 所示，本节分别从 3 个层面来分析政策创新的目标。从企业层面来看，目标是企业的自主创新能力，进一步是企业和企业之间、企业和高校及科研机构之间的协同创新，但是上升到产业层面，政策创新的根本目标是助力产业技术升级。

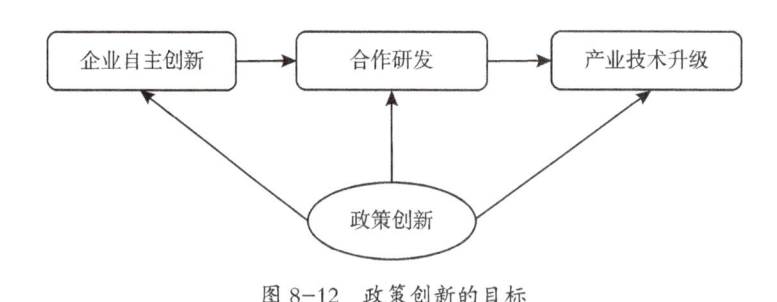

图 8-12 政策创新的目标

中国传统产业具有数量多、规模小、技术差的特点，产业想要系统地实现技术升级有很多困难需要克服。政府需发挥引导作用，要把提升技术水平作为科技发展的重点，完善技术创新市场环境，切实转变政府职能，打造服务型政府。

8.4.1.2　政策创新框架

与推动产业技术升级的政策着力点相同，政策创新的框架也分为技术、人才、协同创新三部分。纵观现有政策，目前中国国家科技政策包括科技计划管理、科技人才、科技金融与税收、科学技术普及、科技奖励、科技中介服务等方面。技术、人才、协同创新方面虽然有政策，但实施力度和关注度不够，政策也没有跟上时代步伐和市场需求，因此应从提升技术、培养吸收人才、促进协同创新角度提出切实可行的、有效的创新政策来推动产业技术升级。

8.4.1.3 政策创新思路

根据政策创新目标和框架，政策创新思路如下：

（1）通过政策鼓励充分调动企业自主创新积极性。产业技术升级是以企业为主体的，主体的积极性直接决定了技术研发的效率。政府从资金拨款、税收、科技设备等方面鼓励企业进行技术研发不仅是在推进企业的技术研发，更重要的是带动了企业的积极性，会形成良性循环，让更多的企业愿意加入研发大军的队伍中。

（2）总结国际经验和教训，吸引国外技术和人才。与中国相比，发达国家针对产业技术创新的政策较为完善，我们需要从中吸取经验和教训，结合本国的实际情况进行政策创新。例如日本的补助金政策和税收优惠、美国的"孵化器"模式、法国的"先进技术推广计划"等，我们都可以取其精华，去其糟粕。在总结国际经验教训的同时还要吸引国外技术和高端人才，德国研发人员占员工总数的比例高达5%以上，这为德国企业的发展提供了原动力。科技人才的数量和质量在产业技术升级的过程中具有举足轻重的地位，人才的培养与全民创新意识的提升也是政策创新思路之一。

（3）通过搭建科技中介服务平台促进产学研合作。科技中介服务平台是由产学研三方共享的服务平台。科技中介平台不仅能够发挥高效配置科技资源的作用，而且还能够改善科技创新环境，缩减创新主体的成本支出，从而为科技创新提供服务与保障（张卫东和王萍，2011）。然而，中国只有北京、上海、杭州等城市搭建了不是很完善的科技服务平台，这一现状与科技服务平台能够带来的收益不符。随着互联网的普及，科技中介机构将趋向科技中介网络服务平台的态势发展。

（4）加大对知识产权的保护力度。由于协同创新需要参与主体之间进行知识交流，在研发过程中的各个阶段都有可能面临知识产权风险，严重影响伙伴之间的信任和协同创新的顺利进行，甚至可能威胁企业利益。完善的知识产权保护体系能够维护各方利益，减少协同创新中出现的矛盾和冲突，提高联盟的稳定性。因此建设中国特色知识产权保护体系是政府的政策创新思路之一。

8.4.2　营造有利于协同创新的政策环境

营造有利于协同创新的政策环境要重点做好以下四方面的工作：

（1）建设激励创新的环境，完善成果奖励制度，以充分调动全社会的创造性。协同创新是指为实现共同愿景，由两个或多个成员通过提供各自的知识与技能，相互协作达成创新目标（邬爱其，2006）。协同创新具有高配置、低成本、强稳定、短耗时等优点，因此也备受学者关注（孙海燕，2007）。但我们也可以看出，与企业的独立自主创新相比，协同创新虽然具有高效、节约资源成本等特点，但同时也有驱动力不足、利益分配不均、知识产权泄露等缺点。基于此，政府应立足于协同创新政策环境的建设，以政策支持其尽可能地发挥优点，规避缺点。建设激励创新的环境，充分调动全社会的创造性；不断完善成果奖励制度，激发个人和企业的兴趣，以目标驱动的形式带动社会对协同创新的重视。

（2）加强对中小企业的支持，推进产业集群的发展。中小企业具有灵活性和创造力，但发展却受限于资金、人才等因素。中小企业数量庞大，如何宏观规划中小企业的发展直接影响中国产业经济的走向。而中小企业产业集群化是将中小企业凝聚起来的很好的方式，产业集群模式在中国沿海地区已经兴起，极大地推动了经济发展。产业集群是指具有空间同质性、产业相近及相关的企业构成的群体。人际网络关系、价值链关系和竞争合作关系将群体内各要素相互连接，形成了一个特殊的产业生态系统（李新安，2005）。然而中国产业集群内企业进行协同创新的却不多，与发达国家具有很大差距。产业集群内的协同创新有助于凝结中小企业，增强群体创新能力，促进知识的流动、风险的分散和成果的共享，提高集群整体的抗压能力和竞争能力。因此，政府从推进产业集群发展的角度给予政策支持将极大改变当前中小企业的困境，以优惠政策吸引大企业为中心，引导众多小企业形成环抱态势，或通过赞助科技项目等方式为产业集群发展提供良好的环境。

（3）鼓励产学研协同创新，建立健全科技中介服务平台。中国提出产学研协同创新机制较早，但多年来未有良好的发展。据《中国科技统计年鉴》统计，2020年高校R&D课题数1288633项，其中独立完成1029301项，占比79.88%；与国内独立研究机构合作31356项；与境内注册的外商独资企业、境内其他企业或单位合作51930项，占比4.03%。从数据中我们看出，高校R&D课题基本是独立完成的，仅有4%左右的项目是与境内注册的其他企业或单位合作的。

目前中国缺少产学研协同创新的中介平台，由于信任程度、利益分配、风险承担等因素的影响，仅靠企业、高校和科研机构自主互相匹配成功的概率较低。建立高效的产学研协同创新机制、健全科技中介平台的功能，有利于企业的创新和利益的优化，有利于提高产学研三方合作效率，有利于高校和研究机构发挥自身价值，有利于创新成果的转化。因此，营造有利于协同创新的政策环境的重要着力点就是政府要鼓励产学研合作，搭建科技中介平台，从宏观上进行调控。

（4）完善知识产权保护体系。知识产权保护是协同创新开展的重要环境因素，完善和健全知识产权保护制度对企业开展自主研发、协同创新具有极大的促进作用，且有利于维护协同创新环境的稳定性。近年来，中国三种专利受理数量和授权数量有较大增幅，但这不能有效说明知识产权保护体系是完善的。现阶段中国知识产权保护意识还不够强，一些企业投入大量的人力和财力进行的自主创新成果未得到有效的保护，因此，加强对知识产权的法律保护对保障自主创新具有不容忽视的意义。现实中，依然存在着竞争不规范、寻租和窃取企业自主技术等现象，这些将不利于企业开展创新活动，拉低协同创新的可能性。但是中国已走上知识产权保护的正轨，随着国家的繁荣和相关制度的逐步完善，中国对知识产权的保护会越来越规范，人民群众对知识的认识也将提升到新的高度。

总体上看，中国企业自主创新能力稳步提高，政府应促进产学研协同创新，激励企业进行自主创新，积极培养和吸引人才，营造有利于协同创新的政策环境，为推动产业技术升级贡献力量。

8.4.3 加快构建提高合作效率的政策协调机制

本章前两节主要从协同创新的视角梳理推动产业技术升级的相关政策法规。我国现已出台了包括《中华人民共和国科学技术进步法》《中华人民共和国促进科技成果转化法》《国家科学技术奖励条例》《中华人民共和国中小企业促进法》《中华人民共和国专利法》《中华人民共和国著作权法》等在内的一系列法律法规，力求推进科技创新、维护企业利益，但在实际操作中存在长短期目标冲突、操作性不高、知识产权界定不明晰等一系列问题，难以实现各政策间的统一协调，使得协同创新在开展中面临利润分配不协调、创新激励不足、风险控制困难等一系列问题。

为缓解上述困难，加快形成提升协同创新效率的政策协调机制，我们认为未来主要需在以下三方面发力：

（1）构建长、中、短期协调的政策法规和发展目标，有序分工、推进合作。从政策法规来看，中国颁布了大量推动协同创新和技术进步的法律法规，应充分利用和完善相关法规，更加注重长、中、短期法规的政策协调配合与叠加使用，充分发挥政府的宏观调控作用，积极探索和创新相关政策。

从政策目标来看，短期内要激发协同创新参与主体的创新积极性，推动创新资源在各主体间的共享与流动，促进原始创新、吸收利用再创新的结合，结成产学研联盟和产业技术创新联盟等一系列合作组织，实现协同创新的常态化与组织化（张钦朋，2014）。中期来看，要推动合作研发的创新成果向商业化转型，进而实现优势产业、特色产业和战略性新兴产业的发展，提升社会整体经济效益，实现协同创新、创新成果和经济效益的统一。长期

8　协同创新促进产业技术升级的政策创新

来看，要依托协同创新进一步完善和发展国家创新体系，推动创新型国家的建设，转变经济增长方式，将以劳动力、资本为主导的增长模式转变为以技术创新为驱动的增长方式。依据上述长、中、短期目标调整和协调现有法律法规，推进合作，实现产业技术升级。

（2）发挥政府引导作用，强化政策协调机制。在借由协同创新实现技术升级的过程中，企业通过资金、需求和部分技术人力支持与高校和科研机构合作，共同进行技术研发。其中，政府亦是重要参与主体，应积极发挥引导作用，强化政策协调机制，为企业、高校和科研机构搭建合作渠道，引导科学技术密集流入高新技术产业，从而为创新主体营造适宜的制度氛围（胡冬雪和陈强，2013）。具体来说，政府可以通过完善金融政策、信贷政策、税收补贴政策等为协同创新开展提供良好的资金保障；通过教育体制改革与创新，改革现有人才培养模式，以需求为导向，为协同创新的人才输送提供强有力的制度保障；通过完善和修订科技政策，改善现有科研体制效率低下、技术供需不对接等问题，为协同创新提供适宜的技术对接机制。政府要通过整合与协调各类政策，有效推动协同创新的知识共享、资源互补和互利共赢。

（3）出台新的法律法规弥补协同创新法律的相关空白。现阶段的协同创新呈现出复杂化、网络化、跨区域化和跨部门化等特征，为了适应协同创新的发展趋势，需要进一步完善相关立法，渐进地弥补现有的法律空白，为推动协同创新搭建一个相对完善的制度框架，引导相关配套的政策实施和法规制定。具体而言，首先要协调协同创新中各主体的社会关联。目前面临各创新主体职能和收益界定不清，协同创新的成果分配、风险分担、市场效益共享等机制不健全等问题，容易导致合作破裂。其次要发挥科技中介机构的社会职能。现有中介服务平台职能模糊，多挂靠政府，在合作成果的孵化、服务、评价和交易等方面存在较多不完善之处，且中国专职的技术经纪人数量较少、质量不高。此外，要推动科研院所和高校完善科技成果激励制度，不能仅以论文、学术"一刀切"为目标，要切实明确权利义务，深化体制改革，使协同创新更好地推动产业技术升级。

8.4.4 协同创新政策传导路径创新

我国已出台了大量推动协同创新发展的政策文件，在上述法律法规的引导和支撑下，中国协同创新在项目数量和规模上取得了一定发展，但是仍存在协同创新质量较低、条块分割、重复创新与合作成果趋同化等问题。产生上述问题的一个重要原因就是协同创新配套培育政策在传导过程中存在"系统性失灵"。目前，协同创新的培育配套政策主要围绕政策内容、效果、具体实施措施等展开，体现在引导机制上可归纳为政府的引导、激励、服务和规范等方面（朱迎春，2011）。总而言之，协同创新的政策传导路径框架如图 8-13 所示。由图可知，协同创新政策主要通过合作创新意愿培育和合作创新行为优化提升协同创新能力，因此，要实现协同创新政策传导机制的创新亦需从这两方面入手。

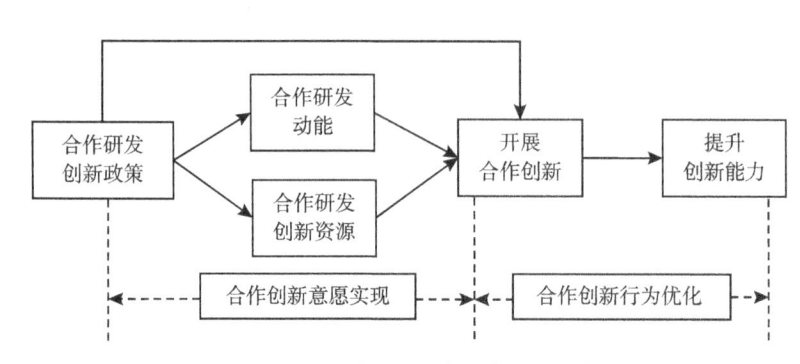

图 8-13 协同创新的政策传导路径示意图

具体而言，可以通过以下两方面实现协同创新政策传导路径的创新：

（1）协同创新政策实施要注重激发合作参与者的创新动能。由于协同创新的创新成果具有准公共物品的特征，创新成果可能被非合作参与者在不花费成本的情况下利用并获取收益，使得协同创新的投入与收益难以匹配，从而降低合作中各参与主体的参与意愿。因此要激发企业、高校和科研机构等的创新动力，需要对创新收益的补偿和保障机制予以重视，例如建立和实施创新收益的补偿机制（适当的税收减免和研发补贴等）；完善知识产权等创新成果保护机制，形成创新成果的长期利益保障机制；政府引导投资方向，降低共性重大科技攻关的风险成本（洪勇和李英敏，2012）。

（2）加强基础设施配套，搭建共性技术研发平台。对协同创新而言，搭建共性技术研发平台是提升合作效率的重要基础。实现共性技术和关键性技术的重大突破，需要整合各领域、多企业、多高校和科研机构的技术创新力量，若缺乏有效联系和互动，则容易形成重复性创新。为此，发挥政府引导作用，建立共享技术研究、创新和公益性技术服务平台，有助于发挥高校和科研机构在基础性技术领域的优势、企业在需求导向中的主体地位，激发大、中、小型企业的创新活力，形成与经济发展和科技进步相适应的具有特色的协同创新体系，为中国产业技术升级提供根本发展契机。

参考文献

[1] Amiti M, Wei S J. Service Offshoring and Productivity: Evidence from the US [J]. World Economy, 2009, 32 (2): 203-220.

[2] Alexiev A S, Volberda H W, Van den Bosch F A J. Interorganizational Collaboration and Firm Innovativeness: Unpacking the Role of the Organizational Environment [J]. Journal of Business Research, 2016, 69 (2): 974-984.

[3] Anatan L. Conceptual Issues in University to Industry Knowledge Transfer Studies: A Literature Review [J]. Procedia-Social and Behavioral Sciences, 2015, 211 (25): 711-717.

[4] Beretta E, Fontana M, Guerzoni M, et al. Cultural Dissimilarity: Boon or Bane for Technology Diffusion? [J]. Technological Forecasting and Social Change, 2018, 133 (8): 95-103.

[5] Blomstrom M, Sjoholm F. Technology Transfer and Spillovers: Does Local Participation with Multinationals Matter? [J]. European Economic Review, 1999, 43 (98): 915-923.

[6] Bodo P. MADness in the Method: On the Volatility and Irregularity of Technology Diffusion [J]. Technological Forecasting and Social Change, 2016, 111 (10): 2-11.

[7] Buesa M, Heijs J, Baumert T. The Determinants of Regional Innovation in Europe: A Combined Factorial and Regression Knowledge Production Function Approach [J]. Research Policy, 2010, 39 (6): 722-735.

[8] Burg E V, Berends H, Raaij E M V. Framing and Interorganizational Knowledge Transfer: A Process Study of Collaborative Innovation in the Aircraft Industry [J]. Journal of Management Studies, 2014, 51 (3): 349-378.

[9] Burgesmani R A, Wheelwright S C, Christensen C M. Strategic Management of Technology and Innovation [J]. Strategic Management of Technology & Innovation, 2004, 14 (6): 153-161.

[10] Cassiman B, Veugelers R. R&D Cooperation and Spillovers: Some Empirical Evidence from Belgium [J]. American Economic Review, 2002, 92 (4): 1169-1184.

参考文献

[11] Caves D W, Christensen L R, Diewert W E. The Economic Theory of Index Numbers and the Measurement of Input, Output, and Productivity [J]. Econometrica: Journal of the Econometric Society, 1982, 50 (6): 1393-1414.

[12] Chang S H. The Technology Networks and Development Trends of University-industry Collaborative Patents [J]. Technological Forecasting and Social Change, 2017, 118 (C): 107-113.

[13] Ceccagnoli M, Forman C, Huang P, et al. Cocreation of Value in a Platform Ecosystem: The Case of Enterprise Software [J]. MIS Quarterly, 2012, 36 (1): 263-290.

[14] Cheung S Y, Gong Y, Wang M, et al. When and How does Functional Diversity Influence Team Innovation? The Mediating Role of Knowledge Sharing and the Moderation Role of Affect-based Trust in a Team [J]. Human Relations, 2016, 69 (7): 1507-1531.

[15] Crossan M M, Apaydin M A. Multi-Dimensional Framework of Organizational Innovation: A Systematic Review of the Literature [J]. Journal of Management Studies, 2010, 47(6): 1154-1191.

[16] Cruz-González J, López-Sáez P, Navas-López J E. Absorbing Knowledge from Supply-chain, Industry and Science: The Distinct Moderating Role of Formal Liaison Devices on New Product Development and Novelty [J]. Industrial Marketing Management, 2015, 47 (5): 75-85.

[17] Conner K R, Prahalad C K. A Resource-based Theory of the Firm: Knowledge Versus Opportunism [J]. Organization Science, 1996, 7 (5): 477-501.

[18] Cheung K, Ping L. Spillover Effects of FDI on Innovation in China: Evidence from the Provincial Data [J]. China Economic Review, 2004, 15 (1): 25-44.

[19] Dutta A, Puvvala A, Roy R, et al. Technology Diffusion: Shift Happens-The Case of IOS and Android Handsets [J]. Technological Forecasting and Social Change, 2017, 118(C): 28-43.

[20] Delre S A, Jager W, Bijmolt T H A, et al. Targeting and Timing Promotional Activities: An Agent-based Model for the Takeoff of New Products [J]. Journal of Business Research, 2007, 60 (8): 826-835.

[21] Dechezleprêtre A, Glachant M. Does Foreign Environmental Policy Influence Domestic Innovation? Evidence from the Wind Industry [J]. Environmental and Resource Economics, 2014, 58 (3): 391-413.

[22] De Coninck H, Sagar A. Making Sense of Policy for Climate Technology Development and

Transfer [J]. Climate Policy, 2015, 15 (1): 1-11.

[23] Dunning J H. Multinational Enterprises and the Global Economy [M]. Cheltenham: Edward Elgar Publishing, 2008.

[24] Elmuti D, Abebe M, Nicolosi M. An Overview of Strategic Alliances between Universities and Corporations [J]. Journal of Workplace Learning, 2005, 17 (1/2): 115-129.

[25] Enos J L. Invention and Innovation in the Petroleum Refining Industry [M] // The Rate and Direction of Inventive Activity: Economic and Social Factors. Princeton University Press, 1962.

[26] Eom B Y, Lee K. Determinants of Industry - academy Linkages and, Their Impact on Firm Performance: The Case of Korea as a Latecomer in Knowledge Industrialization [J]. Research Policy, 2010, 39 (5): 625-639.

[27] Fernhaber S A, Li D. International Exposure Through Network Relationships: Implications for New Venture Internationalization [J]. Journal of Business Venturing, 2013, 28 (2): 316-334.

[28] Feranita F, Kotlar J, De Massis A. Collaborative Innovation in Family Firms: Past Research, Current Debates and Agenda for Future Research [J]. Journal of Family Business Strategy, 2017, 8 (3): 137-156.

[29] Fu L, Zhou X, Luo Y. The Research on Knowledge Spillover of Industry-university-research Institute Collaboration Innovation Network [C] // The 19th International Conference on Industrial Engineering and Engineering Management. Springer, Berlin, Heidelberg, 2013: 361-371.

[30] Fu X, Gong Y. Indigenous and Foreign Innovation Efforts and Drivers of Technological Upgrading: Evidence from China [J]. World Development, 2011, 39 (7): 1213-1225.

[31] Gao G Y, Xie E, Zhou K Z. How Does Technological Diversity in Supplier Network Drive Buyer Innovation? Relational Process and Contingencies [J]. Journal of Operations Management, 2015, 36 (5): 165-177.

[32] Griffith, Breda. Middle-Income Trap [R]. The World Bank, 2011.

[33] Gereffi G. Who Gets Ahead in the Global Economy? Industrial Upgrading, Theory and Practice [M]. New York: Johns Hopkins Press, 2002.

[34] Glachant M, Dussaux D, Ménière Y, et al. Greening Global Value Chains: Innovation and the International Diffusion of Technologies and Knowledge [R]. World Bank Policy Research Working Paper, 2013 (6467).

[35] Hair J, Sarstedt M, Kuppelwieser V, et al. Partial Least Squares Structural Equation Modelling: An Emerging Tool in Business Research [J]. European Business Review, 2014, 26 (2): 106-121.

[36] Heirati N, O'Cass A, Schoefer K, et al. Do Professional Service Firms Benefit from Customer and Supplier Collaborations in Competitive, Turbulent Environments? [J]. Industrial Marketing Management, 2016, 55 (5): 50-58.

[37] Henderson R M, Clark K B. Architectural Innovation: The Reconfiguration of Existing Product Technologies and the Failure of Established Firms [J]. Administrative Science Quarterly, 1990, 35 (1): 9-30.

[38] Husted K, Michailova S. Dual Allegiance and Knowledge Sharing in Inter-firm R&D Collaborations [J]. Organizational Dynamics, 2010, 39 (1): 37-47.

[39] Hu A G Z, Jefferson G H, Jinchang Q. R&D and Technology Ttansfer: Firm-level Evidence from Chinese Industry [J]. Review of Economics and Statistics, 2005, 87 (4): 780-786.

[40] Hübler M. Does Migration Support Technology Diffusion in Developing Countries? [J]. World Development, 2016, 83 (C): 148-162.

[41] Howells J, Nedeva M, Georghiou L. Industry-academic Links in the UK [M]. Manchester: Manchester University Press, 1998.

[42] Itami H, Numagami T. Dynamic Interaction between Strategy and Technology [J]. Strategic Management Journal, 1992, 13 (S2): 119-135.

[43] Poyago-Theotoky J, Beath J, Siegel D S. Universities and Fundamental Research: Reflections on the Growth of University-Industry Partnerships, 2002, 18 (1): 10-21.

[44] Kang K N, Park H. Influence of Government R&D Support and Inter-firm Collaborations on Innovation in Korean Biotechnology SMEs [J]. Technovation, 2012, 32 (1): 68-78.

[45] Kodama T. The Role of Intermediation and Absorptive Capacity in Facilitating University-industry Linkages: An Empirical Study of TAMA in Japan [J]. Research Policy, 2008, 37 (8): 1224-1240.

[46] Koschatzky K. Networking and Knowledge Transfer between Research and Industry in Transition Countries: Empirical Evidence from the Slovenian Innovation System [J]. The Journal of Technology Transfer, 2002, 27 (1): 27-38.

[47] Kinoshita Y. R&D and Technology Spillovers Via FDI: Innovation and Absorptive Capacity [J]. Social Science Electronic Publishing, 2000, 5 (29): 1-40.

[48] Lawson B, Krause D, Potter A. Improving Supplier New Product Development Performance:

[49] Leontief W. Domestic Production and Foreign Trade: The American Capital Position Re-Examined [J]. Proceedings of the American Philosophical Society, 1953, 97 (4): 332-349.

[50] Love J H, Roper S. Location and Network Effects on Innovation Success: Evidence for UK, German and Irish Manufacturing Plants [J]. Research Policy, 2001, 30 (4): 643–661.

[51] Lynn G S, Morone J G, Paulson A S. Marketing and Discontinuous Innovation: The Probe and Learn Process [J]. California Management Review, 1996, 38 (3): 8-37.

[52] Mansfield E. Technical Change and the Rate of Imitation [J]. Econometrica: Journal of the Econometric Society, 1961, 29 (4): 741-766.

[53] Mansfield E. Technological Change and Market Structure: An Empirical Study [J]. The American Economic Review, 1983, 73 (2): 205-209.

[54] Majumdar S K. Debt and Communications Technology Diffusion: Retrospective Evidence [J]. Research Policy, 2016, 45 (2): 458-474.

[55] Marquis D G. The Anatomy of Successful Innovation [J]. Innovation Magazine, 1969 (7): 28-37.

[56] Metcalfe J S. Impulse and Diffusion in the Study of Technical Change [J]. Futures, 1981, 13 (5): 347-359.

[57] Munsfield E. Industrial Research and Technology Innovation: An Econometrics Analysis [M]. New York: Norton, 1968.

[58] Mirjam K, Deniz U, Mike W, et al. The Relationship between Knowledge Transfer, Top Management Team Composition, and Performance: The Case of Science-based Entrepreneurial Firms [J]. Theory and Practice. 2011, 35 (4): 777-803.

[59] Monjon S, Waelbroeck P. Assessing Spillovers from Universities to Firms: Evidence from French Firm-level Data [J]. International Journal of Industrial Organization, 2003, 21(3): 1255-1270.

[60] Meijers E. Polycentric Urban Regions and the Quest for Synergy: Is a Network of Cities More than the Sum of the Parts? [J]. Urban Studies, 2005, 42 (4): 765-781.

[61] Najafi-Tavani S, Najafi-Tavani Z, Naudé P, et al. How Collaborative Innovation Networks Affect New Product Performance: Product Innovation Capability, Process Innovation Capability, and Absorptive Capacity [J]. Industrial Marketing Management, 2018, 73 (8):

193-205.

[62] Nelson R R, Winter S G. The Schumpeterian Tradeoff Revisited [J]. The American Economic Review, 1982, 72 (1): 114-132.

[63] Nonaka I, Takeuchi H. The Knowledge-Creating Company [M]. New York: Oxford University Press, 1995.

[64] OCDE, Eurostat. Oslo Manual: Guidelines for Collecting and Interpreting Innovation Data, 3rd Edition [M]. Paris: OECD Publishing, Éditions OCDE, 2005.

[65] Okamuro H, Kato M, Honjo Y. Determinants of R&D Cooperation in Japanese Start-ups [J]. Research Policy, 2011, 40 (5): 728-738.

[66] Park A, Nayyar G, Low P. Supply Chain Perspectives and Issues: A Literature Review [M]. Genevra: WTO, 2013.

[67] Papagiannidis S, Gebka B, Gertner D, et al. Diffusion of Web Technologies and Practices: A Longitudinal Study [J]. Technological Forecasting and Social Change, 2015, 96 (7): 308-321.

[68] Pack H, Saggi K. Inflows of Foreign Technology and Indigenous Technological Development [J]. Review of Development Economics, 1997, 1 (1): 81-98.

[69] Paul R R, Donald B R. Constructing a Control Group Using Multivariate Matched Sampling Methods That Incorporate the Propensity Score [J]. American Statistician, 1985, 39 (1): 33-38.

[70] Perkmann M, Walsh K. University-industry Relationships and Open Innovation: Towards a Research Agenda [J]. International Journal of Management Reviews, 2007, 9 (4): 259-280.

[71] Pineda J L, Zapata L. From Universities to Corporations: Determining Factors in Diffusion and Adoption of Knowledge [C] // Proceedings of the 8th European Conference on Knowledge Management, 2007.

[72] Raustiala K, Sprigman C. The Knockoff Economy: How Imitation Sparks Innovation [M]. New York: Oxford University Press, 2012.

[73] Rajalo S, Vadi M. University-industry Innovation Collaboration: Reconceptualization [J]. Technovation, 2017, 62 (1): 42-54.

[74] Reuer J J, Lahiri N. Searching for Alliance Partners: Effects of Geographic Distance on the Formation of R&D Collaborations [J]. Organization Science, 2014, 25 (1): 283-298.

[75] Ritala P, Olander H, Michailova S, et al. Knowledge Sharing, Knowledge Leaking and

Relative Innovation Performance: An Empirical Study [J]. Technovation, 2015, 35 (1): 22-31.

[76] Rogers E M. Diffusion of Innovation [M]. New York: New York Press, 1983.

[77] Roberts E B, Malonet D E. Policiesand Structures for Spinning Off New Companies Form Research and Development Organizations [J]. R&D Management, 1996, 26(1): 17-48.

[78] Ringle C M, Sarstedt M, Straub D W. A Critical Look at the Use of PLS-SEM [J]. MIS Quarterly, 2012, 36 (1): 3-14.

[79] Santoro G, Ferraris A, Giacosa E, et al. How SMEs Engage in Open Innovation: A Survey [J]. Journal of the Knowledge Economy, 2018, 9 (2): 561-574.

[80] Santoro G, Bresciani S, Papa A. Collaborative Modes with Cultural and Creative Industries and Innovation Performance: The Moderating Role of Heterogeneous Sources of Knowledge and Absorptive Capacity [J]. Technovation, 2020, 92-93 (4-5): 102040.

[81] Şanlı B, Hobikoğlu E H. International Technological Diffusion Channels, and Technology Policies in Turkey [J]. Procedia-Social and Behavioral Sciences, 2015, 195 (7): 1012-1021.

[82] Schwartz M, Peglow F, Fritsch M, et al. What Drives Innovation Output from Subsidized R&D Cooperation? Project level Evidence from Germany [J]. Technovation, 2012, 32 (6): 358-369.

[83] Schartinger D, Rammer C, Fischer M M, et al. Knowledge Interactions between Universities and Industry in Austria: Sectoral Patterns and Determinants [J]. Research Policy, 2002, 31 (3): 303-328.

[84] Skippari M, Laukkanen M, Salo J. Cognitive Barriers to Collaborative Innovation Generation in Supply Chain Relationships [J]. Industrial Marketing Management, 2017, 62 (4): 108-117.

[85] Stoneman P. Intra-firm Diffusion, Bayesian Learning and Profitability [J]. The Economic Journal, 1981, 91 (362): 375-388.

[86] Stoneman P, Diederen P. Technology Diffusion and Public Policy [J]. The Economic Journal, 1994, (425): 918-930.

[87] Todo Y, Matous P, Inoue H. The Strength of Long Ties and the Weakness of Strong Ties: Knowledge Diffusion through Supply Chain Networks [J]. Research Policy, 2016, 45 (9): 1890-1906.

[88] Vega S H, Mandel A. Technology Diffusion and Climate Policy: A Network Approach and

its Application to Wind Energy [J]. Ecological Economics, 2018, 145 (C): 461-471.

[89] Volberda H W. Toward the Flexible Form: How to Remain Vital in Hypercompetitive Environments [J]. Organization Science, 1996, 7 (4): 359-374.

[90] Villani E, Rasmussen E, Grimaldi R. How Intermediary Organizations Facilitate University-industry Technology Transfer: A Proximity Approach [J]. Technological Forecasting and Social Change, 2017, 114 (1): 86-102.

[91] Vinzi V E, Chin W W, Henseler J, et al. Handbook of Partial Least Squeares: Concepts, Methods and Applications [M]. Berlin, Germany: Springer-Verlag, 2010.

[92] Wang C, Hu Q. Knowledge Sharing in Supply Chain Networks: Effects of Collaborative Innovation Activities and Capability on Innovation Performance [J]. Technovation, 2017, 12 (9): 1-13.

[93] Wang F, Ning L T, Zhang J. FDI Pace, Rhythm and Host Region Technological Upgrading: Intra-and Interregional Evidence from Chinese Cities [J]. China Economic Review, 2017, 46 (S): S65-S76.

[94] Wetzels M, Odekerken-Schroder G, Van O C. Using PLS Path Modeling for Assessing Hierarchical Construct Models: Guidelines and Empirical Illustration [J]. MIS Quarterly, 2009, 33 (1): 177-195.

[95] World Bank. An East Asian Renaissance: Ideas for Economic Growth [R]. World Bank, 2007.

[96] Xie X, Fang L, Zeng S. Collaborative Innovation Network and Knowledge Transfer Performance: A FSQCA Approach [J]. Journal of Business Research, 2016, 69 (11): 5210-5215.

[97] Yan T, Dooley K. Buyer-supplier Collaboration Quality in New Product Development Projects [J]. Journal of Supply Chain Management, 2014, 50 (2): 59-83.

[98] Yam R C M, Lo W, Tang E P Y, et al. Analysis of Sources of Innovation, Technological Innovation Capabilities, and Performance: An Empirical Study of Hong Kong Manufacturing Industries [J]. Research Policy, 2011, 40 (3): 391-402.

[99] Zavale N C, Macamo E. How and What Knowledge do Universities and Academics Transfer to Industry in African Low-income Countries? Evidence from the Stage of University-industry Linkages in Mozambique [J]. International Journal of Educational Development, 2016, 49 (C): 247-261.

[100] Zheng S, Li H, Wu X. Network Resources and the Innovation Performance: Evidence

from Chinese Manufacturing Firms [J]. Management Decision, 2013, 51（6）：1207-1224.

[101] 白俊红，蒋伏心.协同创新、空间关联与区域创新绩效［J］.经济研究, 2015(7)：174-187.

[102] 毕科法.《中华人民共和国科学技术进步法》阐释［J］.科技与法律, 1993（4）：6-16.

[103] 卞元超，白俊红，范天宇.产学研协同创新与企业技术进步的关系［J］.中国科技论坛, 2015(6)：38-43.

[104] 别朝霞.国际技术扩散的度量、途径及阻碍：一个文献综述［J］.经济评论, 2011(5)：151-160.

[105] 陈丹.产业技术创新传导机理及测度模型研究［D］.吉林：吉林大学, 2006.

[106] 陈立泰，叶长华.重庆市产学研联盟发展的创新模式研究［J］.科技管理研究, 2009（6）：166-168.

[107] 陈劲，魏诗洋，陈艺超.创意产业中企业创意扩散的影响因素分析［J］.技术经济, 2008(3)：37-46.

[108] 陈劲，阳银娟.协同创新的理论基础与内涵［J］.科学学研究, 2012（2）：161-164.

[109] 陈伟，张永超，田世海.区域装备制造业产学研合作创新网络的实证研究——基于网络结构和网络聚类的视角［J］.中国软科学, 2012(2)：96-107.

[110] 常西银，孙遇春.协同创新能力与知识扩散的交互影响分析及对策研究——基于企业网络关系嵌入的视角［J］.上海经济研究, 2018（5）：34-41.

[111] 邓寿鹏，胡海棠.英国与法国产业技术政策比较［J］.管理世界, 1992(3)：78-84.

[112] 邓天佐.英国技术创新政策的宗旨——为国家创造财富［J］.科学学与科学技术管理, 1995(5)：56-58.

[113] 杜琼.美国"官产学研结合"的新动向及启示［J］.中国经贸导刊, 2014(6)：9-14.

[114] 杜维，马阿双.联盟企业失败知识协同创新的动态决策模型［J］.软科学, 2018（1）：62-66.

[115] 范爱军，刘强.国际技术扩散测度国外研究综述［J］.国际贸易问题, 2011(8)：41-47.

[116] 傅家骥.技术创新学［M］.北京：清华大学出版社, 2001.

[117] 方茜，郑建国.协同创新体系的结构特征及系统实现路径——基于解释结构模型［J］.经济学家, 2015(12)：42-51.

[118] 顾菁，薛伟贤.高技术产业协同创新研究［J］.科技进步与对策, 2012(22)：84-89.

[119] 耿康顺,廖涵.企业集群下的内生性技术进步研究[J].科技管理研究,2014(19):154-159.

[120] 洪联英,韩峰,唐寅.中国制造业为何难以突破技术技能升级陷阱?——一个国际生产组织安排视角的分析[J].数量经济技术经济研究,2016(3):23-40.

[121] 洪勇,李英敏.自主创新的政策传导机制研究[J].科学学研究,2012(3):449-457.

[122] 洪银兴.产学研协同创新的经济学分析[J].经济科学,2014(1):56-64.

[123] 胡冬雪,陈强.促进我国产学研合作的法律对策研究[J].中国软科学,2013(2):154-174.

[124] 胡立,罗尧成,田蔚风,等.英国产学研联合培养研究生的主要特点及经验借鉴——KTP计划的实践[J].学位与研究生教育,2014(3):67-71.

[125] 侯二秀,石晶.企业协同创新的动力机制研究综述[J].中国管理科学,2015(S1):711-717.

[126] 黄永春,郑江淮,张二震.依托于NVC的新兴产业开放互补式技术突破路径——来自昆山新兴产业与传统产业的比较分析[J].科学学研究,2014(4):519-530.

[127] 黄新飞,舒元.中国省际贸易开放与经济增长的内生性研究[J].管理世界,2010(7):56-65.

[128] 韩元建,陈强.共性技术扩散的影响因素分析及对策[J].中国科技论坛,2017(1):53-59.

[129] 何郁冰,张迎春.网络类型与产学研协同创新模式的耦合研究[J].科学学与科学技术管理,2015(2):62-69.

[130] 解学梅,刘丝雨.协同创新模式对协同效应与创新绩效的影响机理[J].管理科学,2015(2):27-39.

[131] 解学梅,方良秀.国外协同创新研究述评与展望[J].研究与发展管理,2015(4):16-24.

[132] 解学梅.协同创新效应运行机理研究:一个都市圈视角[J].科学学研究,2013(12):1907-1920.

[133] 雷怀英,王童,申成霖.协同创新领域知识扩散路径研究[J].经济问题,2017(9):13-19.

[134] 吕海萍,龚建立,王飞绒,等.产学研相结合的动力——障碍机制实证分析[J].研究与发展管理,2004(2):58-62.

[135] 吕一博,韩少杰,苏敬勤.翻越由技术引进到自主创新的樊篱——基于中车集团大机车的案例研究[J].中国工业经济,2017(8):174-192.

[136] 罗琳, 魏奇锋, 顾新. 产学研协同创新的知识协同影响因素实证研究 [J]. 科学学研究, 2017 (10): 1567-1577.

[137] 李新安. 产业集群合作创新自增强机制的博弈分析 [J]. 经济经纬, 2005 (3): 53-56.

[138] 李钢, 廖建辉, 向奕霓. 中国产业升级的方向与路径——中国第二产业占GDP的比例过高了吗 [J]. 中国工业经济, 2011 (10): 16-26.

[139] 李宇, 郭庆磊, 林菁菁. 企业集团如何引领产业创新升级: 一个网络能力视角的解析 [J]. 南开管理评论, 2014 (6): 96-105.

[140] 李柏洲, 朱晓霞. 区域创新系统 (RIS) 创新驱动力研究 [J]. 中国软科学, 2007 (6): 108-111.

[141] 李阳, 原长弘, 王涛, 等. 政产学研用协同创新如何有效提升企业竞争力? [J]. 科学学研究, 2016 (11): 1744-1757.

[142] 李晓娣, 陈家婷. FDI对区域创新系统演化的驱动路径研究——基于结构方程模型的分析 [J]. 科学学与科学技术管理, 2014 (8): 39-48.

[143] 李再扬, 吴名花, 杨少华. 移动通信技术扩散的实证研究: 基于中国1990—2012年的统计数据 [J]. 当代经济科学, 2013 (6): 1-13.

[144] 李应博, 吕春燕, 何建坤. 基于创新型国家战略目标下的我国大学技术转移模式 [J]. 研究与发展管理, 2007 (1): 63-71.

[145] 李书全, 王悦卉, 彭永芳. 不同战略网络下企业技术扩散效应的博弈分析 [J]. 经济问题, 2015 (9): 50-56.

[146] 李习保. 中国区域创新能力变迁的实证分析: 基于创新系统的观点 [J]. 管理世界, 2007 (12): 18-30.

[147] 李宏舟. 美国促进科研成果实用化的《贝赫—多尔法》[J]. 中国科技产业, 2003 (6): 68-69.

[148] 李娟. 对日本产业技术政策的思考 [J]. 科技进步与对策, 2005 (9): 127-128.

[149] 李荣, 孙亮, 张小薇, 等. 法国竞争力集群政策体系对我国产业技术创新联盟的启示研究 [J]. 科技管理研究, 2014 (14): 138-143.

[150] 梁玺, 吴贵生. 以北京为源头的技术市场扩散与区域生产率 [J]. 科学学研究, 2008 (1): 115-118.

[151] 林毅夫, 张鹏飞. 适宜技术、技术选择和发展中国家的经济增长 [J]. 经济学 (季刊), 2006 (4): 985-1006.

[152] 林建浩, 赵子乐. 均衡发展的隐形壁垒: 方言、制度与技术扩散 [J]. 经济研究,

2017（9）：182-197.

［153］林兰.技术扩散理论的研究与进展［J］.经济地理，2010（8）：1233-1239.

［154］刘丹，闫长乐.协同创新网络结构与机理研究［J］.管理世界，2013（12）：1-4.

［155］刘和东.中国区域研发效率及其影响因素研究——基于随机前沿函数的实证分析［J］.科学学研究，2011（4）：548-556.

［156］刘璇，刘军.区域技术创新扩散强度与效应研究——以京津冀和长三角地区为例［J］.经济问题，2010（9）：113-116.

［157］刘小斌，罗建强，韩玉启.产学研协同的技术创新扩散模式研究［J］.科学学与科学技术管理，2008（12）：48-52.

［158］刘志迎，单洁含.技术距离、地理距离与大学—企业协同创新效应——基于联合专利数据的研究［J］.科学学研究，2013（9）：1331-1337.

［159］刘仕国，吴海英，马涛，等.利用全球价值链促进产业升级［J］.国际经济评论，2015（1）：64-84.

［160］刘志彪.从后发到先发：关于实施创新驱动战略的理论思考［J］.产业经济研究，2011（4）：1-7.

［161］刘小鲁.知识产权保护、自主研发比重与后发国家的技术进步［J］.管理世界，2011（10）：10-19.

［162］刘洋，魏江，江诗松.后发企业如何进行创新追赶？——研发网络边界拓展的视角［J］.管理世界，2013（3）：96-110.

［163］迈克尔·波特.竞争论［M］.刘宁，高登第，李明轩，译.北京：中信出版社，2003.

［164］任曙明，原毅军，王洪静.损失厌恶、需求萎缩与装备制造业技术升级［J］.科学学研究，2012（3）：387-393.

［165］司尚奇，冯锋.基于共生网络的我国跨区域技术转移联盟研究［J］.科学学与科学技术管理，2009（10）：48-52.

［166］孙耀吾，卫英平.基于复杂网络的高技术企业联盟知识扩散 AIDA 模型与实证研究［J］.中国软科学，2011a（6）：130-139.

［167］孙大明，原毅军.合作研发对制造业升级的影响研究［J］.大连理工大学学报（社会科学版），2018（1）：30-37.

［168］孙德忠，周荣，喻登科.高校与非高校上市公司专利技术扩散网络模型［J］.科学学与科学技术管理，2014（1）：57-65.

［169］孙海燕.区域合作国内研究综述［J］.湖南文理学院学报（社会科学版），2007（1）：

120-124.

[170] 孙耀吾,卫英平.高技术企业联盟知识扩散研究——基于小世界网络的视角[J].管理科学学报,2011b(12):17-26.

[171] 盛朝迅,姜江.德国的"工业4.0计划"[J].宏观经济管理,2015(5):46-47.

[172] 涂振洲,顾新.基于知识流动的产学研协同创新过程研究[J].科学学研究,2013(9):1381-1390.

[173] 吴文华,张琰飞.技术标准联盟对技术标准确立与扩散的影响研究[J].科学学与科学技术管理,2006(4):44-47.

[174] 吴玉鸣.工业研发、产学合作与创新绩效的空间面板计量分析[J].科研管理,2015(4):118-127.

[175] 吴延兵.自主研发、技术引进与生产率——基于中国地区工业的实证研究[J].经济研究,2008(8):51-64.

[176] 王保林,张铭慎.地区市场化、产学研合作与企业创新绩效[J].科学学研究,2015(5):748-757.

[177] 王发明,毛荐其.基于技术进步的产业技术协同演化机制研究[J].科研管理,2010(6):41-48.

[178] 王鹏,张剑波.外商直接投资,官产学研合作与区域创新产出——基于我国十三省市面板数据的实证研究[J].经济学家,2013(1):58-66.

[179] 卫平,杨宏呈,蔡宇飞.基础研究与企业技术绩效——来自我国大中型工业企业的经验证据[J].中国软科学,2013(2):123-133.

[180] 吴建南,温挺挺.《科学技术进步法》实施问题分析与修订建议研究[J].科技进步与对策,2005(2):48-50.

[181] 邬爱其.全球化下我国集群企业的合作关系演变[J].科学学研究,2006(3):374-380.

[182] 魏国江.产学研协同创新效率与空间扩散能力——不同主体主导的影响差异[J].产业经济评论,2018(25):37-49.

[183] 鲜于波,梅琳.间接网络效应下的产品扩散——基于复杂网络和计算经济学的研究[J].管理科学学报,2009(1):70-81.

[184] 肖丁丁,朱桂龙,戴勇.R&D投入与产学研绩效关系的实证研究[J].管理学报,2011(5):706-712.

[185] 徐晔,陶长琪,丁晖.区域产业创新与产业升级耦合的实证研究——以珠三角地区为例[J].科研管理,2015(4):109-117.

参考文献

［186］颜军梅．高校产学研协同创新模式分数及实现路径研究［J］．科技进步与对策，2014（18）:27-31．

［187］易继明，周琼．科技法学［M］．北京：高等教育出版社，2006．

［188］游达明，宋姿庆．政府规制对产学研生态技术合作创新及扩散的影响研究［J］．软科学，2018（1）：1-6．

［189］余泳泽，刘大勇．我国区域创新效率的空间外溢效应与价值链外溢效应——创新价值链视角下的多维空间面板模型研究［J］．管理世界，2013（7）：6-20．

［190］余桂铃．德国的中小企业技术支援政策［J］．消费导刊，2009（16）：61-61．

［191］姚艳虹，夏敦．协同创新动因——协同剩余：形成机理与促进策略［J］．科技进步与对策，2013（20）：1-5．

［192］杨希．财政政策对高新技术产业技术创新能力的作用机制研究［D］．昆明：昆明理工大学，2015．

［193］郑江淮，高彦彦，胡小文．企业"扎堆"、技术升级与经济绩效——开发区集聚效应的实证分析［J］．经济研究，2008（5）：33-46．

［194］张辉，等．全球价值链下北京产业升级研究［M］．北京：北京大学出版社，2007．

［195］张国胜，胡建军．产业升级中的本土市场规模效应［J］．财经科学，2012（2）：78-85．

［196］张会清，唐海燕．产品内国际分工与中国产业技术升级［J］．世界经济研究，2011（6）：44-50．

［197］张华．协同创新、知识溢出的演化博弈机制研究［J］．中国管理科学，2016（2）：92-99．

［198］张其仔．中国能否成功地实现雁阵式产业升级［J］．中国工业经济，2014（6）：18-30．

［199］张化尧，王赐玉．国际技术扩散：基于TFP的多渠道外溢分析［J］．科研管理，2012（10）：17-25．

［200］张红兵，张素平．技术联盟知识转移有效性影响因素的实证研究［J］．科学学研究，2013（7）：1041-1049．

［201］张云，赵富森，仲伟冰．市场化程度对高技术产业自主创新影响的研究——基于面板分位数回归方法［J］．工业技术经济，2017（12）：114-121．

［202］张军荣，袁晓东．中国"拜杜规则"促进高校专利产出了吗？［J］．科学学研究，2014（12）：1859-1866+1887．

［203］张卫东，王萍．科技中介服务网络平台建设研究［J］．情报科学，2011（7）：1071-1074．

［204］张军，吴桂英，张吉鹏．中国省际物质资本存量估算：1952—2000［J］．经济研究，

2004(10):35-44.

[205] 张钦朋.产学研协同创新政府引导机制研究——基于"2011计划"实施背景[J].科技进步与对策,2014(5):96-99.

[206] 宗晓华,唐阳.大学—产业知识转移政策及其有效实施条件——基于美、日、中三版《拜杜法案》的比较分析[J].科技与经济,2012(1):1-6.

[207] 周光召.973计划十年[J].前沿科学,2007(3):4-9.

[208] 周源.制造范式升级期共性使能技术扩散的影响因素分析与实证研究[J].中国软科学,2018(1):19-32.

[209] 邹华,孙健,孙金良.装备制造业科技创新与技术升级耦合发展研究——以辽宁为例[J].科技进步与对策,2014(16):76-79.

[210] 朱迎春.政府在发展战略性新兴产业中的作用[J].中国科技论坛,2011(1):20-24.

[211] 朱卫平,陈林.产业升级的内涵与模式研究——以广东产业升级为例[J].经济学家,2011(2):60-66.

[212] 赵东霞,郭书男,周维.国外大学科技园"官产学"协同创新模式比较研究——三螺旋理论的视角[J].中国高教研究,2016(11):89-94.

[213] 赵增耀,章小波,沈能.区域协同创新效率的多维溢出效应[J].中国工业经济,2015(1):32-44.

[214] 西奥多·W·舒尔茨.人力资本投资[M].吴珠华,等译.北京:商务印书馆,1990.

[215] 约瑟夫·熊彼特.经济发展理论[M].何畏,易家详,等译.北京:商务印书馆,1990.